Johann-Günther König

Das große Geschäft

W0054960

Johann-Günther König

Das große Geschäft

Eine kleine Geschichte
der menschlichen Notdurft

^{zu}Klampen!

In Erinnerung an Berit Grindberg Mai (1944–2014)
und Titus Wilhelm Mai (1941–2014).

Abbildungsnachweis:
S. 6: Sitzabtritt 1635 aus Süddt. Dorflandschaft,
Kupferstich von Matthäus Merian, mit freundlicher
Genehmigung von Bodo Stratmann.
S. 69: Bildausschnitt aus der Faksimileausgabe
der Ars memorativa des Filser Verlags,
Augsburg 1925.

© 2015 zu Klampen Verlag • Röse 21 • 31832 Springe
www.zuklampen.de

Umschlaggestaltung: www.hildendesign.de
Umschlagabbildung: © HildenDesign
unter Verwendung eines Motivs von Shutterstock.com
Satz: Melanie Beckmann
design-beckmann.de
Druck: CPI – Clausen & Bosse • Leck

ISBN 978-3-86674-515-5

Bibliografische Information der
Deutschen Nationalbibliothek
Die Deutsche Nationalbibliothek verzeichnet diese Publikation
in der Deutschen Nationalbibliografie; detaillierte bibliografische
Daten sind im Internet über ‹http://dnb.dnb.de› abrufbar.

Inhalt

Bäuerlicher Sitzabtritt in Süddeutschland um 1625,
Kupferstich von Matthäus Merian dem Älteren

Zu den Aborten

Ich falle gleich mit der Tür ins Häusl: »Was natürlich ist, dessen hat man sich nicht zu schämen, sagte der Kerl und setzte einen Haufen auf den Markt.«[I] Um überleben zu können, muss Mensch essen und trinken. Was der Körper an Nahrung nicht verwerten kann, muss er allerdings auch wieder in die Umwelt abgeben, sonst wäre er nicht überlebensfähig, würde gleichsam platzen. Die Notdurft gehört wie die Ernährung zu den natürlichen Bedürfnissen, die ausschließlich aus unseren physischen Eigenschaften resultieren. Wie viele Säugetiere scheiden wir Menschen unsere Exkremente getrennt über das Harnorgan und den Darmausgang aus. Mittels der Miktion die flüssigen, mittels der Defäkation die festeren Bestandteile sowie ein gewisses Gasvolumen. Anders als beim Kerl im obigen Beispielsprichwort dient der Marktplatz allerdings üblicherweise nicht als Stätte der natürlichen Erleichterung; sitzt bei der konkreten Praktik wohl nicht nur mir die Scham im Nacken.

Für die Erleichterung muss das Gesellschaftstier *Homo sapiens* seit seinem ersten Weltendasein zwangsläufig täglich eine gewisse Zeit aufwenden. Immerhin verbringen Frauen heute durchschnittlich täglich achtzehn und Männer sechzehn Minuten auf dem Klo. Ab dem Kleinkindalter muss ein jeder Mensch eine eigenständige Verrichtungspraktik entwickeln, die unter den jeweils historisch und örtlich gegebenen Bedingungen von den Mitmenschen toleriert bzw. akzeptiert wird. Möglicher Ekel vor den eigenen Ausscheidungen und/oder denen von anderen resultiert auch aus Sozialisierungspraktiken. Und Gesellschaft entsteht nicht zuletzt

---

I Altes Beispielsprichwort, vgl. Hoefer, Edmund: Der Volksmund. Sprichwörtliche Redensarten, Minden o. J. (1914).

dadurch, dass passable Lösungen für den Umgang mit den Körperausscheidungen gefunden werden.[1]

Einer der vielen in den mit *WC*, *D*, *H* oder *00* gekennzeichneten Räumlichkeiten hinterlassenen Sprüche verheißt: »Der wichtigste und schönste Ort auf Erden ist stets der Abort.« Allerdings gibt es auch an Wände gekritzelte Bekenntnisse, die das wieder in Frage stellen: »Gegen den Gestank hier ist meine Scheiße das reinste *4711*.« Das ziemlich digital anmutende Hinweisschild *00* kam übrigens im späten 19. Jahrhundert auf, als in größeren Hotels auf jeder Etage zusätzlich ein separates heimliches Gemach eingerichtet wurde. Die Klosetts erhielten die Doppelnullnummer, damit sie nicht mit den Gästezimmern verwechselt werden konnten.

Der menschliche Umgang mit der Notdurft hat eine Geschichte. Er spiegelt die kulturellen, sozialen und wirtschaftlichen Entwicklungsschritte von Gesellschaften. Um sie nachvollziehen zu können, reicht es meines Erachtens nicht, nur die Entwicklung des Ortes der Notwendigkeit an sich, den *locus necessitatis*, sowie die damit verbundenen festen und mobilen Erzeugnisse wie etwa Latrinen, Nachttöpfe, Bettpfannen, Leibstühle und Klosetts oder auch die Sickergruben, Abtransport- und schließlich Abwassersysteme unter die Lupe zu nehmen. Wesentlich aufschlussreicher sind, jedenfalls im Prinzip, die schriftlich überlieferten Schilderungen und Augenzeugenberichte, die über menschliche Gewohnheiten und Rituale mehr oder weniger ehrlich Auskunft geben. Wie heißt es nicht in einem Reim: »Meine Herren und Damen / machen Sie nicht auf den Rahmen / machen Sie in die Mitte / das ist deutsche Sitte.« Mir geht es weder um eine bereits vielfältig – sogar »gelehrt« – dargelegte europäische Geschichte der Scheiße, noch um eine – bislang allerdings nur rudimentär ausgelotete – Geschichte der Pisse. Auch geht es mir nicht um eine bloße Neufassung bereits vorliegender Kulturgeschichten des Aborts oder auch WCs.[II] Kenn-

---

[II] Siehe Literaturverzeichnis.

zeichnend für viele dieser Publikationen – und ihrer vielfältigen Kurzfassungen im Internet – ist das Schlagen eines Bogens vom Altertum bis heute. Geschildert wird ein Ablauf, der mit einem vermeintlichen sanitären Fortschritt in der Antike anhebt, dann einen langwährenden Rückschritt und elenden Stillstand bis in das 19. Jahrhundert hinein schildert, um ab dem 20. Jahrhundert endlich wieder einen, diesmal hygienischen *und* sanitären, Fortschritt zu konstatieren. Die Menschen selbst geraten dabei freilich mehr oder weniger aus dem Blick.

In diesem Buch versuche ich zu erhellen, wie sich der menschliche Umgang mit der Notdurft im zentraleuropäischen (insbesondere deutschsprachigen) Raum seit der Ansiedelung von ersten Abkömmlingen der Gattung *Homo sapiens* bis in dieses frühe 21. Jahrhundert entfaltete. So etwas wie historische Wahrheit kann es für einen Großteil der von mir abgedeckten Zeitspanne allerdings nicht geben. Die Skizzierung der Alltagsgeschichte der Notdurftbefriedigung ist schon deshalb keine leichte Verrichtung, weil es für einen langen Zeitraum keine oder nur spärliche Spuren gibt. Von dem Problem nicht überlieferter Mündlichkeit bzw. nonverbaler Erfahrungen gar nicht zu reden, das eine erdrückende Mehrheit unserer Vorfahren quasi für immer stumm hält. Viele der von Mitgliedern der Höfe, Handelshäuser, Intelligenz, Kunst und der Kirche erhalten gebliebenen Zeugnisse sind zudem parteiisch und nicht selten satirisch überzogen (teils auch erstunken und erlogen). Im Zweifelsfall gilt insbesondere für die Praktiken der Defäkation und/oder Miktion die Erkenntnis: *De normalibus non in actis.* Das Selbstverständliche ist nicht überlieferungsfähig.

Im 16. Jahrhundert entwickelte Michel de Montaigne die Form des persönlichen Essays. Der Essay (französisch: *essayer* = versuchen) kann im weitesten Sinne als eine Darstellungsform genutzt werden, um einer Fragestellung frei, assoziativ und den eigenen Denkbewegungen folgend nachzugehen. Ich nutze diese Form in diesem Buch, um anhand von authentischen Zeugnissen aus überlieferten Briefen, Memoiren, Reiseberichten, literarischen und fachlichen Werken aus vielen Jahrhunderten – gleichsam meinem Riecher folgend – die so selbstverständliche menschliche Bedürfnisbefriedigung der Ausscheidung facettenreich zu erkunden. Dabei gewähre ich einigen Persönlichkeiten der Geschichte quasi notgedrungen vergleichsweise viel Raum, weil die gemeine Frau und der gemeine Mann bis weit ins 19. Jahrhundert hinein im überlieferten Schriftgut extrem unterrepräsentiert sind. Das Bildungssystem für die Unterschichten hinderte die vielen davon betroffenen Frauen noch bis an die Schwelle des 20. Jahrhunderts, lesen und schreiben zu lernen.

Menschen haben seit jeher natürliche und unaufschiebbare Bedürfnisse. Mein Versuch einer Geschichtsschreibung der Erleichterung kann bestenfalls nur andeuten, wie wir Mitteleuropäer zu genau den Damen und Herren bzw. Unisex-Vertretern geworden sind, die wir heute ausweislich einschlägiger Türschilder in öffentlich zugänglichen – häufig gar nicht stillen – Orten sind. Nicht mehr und nicht weniger. Wickeltische in mit *H* ausgeschilderten Aborten sind übrigens eine ziemlich junge historische Errungenschaft.

P.S. Der amerikanische Komödiant Charles Sale (1885–1936) legte 1929 das Bändchen *The Specialist* vor. Vom ehrwürdigen *Times Literary Supplement* als »zu genial, als dass es anstößig sein könnte« gepriesen, wurde es ein angloamerikanischer Bestseller. Ich habe die Häusl-Geschichte mit dem literarischen Übersetzer Jürgen Dierking neu ins Deutsche übertragen. Sie steht auf meiner Website www.johann-guenther-koenig.de unter der Rubrik *Kultur* zur vergnüglichen Einsicht parat.

00 1 Tabu-Spülung

Was den menschlichen Körper als Produkt der Verdauung verlässt, ist mehr oder weniger geruchsintensiv. Eben deshalb liegt der Versuch nahe, Urin und Kot möglichst hygienisch und effektiv aus Augen und Sinn zu bekommen. In den meisten europäischen Haushalten ist das heute schon deshalb kein Problem, weil Sitztoiletten bereitstehen, die das Sicherleichtern problemlos erleichtern. Eigentlich erinnert nur noch die Klobürste daran, dass große Geschäfte mehr Umsicht und Einsatz erfordern als kleine. Psychoanalytiker würden hinzufügen, Toiletten seien auch Orte der Entlastung und Befreiung von Bedrängendem und Belastendem.

Wir essen und trinken, wir tafeln und nippen, wir fressen und saufen. Täten wir es nicht, würden wir verhungern und verdursten. Wie heißt noch gleich das geflügelte Wort von Bert Brecht? – »Erst kommt das Fressen, dann kommt die Moral. – Denn wovon lebt der Mensch?«[2] Und wie sieht es nach der Verdauung aus, wenn die vom Körper nicht benötigten Stoffe und Flüssigkeiten alternativlos wieder an die Umwelt abgegeben werden müssen? Erst kommt die Verrichtung der Notdurft, aber was kommt dann? Was passiert, wenn eine Toilette oder bei Großveranstaltungen eine mobile Sanitäranlage nicht in Reichweite sind? Kommt spätestens dann die Moral? Und wie steht es um die von vielen Wissenschaftlern und Journalisten artikulierte Auffassung, menschliche Exkremente und deren Erzeugung seien »noch immer ein Tabu-Thema«?[3]

Einer der Leitsätze der Outdoor-Bewegung lautet, für die Verrichtung der Notdurft seien ein Loch zu graben und die Hinterlassenschaften anschließend mit Erde abzudecken. Auf diese Weise soll die Abschwemmung der Exkremente in Gewässer unterbunden und eine »Besetzung« durch Insekten verhindert werden. Und warum dieser Aufwand? Kathleen Meyer, die mit ihrem Buch *How to shit in the Woods* viel Aufmerksamkeit erzielte, verdeutlicht in einem Interview: »Wir jetsetten rund um die Welt, wir können in Südost-Asien etwas essen, was wir dann in das Hinterland von Colorado ausscheiden. Wir verbreiten also Krankheiten wesentlich schneller als Tiere, es ist extrem wichtig, unsere Exkremente gut zu vergraben. Außerdem empfehle ich, auch das Klopapier wegzuräumen. Nehmen Sie einfach eine Plastiktüte mit und packen Sie das Papier hinein.«[4]

Ob mit Klosett oder ohne – wenn wir *müssen*, geraten wir unter Druck. Das liegt in der Natur der Sache. Wie heißt es nicht in Erich Kästners Gedicht *Helden in Pantoffeln*:

> Auch der tapferste Mann, den es gibt,
> schaut mal unters Bett.
> Auch die nobelste Frau, die man liebt,
> muß mal aufs Klosett.
> Wer anläßlich dieser Erklärung
> behauptet, das sei Infamie,
> der verwechselt Heldenverehrung
> mit Mangel an Phantasie.[5]

Alles nur Erdenkliche rund um die Themen Essen und Trinken wird täglich medial extensiv aufbereitet und als Gesprächsstoff dankbar aufgenommen. Die damit mehr oder weniger verbundenen Probleme wie etwa Erbrechen, Verstopfung, Völlegefühl, Diarrhöe und Harndrang werden dabei nicht ausgeblendet, sind laut Werbung kurierbare Kalamitäten. Auch der Ort des körperlichen Erleichterungsgeschehens ist keinesfalls ins verbale Schattendasein verbannt – die Frage, wo sich wohl die Toilette befindet, wird dafür viel zu häufig gestellt. Auch kommen viele Leute etwa in

Hörergesprächen des Funks unmissverständlich auf den Punkt, wenn eine öffentliche Anlage nicht funktioniert oder ekelhaft heruntergekommen ist.

Ich muss in Gesprächen nur das Wort *Gesundheit* in den Ring werfen, und schon entspinnt sich nicht selten ein längerer Erfahrungs- und Gedankenaustausch, der zuweilen selbst Toilettengewohnheiten und die Analhygiene nicht ausspart. Die Spanne reicht von neumodischen Dusch-WCs und Taschen-Toiletten, den Vor- und Nachteilen der Hockstellung und der Gesundheitsschädlichkeit bestimmter Klopapiere bis hin zu Blähungen, Inkontinenz, Hämorrhoiden und dergleichen Leiden mehr. Die Werbung lässt jedenfalls nichts unversucht, alle nur denkbaren Lebenssituationen, Leiden und Unwohlgefühle im »Intimbereich« ins Gespräch und Blickfeld zu bringen, um einschlägige Mittelchen zu Verkaufserfolgen oder Therapiemaßnahmen zum Mittel der Wahl zu machen.

In der viel gelesenen und kostenlosen *Apotheken Umschau* mangelt es nicht an Aufklärung. Ein Beispiel:»Das Problem gibt es schon lange. Doch erst seit wenigen Jahren hat es auch einen Namen: Paruresis, auf Englisch ›Shy bladder Syndrome‹ (übersetzt in etwa: schüchterne Blase). Das bedeutet, dass ein Mensch Schwierigkeiten hat, außerhalb seiner privaten Umgebung Wasser zu lassen. Anders als man im ersten Moment vermutet, stehen nicht Ekel vor den hygienischen Zuständen auf bestimmten öffentlichen Toiletten im Vordergrund. Entscheidend ist die Anwesenheit oder auch nur die befürchtete Anwesenheit anderer Menschen.«[6]

Die in der Bundesrepublik noch vor einigen Jahrzehnten gesellschaftlich gepflegten Tabus in sexuellen und hygienischen Belangen lösen sich tendenziell in Luft auf. Ein Rückblick: 1956 erschien das *Hausbuch für die deutsche Familie*, in dem sich ein längeres Kapitel dem »Heim und Haushalt« widmet – einschließlich der »kleinen und gründlichen Reinigung«. Die ellenlangen Ausführungen von Irmgard Schütz-Glück über die Reinigungsschritte »einer guten Hausfrau« im Schlaf- und Wohnzimmer – »zuletzt wird noch Staub gewischt« – belehren nachdrücklich über alle nur denkbaren Reinigungsmaßnahmen.[7] Ein Bad oder gar ein Klosett, die ja auch einer Reinigung bedürfen, sind in ihrem Text schlicht nicht existent, sind tabu.

Immerhin, als elf Jahre später die neunte, völlig neu bearbeitete Auflage des Ratgeberbuchs *Etikette neu* von Karlheinz Graudenz und Erica Pappritz die Gabentische junger Bundesbürgerinnen und -bürger bereicherte, konnte das Stichwort »Toilette« offenbar nicht mehr umgangen werden. Da heißt es: »Halten wir es mit dem liebenswürdigen Spötter Heinrich Spoerl und ›sprechen wir ruhig darüber‹! Heikle Themen erledigen sich nicht von selbst, indem man sie totschweigt. Und dieser kleine Raum bleibt nun einmal trotz seines nicht gern diskutierten Zwecks eine Visitenkarte auch der bescheidensten Wohnung. Dabei genügen anderthalb Quadratmeter völlig für diesen Raum. Waschbecken, Spiegel und Handtuchhalter, oder, noch praktischer, ein Behälter für die kleinen Gästehandtücher sollten nicht fehlen. Da an diesem Ort ein jeder für Reinlichkeit verantwortlich ist, darf eine Reihe bekannter Utensilien nicht fehlen, denn es wäre zu viel verlangt, wollte man die Beseitigung irgendwelcher Benutzungsspuren Dritten zumuten. Und, aller Kritik zum Trotz, sei ein Hinweis erlaubt: Wer findig ist und die moderne Installationstechnik geschickt zu nutzen versteht, wird sich ihrer besonders in kleinen, hellhörigen Wohnungen rechtzeitig bedienen. Am Fenster wird zweckmäßigerweise eine Lüftungsklappe angebracht sein, die ständig Frischluft zuführt. Im übrigen gibt es ja den desodorierenden Raumspray, der nicht nur in keiner Toilette fehlen, sondern auch so placiert sein sollte, daß ihn niemand übersehen kann.«[8]

Inzwischen haben sich die Sitten – und die Zahl und Verfügbarkeit toilettentauglicher Utensilien – entschieden geändert. So ließ 2014 in einer Folge der RTL-Kuppelshow *Bauer sucht Frau* der finanziell gut gestellte Günther die ihm zugesellte Claudia zum Nachweis ihrer Beziehungstauglichkeit quasi öffentlich seine Ferienwohnungen putzen. O-Ton: »Da werden wir mal schauen, ob sie dann eher sagt, ich mache das Staubwischen, oder ob sie auch richtig anpacken kann, ans Eingemachte geht und das Klo putzt.« Sie tat es, versenkte die Hände in der Schüssel und schrubbte nach Leibeskräften ... Müßig zu erwähnen, dass spätestens seit der Messung von Sender-Einschaltquoten zahlreiche einst unumstößlich scheinende Tabus durch das gezielte Dauerfeuer von Tabubrüchen – sowohl in diversen Ekelshows wie auch Talkrunden, in denen der Intimität gleichsam der Garaus gemacht wird – ihren Geist aufgeben. Apropos Tabu:

Das wohl bekannteste Sinnbild sind die drei Affen (aus dem Schrein von Nikko), sprich: nichts hören, nichts sehen, nichts sagen. Tabus fallen nicht vom Himmel. Sie unterliegen ebenso dem historischen Wandel wie die Gesellschaften, die sie in ihren jeweiligen Kulturräumen hervorbringen und statuieren. Anders als gesetzlich verfügte Verbote und Erlasse beruhen sie auf einem stillschweigenden Übereinkommen der Mehrheitsgesellschaft, über ganz bestimmte Dinge weder nachzudenken, noch darüber zu sprechen oder sie gar zu praktizieren. Verstöße werden umgehend geahndet, im Härtefall durch den Ausschluss aus der Gemeinschaft. Individuen, die wissentlich oder unwissentlich gegen ein Tabu verstoßen, dürfen seit jeher nicht auf Toleranz hoffen.[9] Wenn sich aber durchsetzungsmächtige Gruppen finden, die aus welchen politischen, kulturellen, wissenschaftlichen und wirtschaftlichen Gründen auch immer ein Tabu zur Erosion bringen wollen – einfach und über Nacht abschaffen lässt es sich ja nicht –, dann sind dessen Tage schneller, als manchem lieb ist, gezählt.

2003 erschien die vortreffliche Doktorarbeit *Toiletten und Urinale für Frauen und Männer* von Bettina Möllring. In der Einleitung heißt es: »Die Gestaltung und Verwendung von Toiletten wird immer durch den gesellschaftlich geprägten Umgang mit dem individuellen Körper bestimmt. In den westlichen Kulturen gehören die Ausscheidungsprozesse noch zu den tabuisiertesten Handlungen – während das Tabu der Sexualität, die in vergleichbarer Weise intimisiert war, schon weitgehend aufgehoben ist. Mit der Tabuisierung der körperlichen Verrichtungen und der daraus resultierenden Intimität der Handlungen ist verbunden, dass bei Sanitärgegenständen ein vergleichsweise hohes Niveau an Gewohnheit und Vertrautheit während ihrer Benutzung besonders wichtige Faktoren sind.«[10]

Möllrings Befund einer »Tabuisierung der körperlichen Verrichtungen« liegt bereits mehr als ein Jahrzehnt zurück. Zwar kann ich mir gut vorstellen, dass es – mich inbegriffen – durchaus noch viele Zeitgenössinnen und Zeitgenossen gibt, die nicht ungeschützt über ihre individuellen Toilettengewohnheiten sprechen wollen. In den Medien aber kann von einer Tabuisierung längst keine Rede mehr sein. Was heute etwa in als Bestseller beworbenen Büchern demonstriert wird, lässt kaum einen Intimitätswinkel ausgespart. Ich öffne das Taschenbuch *Mondscheintarif* der 1968 geborenen Autorin Ildiko von Kürthy. Darin erzählt eine Fotografin, die 33-jährige Cora, ihre Geschichte – und bekennt nach einer Liebesenttäuschung: »Die Geburtstagsfeier habe ich heulend auf dem Klo verbracht.« Bei einem Filmempfang überkommt die Protagonistin ein Bedürfnis, und sie fragt ihren Begleiter: »Darf ich mal auf die Toilette gehen, oder komm ich dann ins Fernsehen?« Sie darf natürlich ...

»Mir lief das Wasser im Mund zusammen, während ich mich an der überladenen Tafel vorbei in Richtung Damenklo vorarbeitete. Ich stieß die Schwingtür auf und fand mich in einem unglaublichen Pinkel-Palast wieder. Überall Spiegel, überall Marmor. Neben den Porzellanwaschbecken hing nicht etwa so ein gefährlicher Heißluftgebläseautomat, unter dem man sich die Haut verbrennt, trotzdem nicht trocknet, und der Nächste, dem man die Hand schüttelt, denkt, man hätte ihn mit Exkrementen besudelt. Hier lagen, ordentlich gestapelt, frische, kleine, weiße Frottee-Handtücher bereit. Und neben den weißen Handtuchstapeln saß eine hutzelige Klofrau auf einem Höckerchen und schaute mich erwartungsvoll an. So was hab ich ja nicht gerne. Ich kriege Probleme beim Wasserlassen, wenn ich den Eindruck habe, dass mir dabei jemand zuhört. Es wird mir ewig ein Rätsel bleiben, wie Männer es schaffen, nebeneinanderzustehen und zu pinkeln. Wie tun sie das? Reden sie dabei? Worüber? Was ist, wenn sich der Chef neben einem erleichtert? Urinstau? Gehaltsverhandlungen?«[11]

Und was passiert, wenn der Blick durch die sprichwörtliche Brille in die Weiten des historisch noch sehr jungen Internets geht – in den immer dominanteren virtuellen öffentlichen Raum? Das World Wide Web hat zu jeder erdenklichen Problematik entweder nur wenig oder unfasslich viel zu bieten. Als ich damit begann, die mit unseren natürlichen Körperausscheidungen verbundenen Begriffe in eine Suchmaschine einzugeben, stieß ich zum Beispiel unter dem Suchwort »Kacke« umgehend auf das Forum *gofeminin* und einen Beitrag vom Januar 2013: »Dass auch Mädchen/Frauen kacken gehen müssen, ist ja klar. Aber mir ist es trotzdem jedes Mal peinlich, wenn ich zu Hause kacken gehe und nach mir geht jemand ins Badezimmer. Ich wohne mit Mama, ihrem Freund und meinen beiden kleinen Schwestern in einer 4-Raum-Wohnung, und da wir ein sehr, sehr kleines Badezimmer haben ohne Fenster, habe ich natürlich keine Möglichkeit, den Geruch irgendwie wegzubekommen. Raumspray hilft nichts, man riecht's ja trotzdem.«[12]

An Problemschilderungen, derben Sprüchen, Ratschlägen und Tipps fehlt es in Internetforen, Blogs und Websites gewiss nicht – und schon gar nicht zu den vermeintlich scham- und ekelbehafteten, zumindest intim aufgefassten Angelegenheiten rund um unsere natürlichen Bedürfnisse. Insbesondere in den Foren, in denen die Teilnehmer mit Tarnnamen operieren, wird wahrlich kein Blatt vor den Mund genommen. Zwar schieben viele User den Hinweis ein, ihre Notdurftbedürfnisse und die damit verbundenen Probleme und Fragen seien ihnen peinlich, und spielen damit auf ein Gefühl der Verlegenheit und des Unbehagens an; aber was sie dann und wie sie es berichten – Schwamm drüber. In den einschlägigen und frei zugänglichen Angeboten des weltweiten Webs wie auch in Talkshows ist der Begriff *Tabu* längst sprach-, ton- und bildgewaltig ausgehebelt, ja ad absurdum geführt. Was eine vielgenutzte Suchmaschine etwa nach der Eingabe des Stichworts *Pisse* gleich auf der ersten Seite zugänglich macht, spricht Tabuisierungswünschen nachgerade Hohn: Videofilmchen, die die Handlung als solche aus jeder Perspektive und in allen nur denkbaren Varianten darstellen und kommentieren sowie anklickbereite Piss-Pornos, die keine – zumal menschlich entwürdigende – Praktik auslassen.

Und wie steht es um die Aufrechterhaltung des Tabus in Fernsehserien und im Film? Bleibt die Toilette als Rückzugsort zur Verrichtung so privater wie intimer Angelegenheiten mehr oder weniger unangetastet oder zumindest frei von Menschen, die sich erleichtern müssen? Nun, in den Fernsehserien der Gegenwart sind Kloszenen nichts Ungewöhnliches mehr. In der 1993 gestarteten Serie *Motzki* rauscht gleich in der ersten Folge eine Wasserspülung, geht die Tür auf und tritt ein älterer Herr ins Treppenhaus, dem die Jogginghose noch in den Kniekehlen hängt und der eine Rolle Klopapier unterm Arm trägt. Motzki kommt gerade aus dem früher in den Mietskasernen üblichen Abort auf halber Treppe ... In der hierzulande ab 1998 präsenten Anwaltsserie *Ally McBeal* werden die wichtigsten Belange stets in der Unisex-Toilette der Kanzlei diskutiert. Dass *Tatort*-Kommissare Urinale aufsuchen, dort ihre Penisse abschütteln und dabei Worte wechseln, nicht zu vergessen. Wie selbstverständlich der Besuch und die Thematisierung des Klosetts inzwischen in der Welt der Unterhaltungssendungen bzw. Sitcoms ist, ergibt sich etwa aus der Folge »Der König der Klos« der Serie *Eine schrecklich nette Familie*. Nachgerade offenherzig, wie folgender Auszug vermittelt:

AL: »Kann einer nicht versuchen Kelly aus dem Klo rauszukriegen in mir rumorts. Und ich versuch' immer noch zu verdauen.«

(Kelly kommt die Treppe herunter.)

KELLY: »Nächste.«

AL: »Ach, endlich. [...] Als junger Mann hatte ich zwei Träume. Einer war Astronaut zu werden und auf dem Planeten Jane Mansfield zu landen. Der andere war ein Klo zu haben für mich ganz allein. Naja, Janey ist von der Bahn abgekommen und musste auf einem dunkleren Planet notlanden. Aber Familie, ich verwirkliche jetzt meinen zweiten Traum. Ich habe beschlossen, ein Klo zu bauen. Das tollste Klo auf der ganzen Welt und ich möchte, dass ihr euch gleich etwas merkt. Niemand wird dieses Klo benutzen außer mir.« [...]

(Al entfernt die Holzverkleidung der Kiste und zum Vorschein kommt eine weiße Toilette mit Spülkasten.)

KELLY: »Ist das 'ne Fata Morgana oder 'ne Toilette?«

AL: »Nicht nur eine Toilette. Eine Ferguson. Die Königin der Schüsseln. Bud, setz dich. Ich will dir die Geschichte der Ferguson erzählen. Also ... diese Babys werden in Maine fabriziert, in der kleinen Ferguson Fabrik. Sie ist die Stradivari der Toiletten und mein Dad konnte darauf spielen wie auf 'ner Geige. Ja, ich werde nie vergessen, wie mein Dad mich mitgenommen hat nach Maine, um die Fabrik zu besichtigen. Ich musste dringend pinkeln. Ich habe ihn gebeten, mal rechts ran zu fahren. Aber er hat gesagt: Nein, warte bis wir dort sind, es lohnt sich. Und er hatte recht.«

BUD: »Entschuldige bitte, Dad. Aber eine Toilette ist eine Toilette.«

AL: »Toiletten von heute verdienen nicht mal den Namen. Sie kommen in Designerfarben daher und sind zu niedrig. Und wenn du spülst machen sie einen kleinen, schwachen, fast um Verzeihung bittenden Ton. Nicht die Ferguson. Die gibt es nur in Weiß. Und wenn du spülst ... bah ... wuusch ... Das ist 'ne männliche Spülung. Eine Ferguson sagt: Ich bin 'ne Toilette. Setz dich und gib mir deinen besten Schuss.«[13]

In der Serie *South Park* gibt es in der dritten Episode der siebten Staffel sozusagen die Ergänzung – sprich: »Das Schweigen des Klopapiers«. Kinder die im Kunstunterricht zum Nachsitzen verdonnert wurden, kaufen sich anschließend Unmengen von Klopapier und bewerfen damit das Haus ihrer Lehrerin. Das WC samt sämtlicher Utensilien und damit verbundener Gänge dient in Fernsehserien spätestens seit den 1990er Jahren ganz selbstverständlich dazu, möglichst alle Tiefen der menschlichen Existenz auszuloten. Und im Film? Georgi Gospodinovs Ich-Erzähler spielt in dem das OO in jeder Hinsicht auslotenden Werk *Natürlicher Roman* (2007) in einem Gespräch auf die noch häufig vertretene Auffassung an, auf der Leinwand wäre das stille Örtchen nicht nur still, sondern einfach weg gewesen:

» – Und als ich klein war, konnte ich mir, wenn ich ins Dorfkino ging, überhaupt nicht erklären, warum in den Filmen niemand aufs Klo ging. Du siehst Indianer, Cowboys, ganze römische Legionen, und keinen zeigen sie dabei, wie er scheißt oder pinkelt. Ich rannte nach den zwei Stunden im Kino wie verrückt aufs Klo, und jene Typen aus den Filmen nicht ein einziges Mal in einem ganzen Leben. Bitteschön, sagte ich mir, echte Männer hocken sich nicht mit warmen Hintern hin, und ich nahm mir vor auszuprobieren, wie lange ich es aushalten würde, ohne zumindest das große Geschäft zu verrichten. Ich verkniff es mir drei Tage lang. Ich krümmte mich vor Bauchschmerzen, ging leicht vornübergebeugt, meine Eltern erschraken und wollten mich schon zum Arzt bringen. Am Abend des dritten Tages hielt ich es nicht mehr aus. Ich schloss mich im Klo ein und lief aus. Ich fühlte mich wie ein losgebundener Ballon, der zusammenschrumpelt, es zischt, und am Ende bleibt nichts von ihm übrig. Damals zweifelte ich zum ersten Mal am Kino. Es lag etwas Falsches in ihm, etwas ... wie soll ich sagen ... etwas Unehrliches.

– Nur, weil du dir die falschen Filme angeschaut hast. Eines werde ich dir sagen, du kannst nur dadurch herausfinden, ob ein Film etwas taugt, wenn seine Kamera auch ins Klo geht. Nehmen wir zum Beispiel ›Pulp Fiction‹, als Bruce Willis zurückkommt, um seine Uhr zu holen, und beschließt, sich zwei Scheiben Brot in den Toaster zu hauen, während Travolta auf dem Klo hockt. Die Toastbrote springen heraus. Bruce erschrickt und erschießt den anderen. Der Toaster drückt also den Abzug, und die Küche reißt dem Klo den Arsch auf. Siehst du, wie das zusammenhängt?

– Und der Bulle in ›Reservoir Dogs‹, hieß er nicht Mister Orange, der die Geschichte mit den Drogen im Klo mit allen Details erzählt, um sie glaubhafter zu machen. Während er die Geschichte auswendig lernt, ruft sein Chef: Du musst dich nur an die Details erinnern. Das wird sie dazu bringen, dir zu glauben. Die Handlung, sagt er, spielt sich im Männerklo ab. Du musst alles über dieses Klo wissen. Ob es Papiertücher gibt oder einen Föhn für die Hände, was für eine Art von Seife es ist. Ob es stinkt. Ob nicht irgendein Bastard eine der Kabinen mit dünnflüssiger Scheiße vollgeschissen hat ... Alles.

– Oh, ich glaube, ich muss mich übergeben ... [...]

– Das Größte in den 90er Jahren bleibt die Tauchszene in der schmutzigsten Toilette Schottlands in ›Trainspotting‹.

– Oder nimm die Filme von Fassbinder und Antonioni, überall wirst du mindestens eine Szene in einem Klo sehen. Und Kusturica mit diesem komischen Selbstmordversuch im Klo.«[14]

Im Kinofilm gehört der wie auch immer von der Kamera einge-
fangene menschliche Akt der Erleichterung seit den 1960er Jahren
fest zur fiktiven Realität. Philipp Alexander Tschirbs verzeichnet
in seiner wissenschaftlich fundierten Studie *Das Klo im Kino* »eine
anschwellende Flut« einschlägiger Szenen.[15] Seine Untersuchung
legt die Vermutung nahe, dass es im Bereich der schambesetzten
menschlichen Bedürfnisbefriedigungen heute schon deshalb keinen überraschenden Tabubruch mehr geben kann, weil sämtliche
vorstellbaren Tabus schon viel zu häufig gebrochen worden sind.
In Filmen aller Genres, so viel steht fest, dienen Toiletten neben
ihrem eigentlichen Zweck vor allem als Orte des Drogenkonsums,
der Gewaltausübung und sexueller Abenteuer gleich- und anders-
geschlechtlicher Heldinnen und Helden. Sie dienen natürlich auch
als Versteck oder – wenn sie ein Fenster haben – als willkommener
Fluchtweg. Titelgebend sind sie auch, sonst hieße eine 1981 in die
Kinos gekommene Komödie ja nicht *Taxi zum Klo*.

Tschirbs' akribischer Recherche verdanke ich vor allem die
Erkenntnis, dass das Klosett in namhaften Filmen eine zentrale
Funktion in der Handlung einnimmt. Alfred Hitchcock war einer
der ersten Regisseure, der 1960 in *Psycho* das WC für eine Schlüsselszene nutzte, und das noch gegen erhebliche Widerstände. In
dem berühmten Streifen landet die ums Leben gebrachte Marion
Crane (Janet Leigh) direkt neben der Kloschüssel, in deren Wasser die papierenen Beweise für ihre illegalen Machenschaften und
den Mord an ihr schwimmen. Altmeister Hitchcock rühmte sich
in einem Interview übrigens dafür, »er verlasse die Toilette stets
so sauber, daß niemand, der den Raum genauer inspiziere, auf die
Idee käme, daß er dort gewesen sei«.[16]

Spätestens ab 1928, als der Stummfilm *The Crowd* (*Ein Mensch
der Masse*) in den USA gedreht wurde, rücken Aborte auf der Leinwand zunehmend vor. Einer der ersten Tonfilme, in denen das WC
eine Rolle spielt, erschien 1930: *Das goldene Zeitalter* von Luis

Buñuel. Allerdings in verfremdeter Form. Eine sitzende Frau wird von Meereswogen bedrängt, deren Rauschen sich beim näheren Hinhören als das einer Klospülung entpuppt. Als der berühmte Regisseur und Filmemacher 1974 das aus einer lose zusammengehaltenen Folge surrealer Szenen bestehende Werk *Das Gespenst der Freiheit* in die Kinos entließ, wurde gleichsam Hand an Röcke, Hosenbünde und allemal das Klo-Tabu gelegt. Zwar bildet das unnachahmliche Toiletten-Dinner keine eigenständige Episode. Aber als Beispiel in einer Rede eines etwas verwirrten Professors, der an der Polizeiakademie ein Seminar über die Relativität des Gesetzes abhält, entfaltet die Szene plötzlich Wirkung. Nachdem der Professor auf Melanesien und die Forscherin Margarete Mead zu sprechen gekommen ist, fährt er fort: »Ja, die Polygamie, bei uns verboten, dort ganz normal. Oder stellen Sie sich vor, meine Frau und ich sind zum Essen eingeladen ...« Prompt werden zum Dinner geladene gutbürgerliche Gäste in einem Wohnzimmer an einen Esstisch platziert, dessen Sitzgelegenheiten aus WC-Becken bestehen. Die Gäste klappen folgsam die Klodeckel hoch, ziehen Kleider hoch und Hosen runter und nehmen Platz. Die Hausangestellte reicht Toilettenpapier auf Silbertabletts. Die Spülung rauscht. Als ein Kind vom Essen spricht, folgt umgehend die Ermahnung: »Nicht bei Tisch!« Dann erhebt sich einer der Herren, und bedeutet, er müsse mal austreten. Er sucht eine kleine Kammer auf, in der Baguette und Aufschnitt angerichtet sind.

Wofür Buñuel diese Szene dient, wird spätestens deutlich, als die sich manierlich erleichternde Gesellschaft die Übervölkerung und die vielen Tonnen Exkremente beklagt, die Menschen produzieren. (Mich erinnert diese Szene an die römischen Prachtlatrinen, auf denen die Angehörigen der Oberschicht der Überlieferung zufolge gemeinschaftlich defäkierten und dabei in jeder Hinsicht Geschäfte machten.) Nur zwei Jahre nach diesem Highlight der Filmgeschichte legte Wim Wenders quasi eine Schippe nach. In seinem Film *Im Lauf der Zeit* (1976) kackt der Schauspieler Rüdiger Vogler vor laufender Kamera reell in den weißen Sand.

Toilettenräume, Pissoirs und WC-Becken dienen seit den 1960er Jahren als fast schon unverzichtbare narrative Stilmittel. Der außerhalb des Kinos als intimer Rückzugsort verstandene stille Ort wurde und wird seitdem nicht nur von cineastischen Großmeistern wie Hitchcock, Buñuel, Pier Paolo Pasolini (z. B. *Die 120 Tage von Sodom*; 1975), Bernardo Bertolucci (z. B. *Der letzte Tango in Paris*; 1972) oder Stanley Kubrick (z. B. *Lolita*; 1962, *Uhrwerk Orange*; 1971, *Eyes Wide Shut*; 1999) in jeder Hinsicht enttabuisiert.

Nicht zu vergessen das skandalträchtige Werk *Das große Fressen* des Regisseurs Marco Ferreri. Als sein Film 1973 in die Kinos kam, liefen die derben Sex- und Fress-Szenen, Letztere begleitet von unüberhörbaren Verdauungsgeräuschen und Blähungen der Protagonisten, den damals noch üblichen Seh- und Hörgewohnheiten ziemlich zuwider. In Irland verfügten die Behörden umgehend ein Aufführungsverbot. Bemerkenswert ist vor allem die sich aus einer Fress-Szene entwickelnde Katastrophe auf der Toilette. Philipp Alexander Tschirbs vermerkt: »Nachdem sich die zügellos Speisenden abwechselnd auf dem Klo erleichtert haben, wird die Kongruenz von Nahrungsaufnahme und Ausscheidung visuell verdeutlicht: Das Klosett läuft über und die ›Scheiße‹ ergießt sich in einer Schwemme über das gesamte Badezimmer und dringt unaufhaltsam in die Wohnräume vor.«[17] O-Ton des Protagonisten Ugo, als er das Badezimmer betritt und ins Becken schaut: »Hier liegt noch Scheiße drin. Nicht mal spülen können diese Schweine!«

Sind menschliche Exkremente und die konkreten Orte, an denen diese Produkte der Verdauung ausgeschieden werden, ein Tabuthema? In der Vergangenheit schon, heute bestenfalls bedingt. Sprachliche wie auch bildliche Unantastbarkeiten gibt es so gut wie keine mehr – und einen Gesichtsverlust muss niemand befürchten, der etwa beiläufig erzählt, er habe den 2009 erschienenen Roman *Feuchtgebiete* von Charlotte Roche mit Interesse gelesen. Immerhin laut *Der Spiegel* ein »Mega-Seller« mit circa drei Millionen verkauften Exemplaren allein in Deutschland. Hier ein kleiner, nicht unbedingt feiner Auszug:

»Hygiene wird bei mir kleingeschrieben. Mir ist irgendwann klar geworden, dass Mädchen und Jungs unterschiedlich beigebracht kriegen, ihren Intimbereich sauber zu halten. Meine Mutter hat auf meine Muschihygiene immer großen Wert gelegt, auf die Penishygiene meines Bruders aber gar nicht. Der darf sogar pinkeln ohne abwischen und den Rest in die Unterhose laufen lassen. Aus Muschiwaschen wird bei uns zu Hause eine riesenernste Wissenschaft gemacht. Es ist angeblich sehr schwierig, eine Muschi wirklich sauberzuhalten. Das ist natürlich totaler Unfug. Bisschen Wasser, bisschen Seife, schrubbel-schrubbel. Fertig. [...] Eine andere Muschiregel meiner Mutter war, dass Muschis viel leichter krank werden als Penisse. Also viel anfälliger sind für Pilze und Schimmel und so. Weswegen sich Mädchen auf fremden oder öffentlichen Toiletten niemals hinsetzen sollten. Mir wurde beigebracht, in einer stehenden Hockhaltung freischwebend zu pinkeln, ohne das ganze Igittigitt-Pipi-Mobiliar überhaupt zu berühren. Ich habe schon bei vielen Dingen, die mir beigebracht wurden, festgestellt, dass die gar nicht stimmen. Also habe ich mich zu einem lebenden Muschihygieneselbstexperiment gemacht.

Mir macht es Riesenspaß, mich nicht nur immer und überall bräsig voll auf die dreckige Klobrille zu setzen. Ich wische sie auch vor dem Hinsetzen mit meiner Muschi in einer kunstvoll geschwungenen Hüftbewegung einmal komplett im Kreis sauber. [...] Das mache ich jetzt schon seit vier Jahren auf jeder Toilette. [...] Und ich habe noch nie einen einzigen Pilz gehabt. Das kann mein Frauenarzt Dr. Brökert bestätigen.«[18]

Zurück ins WWW. Unter Verwendung der Begriffe *Toilette* und *Knigge* verwandelt es sich unversehens in eine irreale Verbesserungsanstalt. Vorausgesetzt wird in vielen Beiträgen, wie auch immer formuliert, folgendes Szenario: »Aufreger Nummer eins in vielen Haushalten ist die Toilettenbenutzung und -hygiene. Besonders in WGs, doch auch in Familien oder bei jungen Paaren ist das Ignorieren einfachster Hygieneregeln ein ständiges Streitthema. Der offene Toilettendeckel, Spritzer rund um die Kloschüssel oder das penetrante Ignorieren der Toilettenbürste – diese Aufreger kennt wohl jeder, der sich mit anderen eine Toilette teilt. Damit das heimische WC nicht zu einer verwahrlosten Bahnhofstoilette wird, gelten auf dem stillen Örtchen bestimmte Benimmregeln. Mit nur wenigen Hygienemaßnahmen haben unschöne Hinterlassenschaften und miese Gerüche keine Chance.«[19]

Und welche Benimmregeln beinhaltet im Zeitalter der Digitalisierung und Individualisierung ein selbst ernannter »WC-Knigge«? Die auf vielen Websites (und in der ausgeuferten Ratgeberliteratur) dargebotenen Winke mit dem Zaunpfahl und Tipps lesen sich in meiner Zusammenfassung, die keinen Anspruch auf Vollständigkeit erhebt, so:

Die Toilette wird täglich genutzt und gebraucht. Daher sollte an diesem Ort aus Respekt vor den Mitmenschen Wert auf Sauberkeit und Hygiene gelegt werden.

Selbst wenn sich das Urinieren, Pinkeln, Pullern oder Pissen im Stehen für den Mann anbietet, sollte er sich auch zum Urinieren hinsetzen, denn so werden unerwünschte Spritzer und Gerüche verhindert. (Tipp: Beim Aufstehen die Tropfen mit einem Stück Klopapier auffangen.)

Nach dem großen Geschäft sollte jede und jeder die Toilettenbürste benutzen, um eventuelle Bremsspuren zu beseitigen. (Tipp: Durchgeweichtes Klopapier setzt sich in den Borsten fest und schreckt nachfolgende Toilettenbenutzer von der Benutzung ab.)

Nach jedem Geschäft muss ordentlich gelüftet werden. Vor allem, wenn sich die Toilette im Badezimmer befindet. (Tipp: Wenn keine Entlüftung möglich ist, ein Streichholz anzünden. Dann entweicht Schwefel, der wiederum den unangenehmen Geruch bindet.)

Nach der Säuberung mit der Klobürste wird der Toilettendeckel wieder aufgelegt. Das minimiert ebenfalls Gerüche. Auch schaut niemand gerne in den offenen Abfluss. Beim Verlassen der Toilette muss die Klotür hinter sich geschlossen werden.

Nach jedem Toilettengang Hände waschen nicht vergessen. Gründliches Reinigen verhindert, dass Fäkalkeime im gesamten Haushalt und an andere Personen verteilt werden.

Binden und Tampons gehören nicht in die Toilette, wo sie für Verstopfung und Überschwemmung sorgen. Auch Speiseabfälle und Essensreste haben nichts in der Kloschüssel zu suchen. Sie machen die Klärung der Abwässer schwieriger; außerdem sind nahrhafte Stoffe ein gefundenes Fressen für Ratten.

Wer das letzte Toilettenpapier einer Rolle verbraucht, hat für Nachschub zu sorgen. Der nächste Benutzer würde es nach seinem Geschäft empört vermissen.

Viele Menschen lesen gern auf der Toilette. Die Tageszeitung oder Zeitschrift auf der Toilette kann aber schnell unhygienisch werden. (Tipp: Bitte nur kurze Sitzungen einplanen, das Klo ist keine Bibliothek ...)

Mit dieser Übersicht heute vielfach kommunizierter Benimmregeln könnte ich es gut sein lassen, wenn es da nicht noch die viel beschworene Geschäftswelt gäbe und mit ihr den *Business-Knigge*. Merke: »Zunächst gehört es zum guten Ton, die Toilette auch als solche zu bezeichnen. Der Begriff ›Klo‹ zeugt in der Geschäftswelt nicht gerade von Stil. Auch Ankündigungen wie ›Ich geh aufs stille Örtchen‹ oder ›Ich muss mal für kleine Mädchen/ Jungen‹ sind außer unter sehr vertrauten Kollegen fehl am Platz.

Das Handy lassen Sie bitte vor der Tür oder machen es aus. Es ist sehr unhöflich, andere Toilettenbesucher durch einen Anruf zu stören.«[20]

All das, was heute mit dem Begriff *Knigge* verbunden wird, hat mit dem profilierten Republikaner Adolph Freiherr Knigge (1752–1796) und seinem aufklärerischen Werk *Ueber den Umgang mit Menschen* von 1788 nichts zu tun. Knigge hatte kein Benimmbuch, sondern einen kritischen Leitfaden zur Lebensphilosophie vorgelegt.[21] Obwohl der ob seines Eintretens für die Ideale der Französischen Revolution von konservativen Kreisen gehasste Freiherr posthum durch Umschriften seines Hauptwerks nachgerade seiner Ideale beraubt wurde, scheut sein 1968 geborener Nachfahre Moritz Freiherr Knigge nicht davor zurück, sich auf genau den »Benimm-Knigge« zu beziehen, den es leibhaftig nie gab. Er nutzt den inzwischen wohlklingenden Namen für seine Beratungstätigkeit in Umgangsfragen. Und wie lauten die zentralen Benimmregeln von Moritz Freiherr Knigge (allerdings nur für Herren)?

»Es gibt eine einfache Faustregel am Urinal: Pinkeln und Mund halten. Dies ist weder der Ort, um geschäftliche Gespräche weiterzuführen, noch gar Intimes zu besprechen. [...] Steht der Vorgesetzte direkt neben einem, verbieten sich sowohl verstohlene Blicke in seine Richtung als auch der Einsatz karrierefördernder Selbstmarketingstrategien! Spülungen sind dazu da, um sie zu betätigen, Klobürsten, um sie zu benutzen, Fenster, um zu lüften, und Wasserhähne, um sie aufzudrehen und sich die Hände zu waschen. Wer meint, auf Letzteres verzichten zu können, dem sei ein Satz Adolph Freiherr Knigges ans Herz gelegt, der gerade auf dem Herrenklo seine zeitlose und allgemeine Gültigkeit beanspruchen darf: ›Tue nichts im Verborgenen, dessen Du Dich schämen müsstest, wenn es ein Fremder sähe.‹«[22]

00 2 Tierisch menschlich

Körperliche Ausscheidungsprozesse sind eine alltägliche Herausforderung für sich. Selbst im Falle des »kleinen« Geschäfts. Die menschliche Blase hat ein Volumen von gut einem halben Liter. Wenn ihre Füllung ein Volumen von 200 bis 300 Millilitern überschreitet, erhält das Gehirn die Information: Harndrang. Wird der Drang häufig unterdrückt, meldet sich die Blase seltener. Zudem können wir die Füllmenge der Blase ausdehnen, indem wir viel trinken. Nun gibt es – unabhängig vom Geschlecht – Menschen, die den Harndrang weniger unterdrücken als andere, und eben häufiger eine Toilette aufsuchen. Rein statistisch betrachtet scheinen Frauen ihrem Harndrang häufiger nachzugeben als Männer – sie suchen durchschnittlich fünf- bis siebenmal täglich die Toilette auf, während Männer es bei drei bis vier Gängen belassen. Wie dem auch sei, sicherlich empfinde nicht nur ich ein schnell erreichbares und gepflegtes WC als einen Segen, vor allem außerhalb der eigenen vier Wände. Die Heldin Annabel in Ildikó von Kürthys Roman *Freizeichen* nicht minder. Sie reist eines Tages spontan zu ihrer exzentrischen Tante nach Mallorca, die aber nicht wie vereinbart zu Hause ist. Da Annabel dringend auf Toilette muss, beschließt sie, in nächster Nähe eine Erleichterungsmöglichkeit zu suchen:

»Ich weiß nicht, ob es anderen auch so geht, aber wenn ich auf die Toilette muss, dann muss ich immer ganz plötzlich und dringend auf die Toilette. Vor langen Autofahrten zum Beispiel trinke ich immer tagelang nichts. Vergeblich. Schon bei der ersten Raststätte muss ich raus. Immer. Ben sagt, ich hätte eine Altherrenblase, und meine Freundin Mona schlug vor, ich solle beim nächsten Mal Windeln tragen oder mir einen Katheter legen lassen. [...] Aber es ist tatsächlich so: Eigentlich befinde ich mich die meiste Zeit meines Lebens auf der Suche nach einem Klo.

Für mich also eine absolut vertraute Situation: Annabel Leonhard eilt mit zusammengepressten Schenkeln durch irgendeine völlig toilettenfreie Zone dieser Welt. [...] Glücklicherweise habe ich durch jahrzehntelange Praxis ein seismografisches Gespür für Toiletten entwickelt oder für Gegenstände, die man als Toilette benutzen kann. Ich [...] denke, der Satz, den ich in meinem Leben am häufigsten gesagt habe, ist: ›Dürfte ich wohl mal Ihre Toilette benutzen?‹ [...] Unter Blasendruck verliert man viele seiner ansonsten hartnäckigen Hemmungen. Ich habe schon in Spelunken gepinkelt, die ich bei klarer geistiger Verfassung nur mit Schutzanzug und Atemmaske betreten hätte.«[23]

Um unserer vornehmsten Eigenschaft als Stoffwechsler zu genügen, müssen wir ausreichend essen und trinken. Um die unser Überleben sichernden Körperfunktionen gut zu versorgen, sind Fette, Kohlenhydrate, Mineralstoffe, Proteine, Vitamine und Wasser essenziell. Der Körper benötigt sie für das Wachstum, für die Zellteilung und die Blutgerinnung, zur Deckung des Energiebedarfs des Herzens, der Bewegungsabläufe und anderem mehr. Stoffwechselprodukte, die der Körper nicht verwerten kann, müssen wieder ausgeschieden werden. Während die Haut Wasser, Salze und Gifte herausschwitzt und die Lunge beim Ausatmen Kohlendioxid ausstößt, entsorgt der Darm die Abfallstoffe der Verdauung und befreit das Harnsystem den Körper vor allem von Stickstoff. Ohne die zuverlässig entgiftende Arbeit der Nieren, die pro Minute einen Liter Blut filtern (und ein Prozent davon in Urin verwandeln), kommt kein Mensch über die Runden. Der Urin sammelt sich in der Harnblase an, deren Wand dadurch mehr und mehr unter Spannung gerät. Ist die einen guten halben Liter Urin fassende Blase voll, entsteht Harndrang.

Der Mund fungiert als Tor und »Eingangshalle zu einer Welt, in der Fremdes zu Eigenem wird«, statuiert Julia Enders in ihrem Bestseller *Darm mit Charme*.[24] (Mit »Charme« lassen sich Tabus übrigens auch gut entsorgen.) Nach der bereits in der Mundhöhle einsetzenden Verdauung wird die aufgenommene Nahrung dann mittels Säuren und Enzymen im Magen aufbereitet. Im bis zu fünf Meter langen Dünndarm erfolgt die Aufspaltung der Nähr- und Abfallstoffe, wobei die löslichen Nährstoffe durch dessen Zotten wieder in die Blutbahn und zur Leber gelangen. Der Dünndarm wird bei seiner Kärrnerarbeit von der Bauchspeicheldrüse unterstützt. Sämtliche unverdaulichen Stoffe gelangen in den anderthalb Meter langen Dickdarm, wo Bakterien sie zersetzen. Der verbleibende Rest des eingedickten Breis wird sukzessive weitergeschoben und steht dann zur Ausscheidung durch den After parat. Das kann freilich dauern. Bis die aufgenommene Kost ihre Verwertung und Verwandlung im Körper hinter sich hat, vergeht mindestens ein Tag.

Wie viele andere Körperfunktionen auch unterliegt der Verdauungsvorgang individuellen Schwankungen. Verstopfungen liegen aus medizinischer Sicht vor, wenn die Darmentleerung nicht dreimal wöchentlich erfolgt oder nur durch schmerzhaftes Pressen möglich wird. Hinzu kommen Störungen wie Stuhlinkontinenz und andere mehr. Die Häufigkeit des Stuhlgangs ist bei jedem Menschen individuell speziell – sie variiert bei gesunden Erwachsenen zwischen dreimal täglich bis dreimal wöchentlich. Auch die Konsistenz des Kots kennt keine feste Regel – sie schwankt zwischen hart und weich je nach individueller körperlicher und seelischer Verfassung und natürlich auch der jeweils präferierten Nahrung.

Die sich mehrmals täglich füllende Blase signalisiert durch den Harndrang, dass sie entleert werden muss. Erweist er sich als besonders stark oder unbeherrschbar, gilt das als Symptom für eine Störung. Der Harndrang kommt nicht von ungefähr. In der Blasenwand registrieren reizaufnehmende Zellen bzw. Rezeptoren stets die anliegende Spannung und melden sie an die zuständigen Kontrollstellen im zentralen Nervensystem. Muskelgeflechte rund um den Blasenausgang und an der hinteren Harnröhre sowie die Beckenbodenmuskulatur halten die Blase unter Verschluss. Gesunde Menschen können ihre Urinabgabe bewusst steuern, indem sie diese Muskeln erschlaffen lassen, wobei sich gleichzeitig der Blaseninnendruck durch die Anspannung der harnaustreibenden Muskeln erhöht. Und schon kommt es zur Miktion, der Blasenentleerung. Sie ist bekanntlich umso häufiger notwendig, als die Trinkmenge gesteigert wird. Und wenn das nicht klappt? In Günter de Bruyns 1984 publizierten Roman *Neue Herrlichkeit* erfährt Viktor telefonisch, dass es seinem Vater nicht gut geht:

»Das ist erschreckend und erheiternd zugleich. Den kraftstrotzenden Mann, dem Schwäche bisher defätistisch und Krankheit moralisch anrüchig erschien, kann man sich als Patienten nicht vorstellen. Jetzt fühlt sich der Löwe als Wurm; der Halbgott, der Ärzte sowenig gebraucht hat wie Priester, merkt, daß auch er sterblich ist. So gewaltig wie früher die Kraft, ist nun der Jammer. Er fühlt sich nicht nur geschlagen vom Schicksal, sondern auch noch verhöhnt, weil es ausgerechnet die Prostata ist, die ihn quält. Ehrenvoll zu Boden geht man in seinen Kreisen durch Herzinfarkt, nicht aber so. Ein Riese, der vor Schmerz schreit, wenn der Urin kommen soll und nicht will, ist kein Mann mehr, sondern eine Schießbudenfigur ...«[25]

Die Ausscheidung der Stoffwechselendprodukte erfolgt in Form von Urin und Fäzes. Während es der Urin in aller Regel eilig hat, unserem Körper Ade zu sagen, nimmt sich der Darm, immerhin unser größtes sensorisches Organ, mehr Zeit. Aber irgendwann will auch er entleert sein, und wie das funktioniert, hat Giulia Enders in ihrem Werk *Darm mit Charme* trefflich zur Sprache gebracht:

»Unser Klogang ist eine Meisterleistung – zwei Nervensysteme arbeiten gewissenhaft zusammen, um unseren Müll so diskret und hygienisch wie möglich zu entsorgen. [...] Unser Körper hat dafür allerlei Vorrichtungen und Tricks entwickelt. Es fängt schon damit an, wie ausgetüftelt unsere Schließmechanismen sind. Fast jeder kennt immer nur den äußeren Schließmuskel, den man gezielt auf- und zubewegen kann. Es gibt einen ganz ähnlichen Schließmuskel, wenige Zentimeter entfernt – nur können wir ihn nicht bewusst steuern. Jeder der beiden Schließmuskeln vertritt die Interessen eines anderen Nervensystems. Der äußere Schließmuskel ist treuer Mitarbeiter unseres Bewusstseins. Wenn unser Gehirn es unpassend findet, jetzt auf die Toilette zu gehen, dann hört der äußere Schließmuskel auf das Bewusstsein und hält so dicht, wie er eben kann. Der innere Schließmuskel ist der Vertreter unserer unbewussten Innenwelt. [...]

Diese beiden Schließmuskeln müssen zusammenarbeiten. Wenn unsere Verdauungsreste beim inneren Schließmuskel ankommen, macht dieser reflexartig auf. Er lässt allerdings nicht einfach alles auf den äußeren Schließmuskelkollegen los, sondern erst einmal nur einen Testhappen. In dem Raum zwischen innerem und äußerem Schließmuskel sitzen viele Sensorzellen. Diese analysieren das angelieferte Produkt darauf, ob es fest oder gasförmig ist, und schicken ihre Information hoch an das Gehirn: Ich muss aufs Klo! ... oder vielleicht auch nur pupsen. Es macht dann, was es mit seinem ›bewussten Bewusstsein‹ so gut kann: Es stellt uns auf unsere Umwelt ein. Dazu nimmt es Informationen von Augen und Ohren und zieht seinen Erfahrungsschatz hinzu. In Sekundenschnelle entsteht so eine erste Einschätzung, die das Gehirn zurück an den äußeren Schließmuskel funkt: ›Ich habe geguckt, wir sind gerade bei Tante Berta im Wohnzimmer – Pupse gehen vielleicht noch, wenn du sie ganz leise raustwitschen lässt. Fest eher ungut.‹ Der äußere Schließmuskel versteht und verschließt sich voller Loyalität noch fester als zuvor. Dieses Signal bemerkt dann auch der innere Schließmuskel und respektiert erst mal die Entscheidung seines Kollegen. Die beiden verbünden sich und schieben den Testhappen in eine Warteschleife. Raus muss es irgendwann, nur eben nicht hier und jetzt auch nicht. Einige Zeit später wird es der innere Schließmuskel einfach noch mal mit einem Testhappen probieren. Sitzen wir mittlerweile gemütlich zu Hause auf dem Sofa: freie Fahrt!«[26]

Nach der – hoffentlich wohlschmeckenden und bekömmlichen – Speisenaufnahme folgen die Verdauung und irgendwann später der Gang auf die Toilette. Was nun diesem Ablauf mit anschließender »freier Fahrt« gleichsam eingeschrieben ist, verdeutlicht Elias Canetti (1905–1994) in seinem Werk *Masse und Macht* in akribischer Klarheit. Sämtliche Nahrungsmittel, die wir uns zum Überleben einverleiben müssen, bestehen ja biologisch betrachtet aus anderen Lebewesen, und deren Verzehr bestimmt unsere Wirklichkeit aus der Sicht des Literaturnobelpreisträgers entschieden mehr, als es im alltäglichen Hin und Her den Anschein hat. In dem von Canetti unzweideutig betitelten Kapitel »Eingeweide der Macht« heißt es:

»Nichts hat so sehr zu einem gehört, als was zu Kot geworden ist. Der konstante Druck, unter dem die Speise gewordene Beute steht, während der ganzen langen Weile, die sie durch den Leib wandert, ihre Auflösung und die innige Verbindung, die sie mit dem Verdauenden eingeht, das vollkommene und endgültige Verschwinden erst aller Funktionen, dann aller Formen, die einmal ihre eigene Existenz ausgemacht haben, die Angleichung oder Assimilation an das, was vom Verdauenden als Leib bereits vorhanden ist – all das läßt sich sehr wohl als der zentralste, wenn auch verborgenste Vorgang der Macht sehen. Er ist so selbstverständlich, selbsttätig und jenseits alles Bewußten, daß man seine Bedeutung unterschätzt.«[27]

Unsere Exkretion, daran lässt Elias Canetti keinen Zweifel, hat weit größere Dimensionen, als die rein physiologische Funktion erkennen lässt. Die Bewältigung der Wirklichkeit durch das Ergreifen, Erkaufen, Zubereiten, Einverleiben und Verdauen von Beute, die die überlebenssichernden Nährstoffe, Mineralien und Vitamine enthält, bleibt für instinktentbundene Mängelwesen vom Schlage *Homo sapiens* offenbar nicht folgenlos. Weder im Psychischen noch im Sozialen und Kulturellen. Und eben deshalb kommt für Canetti beim Stuhlgang auch weit mehr ans Tageslicht, als es scheint:

»Der Kot, der von allem übrigbleibt, ist mit unserer ganzen Blutschuld beladen. An ihm läßt sich erkennen, was wir gemordet haben. Er ist die zusammengepreßte Summe sämtlicher Indizien gegen uns. Als unsere tägliche, fortgesetzte, als unsere nie unterbrochene Sünde stinkt und schreit er zum Himmel. Es ist auffallend, wie man sich mit ihm isoliert. In eigenen, nur dazu dienenden Räumen entledigt man sich seiner; der privateste Augenblick ist jener der Absonderung; wirklich allein ist man nur mit seinem Kot. Es ist klar, daß man sich seiner schämt. Er ist das uralte Siegel jenes Machtprozesses der Verdauung, der sich im Verborgenen abspielt und ohne dieses Siegel verborgen *bliebe*.«[28]

Ich kommentiere das nicht weiter. Ein durchschnittlicher Europäer verdaut in seinem Leben gut zwanzig Tonnen Nahrung. Und was gibt er davon an die Umwelt zurück? Schätzungsweise mindestens 30 000 Liter Urin und bis zu 8000 Kilogramm Kot. Allerdings haben auch die Fäzes viel Flüssigkeit in sich – gut drei Viertel der Menge sind nichts als Wasser. Einer der großen Universalgelehrten seiner Zeit, Leonardo da Vinci (1452–1519), kommentierte die Existenz ihm unliebsamer Mitmenschen denn auch spöttisch mit den Worten: »Zahlreich sind jene, die sich als einfache Kanäle für die Nahrung und als Erzeuger von Dung und Füller von Latrinen bezeichnen könnten, denn sie kennen keine andere Beschäftigung in dieser Welt. Sie befleißigen sich keiner Tugend. Von ihnen bleiben nur volle Latrinen übrig.«[29]

Übrigens hinterlassen Vegetarier fast doppelt so viele Fäzes wie Fleischesser, weil sie mehr unverdauliche Ballaststoffe zu sich nehmen. Die Fleischesser hingegen produzieren stärker riechenden Kot, weil beim Abbau tierischer Eiweiße chemische Stoffe entstehen, die für ein von Mitmenschen zuweilen als unangenehm empfundenes Odeur sorgen. Fäzes entwickeln ihren spezifischen Duft nach der Ausscheidung vor allem aufgrund der Verbindungen von Skatol und Indol, die beim Abbau der Aminosäure Tryptophan entstehen. Auch die sich bei der Verdauung von Proteinen bildenden Alkanthiolen nebst Schwefelwasserstoff tragen zur Geruchsbildung bei. Normaler Menschenharn entfaltet seinen strengen, von ausgasendem Ammoniak herrührenden Geruch hingegen erst mit der Oxidation an der Luft – zunächst duftet er mehr nach Fleischbrühe oder, nach dem Genuss von Spargel, Baldrian und Lauch, nach Methylmerkaptan. Bei manchen jedenfalls. Denn nach dem Spargelessen scheiden sich Untersuchungen zufolge die Menschen in zwei Gruppen. Bei der einen verströmt der Urin ein spezifisches Aroma, bei der anderen riecht er wie immer. Verursacht wird dieser Unterschied durch ein Enzym, das die im Spargel enthaltene Asparaginsäure zersetzt, und das die einen unter uns haben und die anderen nicht.[30]

Die natürlichen Ausgasungen und anderen anrüchigen Düfte, die mir in oder nahe der Örtchen für unaufschiebbare Bedürfnisse täglich mehr oder weniger intensiv um die Nase wehen, sind eine Tatsache des Lebens. Alois Gmeiner hebt sie in seiner *Tour de Toilette* wie folgt ins Bewusstsein: »Das mit dem Klogang ist so eine

Sache. Die Erleichterung, die jeder nach dem Abdrücken verspürt, widerspricht der Peinlichkeit, die man nach dem Verlassen der Toilette zurücklässt. Der infame Geruch hat heutzutage im Gegensatz zu den letzten 100 000 Jahren Menschheitsentwicklung selbstverständlich seine Gegner, die alles daran setzen, den letzten Rest des Besuchs und den unvermeidlichen Beweis für das große Geschäft zu vernichten, oft aber bitter scheitern – der üble Geruch bleibt! Nicht bloß das, die bösen Gase suchen sich dann auch noch ihren Weg aus der Toilette und lösen sich erst langsam und gänzlich und von allen ›bemerkt‹ in Luft auf. Meist ist es dann auch schon zu spät. Andere rümpfen bereits ihre Nasen, und den Produzenten überkommt eine seltsame Scham. [...] Doch wie so oft – der Mensch ist schlau und erfinderisch, wenn es darum geht, etwas zu verdrängen. Beliebt sind Duftsprays, die ein geradezu witziges Geruchsgemisch erzeugen ...«[31]

Der Geruchssinn zählt zu den klassischen fünf Sinnen; er ist entwicklungsgeschichtlich älter als der optische oder akustische. Schon Säuglinge erkennen wenige Tage nach der Geburt die Brust ihrer Mutter am Geruch. Die Wahrnehmung, Interpretation und der Umgang mit dem Geruch hat einen historisch langen kulturellen Vorlauf.[32] Nicht zuletzt die Geschichte der Parfümerie umspannt Jahrtausende. Der Geruchssinn dient zur Kontrolle von Nahrungsmitteln und zur Appetitanregung, er fördert die Verdauung und dient der Gefahrenerkennung, etwa wenn Feuer ausbricht. Er ermöglicht sowohl die Identifizierung von Krankheiten wie nicht zuletzt eine »passende« Partnerwahl. Während nun bis ins 18. Jahrhundert hinein allgemein eine recht hohe Toleranz gegenüber auch streng riechenden Körperausdünstungen, Schlachtereien, Jauche- und Latrinengruben etc. herrschte, ist diese Schwelle seitdem erheblich niedriger geworden. Eine maßgebliche Ursache für die sich wandelnde Interpretation des Olfaktorischen war nicht zuletzt die gleichsam explodierende Urbanisierung und die damit einhergehende Verengung des sozialen Raums. Die wachsende Zahl der europäischen Großstädte geriet ab dem 18. Jahrhundert jedenfalls in den Ruch, ein Sinnbild von Elend, Gestank und Verschmutzung zu sein.

Von Kindheit an werden von uns Menschen die jeweils kulturspezifisch vorgegebenen Auffassungen mit erlernt, die ein grobes Raster für all die Gerüche vorgeben, die gesellschaftlich als wohlriechend oder eben stinkend und ekelig gelten können. Sie unterliegen dem historischen Wandel. Alain Corbin schreibt in seiner überwiegend aus französischen Quellen gespeisten *Geschichte des Geruchs*, menschlicher und tierischer Kot hätte früher in gewissen Kreisen als wohlriechend und sogar heilsam gegolten. Dass insbesondere die Ausgasung der eigenen Exkremente in aller Regel nicht als Gestank wahrgenommen wurde und wird, bestätigt Michel de Montaigne (1533–1592). In seinen *Essais* zitiert der Philosoph eine bezeichnende Überlieferung aus dem Altertum: »Unser liebster Duft, was ist es? / Der Gestank des eigenen Mistes!«[33]

Dass das Odeur der eigenen Exkremente und Winde in aller Regel keine Ekelgefühle erregt, die Düfte der Ausscheidungen von Mitmenschen im Zweifelsfall aber sehr wohl, gehört offenbar seit ehedem zur (ontologischen) Begleiterscheinung des kleinen und großen Menschengeschäfts. In einem düsteren Männer-WC las ich vor Jahren den Kommentar: »Eigenlob stinkt, aber hier riecht's auch nicht nach Flieder.«

00 3 Vom Winde verweht

Über einen verachtenswerten Mensch heißt es: Er ist keinen Furz wert; über einen Choleriker: Jeder Furz kommt ihm in die Quere. Vom Kirchenpersonal ist überliefert: Luft ist Luft, sagte der Pfaffe, und ließ einen streichen. Angeberische Mitmenschen müssen mit der Warnung rechnen: Man muss nicht stärker furzen wollen, als der Arsch vermag. Und ich? Hei is 'n Dichter! seggt de Buer, hei makt ut'n Furz 'n Dunnerschlag. Nun mal sachte. Ich thematisiere in diesem Kapitel die Darmwinde, weil sie seit Menschengedenken eng mit den toilettenkulturellen Gegebenheiten verbunden sind. In der gegenwärtig von Ratgeber-Traktaten durchsetzten Welt des WWW wird das umgehend nachvollziehbar, wenn etwa der Klick die *wikihow.com* wählt, wo auch Kinder und Jugendliche eine streng ins Auge genommene Zielgruppe für die Beherrschung des »leisen Furzens« sind. Die grafisch unterhaltsam aufgemachte – ellenlange – Unterweisung hebt so an:

»Auch wenn es als Kind natürlich immer großartig gewesen ist, möglichst laut zu furzen, wird dir in der Welt der Erwachsenen ein lauter Furz wohl keine Freunde verschaffen – und wohl kaum anziehend auf das andere Geschlecht wirken. Du solltest dich nicht dafür schämen, pupsen zu müssen, aber es gibt ein paar Tricks, wie du deine Flatulenzen verstecken und so leise wie möglich ablassen kannst. Sie werden unter Umständen natürlich immer noch furchtbar stinken, aber zumindest werden sie auch leise sein.«[34]

Unter den vielen, mich erheiternden Kniffen, »wie du leise furzen kannst« – vom laut eingestellten Klingelton des Handys bis zum Buchstapelumkippen als Übertönungsvarianten –, zählt nicht zuletzt der Hinweis: »Gehe ins Badezimmer. Der einfachste Weg, leise furzen zu können, ist, dich zu entschuldigen und dich ins Badezimmer zurückzuziehen. Drehe den Wasserhahn auf und lasse deinen Druck ab. Wenn du Angst hast, dass du dennoch gehört werden könntest, kannst du sogar die Spülung betätigen.«[35] Auch vielen anderen einschlägigen Benimmratgebern zufolge soll der im Beisein von Mitmenschen sich ankündigende Flatus möglichst unhör- und nicht wahrnehmbar auf der Toilette bzw. im Badezimmer entfahren. Schon deshalb verdient er eine nähere kulturhistorische Betrachtung.

Es mag ja sein, dass die Wissenschaftler aller Fakultäten alles Mögliche im Griff haben oder zu haben glauben. Die Meteorologen zum Beispiel verstehen sich auf die ziemlich genaue Vorhersage von Stürmen und Orkanen, andere Fachleute auf Berechnungen sturmflutsicherer Deichbauten, Sprachforscher auf das Sprichwort: »Wo Wasser ist, da ist auch Wind, sagte jener, schlug sein Wasser ab und ließ einen streichen.« Zu den Winden, für die es weder eine zeitlich genaue Vorhersage, noch ein absolut wirksames Gegenmittel gibt, gehört der 2015 im Kino nachgerade explosiv zu allen Ehren gekommene Flatus bzw. Crepitus, auch Darmwind, Leibwind, Blähung, Furz oder Pups genannt.

In *Doktor Proktors Pupspulver*, der Verfilmung des gleichnamigen Kinderbuchs von Jo Nesbø, kommen die beiden Nachbarskinder Lise und Bulle groß raus und haben großen Spaß an den Experimenten eines eigenwilligen Tüftlers.[36] Zu den Erfindungen des Doktor Proktor zählt nicht zuletzt das Pupspulver, das geruchlose, explosive Winde produziert. Es eignet sich dank menschlicher Fantasie sogar dazu, Leute raketenschnell durch die Gegend fliegen zu lassen. Lise wird von der zwölf Jahre alten Emily Glaister gespielt. Als sie in einem Interview gefragt wurde, ob das Pupspulver wirklich wirkt und ob sie während der Dreharbeiten auch pupsen musste, bekannte sie: »Nein, es hat nicht wirklich funktioniert. Aber ich denke, wenn man genug davon isst, dann kann man schon viel pupsen. Aber anders als im Film stinkt es trotzdem wie immer. Manchmal mussten wir wirklich pupsen, ja. Ansonsten haben sie das Geräusch aber auch einfach eingespielt. Oft mussten wir auch nur so tun, als ob wir pupsen, und dann noch passende Geräusche machen.« Eine Superpups-Empfehlung hatte die junge Schauspielerin auch in petto: »Also, ganz klar: Esst Bohnen! Das funktioniert wirklich gut. Das ist mein Tipp. Obwohl, wenn man viel Limonade trinkt, dann kann man auch gut pupsen. Zumindest hat das bei mir funktioniert.«[37]

Apropos *Flatulenz*. So bezeichnen die Mediziner die verstärkte Entwicklung von Gasen wie Methan, Kohlenstoffdioxid und Schwefelwasserstoff in Magen und Darm und deren mit spezifischen Gerüchen verbundenes rektales Entweichen (von lat. *flatus* = Wind). Wenn sie *Meteorismus* diagnostizieren, verbieten sich Scherze oder Weisheiten wie: »Besser einen Furz lassen, als den Arzt zu Rate ziehen«, denn dann geht es um eine übermäßige Ansammlung von Verdauungsgasen im Margen-Darmtrakt, die Blähsucht, die problematisch verlaufen kann. Etwa bei Menschen, die unter *Obstipation* (Verstopfung) oder *Dyspepsie* (Darmverschluss) leiden.

Über die Ursachen, das Fahrenlassen und Zurückhalten, den Geruch und alle sonstigen Begleitumstände des Flatus machen sich Menschen seit Langem so ihre Gedanken – nicht zuletzt der Begründer der Medizin als Wissenschaft, Hippokrates Kos (ca. 460– ca. 370 v. u. Z.). Das überlieferte *Corpus Hippocraticum* besteht aus rund sechzig Schriften. Sie wurden allerdings von unterschiedlichen Personen verfasst, und womöglich stammt keine dieser Schriften direkt von Hippokrates. Wie dem auch sei, in Johann Grimms Übersetzung aus dem Griechischen von 1837 klingen die frühen medizinischen Einkreisungsversuche belebend so:

»Der Körper der Menschen und der übrigen lebenden Wesen werden durch dreifache Nahrung ernährt, und diese sind namentlich: Speise, Trank, Luftgeist (die Lebensluft). Der Luftgeist innerhalb des Körpers wird Blähung, der außerhalb des Körpers Luft genannt. Diese übt auf Alles, was dem Körper zustößt, einen sehr großen Einfluß aus, und es ist wohl der Mühe wert, ihre Kraft in Betrachtung zu ziehen. Wind ist nämlich ein Wogen und Ausströmen der Luft. Wenn also eine Menge Luft einen starken Luftstrom erregt, so werden die Bäume durch die Gewalt des Luftgeistes mit der Wurzel aus der Erde gerissen, das Meer braust und schlägt Wellen, und die ungeheuren großen Lastschiffe werden in die Höhe geschleudert. Eine solche Kraft übt der Luftgeist also auf diese Gegenstände aus; wiewohl er mit den Augen nicht gesehen wird, so ist er doch der Vernunft sichtbar. [...] Dieser Abhandlung muß ich sogleich hinzufügen, daß die Krankheiten wahrscheinlich kaum irgendwo andersher als aus der Luft entstehen, wenn dieser Luftgeist in zu großem oder in zu geringem Maße, oder zu dicht oder mit Miasmen [Verunreinigungen] geschwängert, in den Körper eindringt.«[38]

Blähungen und Winde wurden von den Hippokratikern auf den »Luftgeist« zurückgeführt. Gut, dass ihre pathologischen Vorstellungen nur mehr von historischem Interesse sind. Ihr Verständnis der Flatulenz ist schon deshalb mit Vorsicht zu genießen, weil sie zum Beispiel zur mit schwindender »Denkkraft« einhergehenden »heiligen Krankheit«, der Epilepsie, führen sollte. Der Darmwind ist von Flatologen inzwischen hinreichend erforscht. So wissen die Nachfolger des Hippokrates exakt zu sagen, in welchen Regionen des Darmes er entsteht: in der rechten (aufsteigenden) Seite des Dickdarms durch Gärung des Verdauungsbreis und in der linken (absteigenden) durch Fäulnis. Die sich dabei bildenden Wasserstoff- und Kohlendioxidgase treffen auf Sauerstoff- und Stickstoffgase, die durch das Essen oder Trinken begleitende Luftschlucken über den Magen in den Verdauungstrakt gelangt sind. Zwar gleicht kein Flatus dem anderen, aber rein statistisch besteht er aus sechzig Prozent Stickstoff, zwanzig Prozent Wasserstoff, fünfzehn Prozent Kohlendioxid und fünf Prozent Sauerstoff. Noch besser: Wissenschaftlich erwiesen ist, dass rund 99 Prozent dieser entweichenden Gase erstaunlicherweise anaromatisch sind, also geruchsfrei. Präziser: Nur ein Prozent der Fürze haben die fatale Neigung, wie stark auch immer übelriechend aus dem Rektum zu entweichen – übrigens mit Geschwindigkeiten zwischen 0,1 und 1,1 Meter pro Sekunde. Warum sie Gestank verbreiten, ist längst kein Rätsel mehr. Vor allem irreguläre Verdauungsprozesse sorgen für die Bildung flüchtiger Eiweißabbauprodukte wie Indol, Skatol und vor allem Schwefelwasserstoff, die genau die Bestandteile des Flatus bilden, die fachlich als »fötid« bezeichnet werden. Bei darmgesunden Menschen machen diese olfaktorisch intensiven Spurengase freilich nur ein Prozent der intestinalen Gasproduktion aus.

Erforscht ist nicht zuletzt, wie viele Fürze ein gesunder Mensch im statistischen Tagesmittel fahren lässt. Rund fünfzehn, wenn die Wissenschaftler nicht irren. Dabei variiert das abgegebene Gasvolumen individuell und je nach Beschaffenheit der von der Verdauung erfassten Nahrungsmasse; es beträgt zwischen 0,2 und gut zwei Litern täglich und wird in Ausstößen von durchschnittlich vierzig Millilitern entlassen.[39]

In einem wohl allseits bekannten, schlicht gereimten Gedicht wird eine bemerkenswerte These laut: Salomon der Weise spricht: / Laute Fürze stinken nicht, / aber die so leise zischen / und so still dem Arsch entwischen, / Mensch, vor denen hüte Dich, / denn die stinken fürchterlich. Leise Fürze stinken mehr als laute? Einmal abgesehen vom zweifelhaften Wahrheitsgehalt dieser Aussage gibt es bereits in dem wichtigsten Prosawerk der deutschen Barockliteratur eine wunderbare Auseinandersetzung mit dieser duftenden Sache. Der 1668 erschienene *Abentheurliche Simplicissimus Teutsch* von Hans Jakob Christoffel von Grimmelshausen (1625–1676) spielt zur Zeit des für die Bevölkerung so fürchterlichen wie traumatisierenden Dreißigjährigen Krieges, der 1648 ein Ende gefunden hatte. Held des laut Titelblatt »überauß lustig und männiglich nutzlich« zu lesenden Romans ist der »seltsame« Vagant Simplicius, der bei einem Einsiedler aufgewachsen und im Jahr 1635 in der Gegend von Hanau festgenommen wird. Er wird von dem ihm gewogenen Gouverneur Ramsay als Page eingesetzt und von dessen Sekretär beschult. Am Ende des 27. Kapitels gerät Simplicus während einer Debatte mit dem Lehrer in eine Verlegenheit, die im 28. mit dem Erlernen einer »andere zierliche Kunst« einen versöhnlichen Abschluss findet. Wohlan:

»Der Secretarius mußte meiner lachen, und nahm die Mühe, mir eines und des andern Titel und alle Wort insonderheit auszulegen, ich aber beharrete darauf, daß die Titel nicht recht geben würden, es wäre einem viel rühmlicher, wenn er Freundlich tituliert würde, als Gestreng [...]; das Wort Wohlgeborn sei eine ganze Unwahrheit, solches würde eines jeden Barons Mutter bezeugen, wenn man sie fraget', wie es ihr bei ihres Sohns Geburt ergangen wäre? Indem ich nun dieses also belachte, entrann mir ohnversehens ein solcher grausamer Leibsdunst, daß beides ich und der Secretarius darüber erschraken; dieser meldet' sich augenblicklich sowohl in unsern Nasen als in der ganzen Schreibstuben so kräftig an, gleichsam als wenn man ihn zuvor nicht genug gehöret hätte. ›Troll dich du Sau‹, sagt' der Secretarius zu mir, ›zu andern Säuen in Stall, mit denen du Rülp besser zustimmen, als mit ehrlichen Leuten konversieren kannst!‹ Er mußte aber sowohl als ich den Ort räumen, und dem greulichen Gestank den Platz allein lassen. Und also habe ich meinen guten Handel, den ich in der Schreibstub hatte, dem gemeinen Sprichwort nach auf einmal verkerbt.

Ich kam aber sehr unschuldig in dies Unglück, denn die ungewöhnlichen Speisen und Arzneien, die man mir täglich gab, meinen zusammengeschrumpelten Magen und eingeschnorrtes Gedärm wieder zurechtzubringen, erregten in meinem Bauch viel gewaltige Wetter und starke Sturmwind, welche mich trefflich quälten, wenn sie ihren ungestümen Ausbruch suchten; und demnach ich mir nicht einbildete, daß es übel getan sei, wenn man dies Orts der Natur willfahre, maßen einer solchen innerlichen Gewalt in die Läng zu widerstehen [...], ließ ich ihnen Luft, und alles passiern, was nur fort wollte, bis ich erzähltermaßen mein Kredit beim Secretario verloren [...].

Mein Herr hatte einen [...] Pagen neben mir, welcher schon ein paar Jahr bei ihm gewesen, demselben schenkt ich mein Herz, weil er mit mir gleichen Alters war [...]. Einsmals schwätzten wir im Bett lang miteinander, ehe wir entschliefen, und indem wir vom Wahrsagen redeten, versprach er mich solches auch umsonst zu lehren; hieß mich darauf den Kopf unter die Decke tun, denn er überredet' mich, auf solche Weis müßte er mir die Kunst beibringen. Ich gehorchte fleißig, und gab auf die Ankunft des Wahrsager-Geistes genaue Achtung, potz Glück! derselbe nahm seinen Einzug in meiner Nasen, und zwar so stark, daß ich den ganzen Kopf wieder unter der Decken hervortun mußte. ›Was ists?‹ sagt' mein Lehrmeister. Ich antwortet': ›Du hast einen streichen lassen‹; ›Und du‹, antwortet' er, ›hast wahrgesagt, und kannst also die Kunst am besten.‹ Dieses empfand ich für keinen Schimpf, denn ich hatte damals noch keine Gall, sondern begehrte allein von ihm zu wissen, durch was für einen Vorteil man diesen Kerl so stillschweigend abschaffen könnte? Mein Kamerad antwortet': ›Diese Kunst ist gering, du darfst nur das linke Bein aufheben, wie ein Hund der an ein Eck brunzt, daneben heimlich sagen: Je pète, je pète, je pète, [ich platze] und mithin so stark gedrückt, als du kannst, so spazieren sie so stillschweigends dahin, als wenn sie gestohlen hätten.‹ ›Es ist gut‹, sagte ich, ›und wenns hernach schon stinkt, so wird man vermeinen, die Hund haben die Luft verfälscht, sonderlich wenn ich das linke Bein fein hoch aufgehoben werde haben.‹ Ach, dachte ich, hätte ich doch diese Kunst heute in der Schreibstuben gewußt.«[40]

Wie aber kommen die absolut nicht »stillschweigend« entweichenden Leibesdünste zustande – im »teutschen« Werk *Simplicissimus* gibt es dafür noch keine Erläuterung. Nun, im Normalbetrieb funktioniert die körperliche Gasverteilung hinreichend, sind die Gasdrücke im Darm so gering, dass das fachlich sogenannte sphinkterale Resonanzgeschehen ausbleibt. Fast Dreiviertel der Fürze bleiben bei gesunden Menschen schlicht stumm. Für hörbare Krepitationen sorgen schon leichte, unvermeidliche Ungleichgewichte im Verdauungstrakt, die je nach gegebener Kontraktionsstellung des Schließmuskels Töne produzieren. Letztere variieren je nach Spannung des Schließmuskels, dem Druck, mit der das Gas ausgestoßen wird, sowie dem Mengenvolumen.

Das Befinden gewiss nicht nur meines Organismus hängt immer auch von dem täglich ablaufenden Verdauungsvorgang ab; wenn er partout nicht reibungslos vonstattengeht, sinkt die Stimmung, sind womöglich das Aufsuchen des Arztes oder eine Darmspiegelung angezeigt. Nach einer mittelschweren Nahrungsaufnahme entstehen während des Verdauungsvorgangs immerhin bis zu fünfzehn Liter Darmgas. Diese gesamte Menge stößt jedoch kein *Homo sapiens* rektal aus. Täte Mensch es, wären konventionelle Kraftwerke überflüssig – reichten die eigenen Winde zur Energieerzeugung völlig aus ... Der größte Teil des Darmgases wird über die Darmwand ins Blut diffundiert und über die Lungen abgeatmet. Übrigens ohne dabei einen schlechten Atem zu verursachen; der entsteht anders. Nur wenn sich bei heftig in Wallung geratenen Verdauungsprozessen das Gas so schnell entwickelt, dass die Resorption über den Atemweg an ihre Grenzen kommt, erfolgt plötzlich die rektale Abgabe, entfährt ein Furz. Wohlgemerkt: aus einem verdrießlichen Arsch kein fröhlicher. Und schon stellt sich die seit der Neuzeit in deutschen Landen gern in Rätseln ausgedrückte Frage:

Was ist ein Furz? (Ein unglücklicher Versuch, den Hintern zum Sprechen zu bringen.)

Was ist der Furz für ein Landsmann? (Ein Darmstädter.)

Was hat der Furz für eine Religion? (Er ist ein Quäker.)

Wie kann man den Furz am meisten ärgern? (Wenn man durch ein Sieb furzt, dann weiß er nicht, aus welchem Loch er hinaus soll.)

Was ist spitzer als die Nadel? (Der Furz, er geht durch die Hose und macht doch kein Loch.)

Die Flatulenz kann zuweilen mit dem ungewollten Abgang von Kot einhergehen, etwa in den Anfangsstadien einer Diarrhöe. Vom Volksmund wird dieses Syndrom »falscher Freund« genannt.

Wie sehr verpönt, störend, erwünscht, erheiternd und bejubelt (ich sage nur: abwarten) der die Menschheit von Beginn an treu begleitende Flatus auch immer war und ist – seit dem Aufkommen der Schrift hat er sich einen festen Platz in Texten aller Art erobert. Schon in den Überlieferungen des Altertums sind zahlreiche Anmerkungen zu den Leibwinden und ihren Auswirkungen zu finden – etwa von Aristophanes, Horaz, Martial und Sokrates. Von dem griechischen Philosophen Metrokles (400–300 v. u. Z.) wird erzählt, er habe sich in der Öffentlichkeit nicht mehr blicken lassen, nachdem ihm ein wohl gut hörbarer Furz entfahren war. Der römische Lexikograf und Grammatiker (des 2. Jahrhunderts) Sextus Pompeius Festus soll befunden haben, abgelebt sei der Mensch, der wegen des hohen Alters sich nicht bewegen, noch einen Furz lassen kann; der christliche Theologe Origenes (185–ca. 254) spottete über die Windverehrung der Alten und so weiter.

Fest steht, dass schon frühzeitig viele von Winden überraschte Individuen auf die Idee verfielen, aus der Not einfach eine Tugend zu machen. Darmwinde reinigen den Körper, hieß es prompt, sie stärken die Gesundheit und sorgen für Frohsinn. Im frühen Mittelalter hatte sich der Flatus auch in deutschen Landen insoweit emanzipiert, dass er Eingang in die Literatur finden konnte. Die Kanonisse und große Dichterin Hrotsvitha bzw. Roswitha (ca. 935–973), die im Kloster Gandersheim lebte, neigte zwar einem strengen Keuschheitsideal zu. Was sie während ihres Lebens in der stillen Studierstube in lateinischer Sprache etwa über Liebeskonflikte notierte, beinhaltete aber durchaus so einiges Verfängliches. In ihrer Legende *Passio St. Gongolfi martyris* kommt zudem ein nicht gerade atemfrischer Hauch zur Sprache. Eine Ehebrecherin, die ihren Gemahl (Gangolf) hatte ermorden lassen, bezweifelt wortreich Berichte, an seinem Grabe gäbe es wunderliche Vorgänge. Und die Erzählerin verdeutlicht, dass sie das nicht nur mit dem Mund tat:

Kaum war entfahren ihr das Wort,
So folgt ein Zeichen nach,
Wie es der Art entsprach
Des angeführten Körperteils:
Sie ließ in schändlichem Getön
Vernehmen einen Laut,
Den anzugeben graut
Dem schamhaft stummen Munde mein,
Und brachte fernerhin, so oft
Sie nur ein Wort verlor,
Auch dabei wieder vor
Unfehlbar diesen garst'gen Ton,
Auf daß sie, die nicht nach Gebühr
Die Scham bewahren wollte,

Zum Anlaß werden sollte
Unmäß'gen Lachens überall,
Indem sie ihre Lebenszeit
Bis hin zu ihrem Tod
An sich zu merken bot
Die Strafe ihres Lästermauls.[41]

Soweit die Moral der »schändlich« tönenden Geschicht'. Hrotsvitha von Gandersheim hatte der Sage von Gangolf und seiner
bösen Frau wahrlich eine besondere Note hinzugefügt. Wobei
der Hinweis auf den »schamhaft stummen Munde« insoweit für
sich spricht, als er verdeutlicht, dass bereits im 10. Jahrhundert
Peinlichkeitsschwellen auslagen. Die mittelhochdeutsche Literatur
glänzt besonders durch das episch-didaktische Werk *Der Ring* von
Heinrich Wittenwiler. Von ihm selbst ist wenig bekannt, höchstwahrscheinlich wirkte er Ende des 14. Jahrhunderts als adeliger
Advokat und Hofmeister am Hof des Bischofs von Konstanz. Er
beschreibt sehr sprachkräftig eine Bauernhochzeit, bei der gegen
die gängige höfische Tischsitte nach allen Regeln der Kunst verstoßen wird. Fastnachtspiele und Schwänke, in denen Fressgier
und Trunksucht der Bauern verspottet werden, hatten damals
Hochkonjunktur. Und zwar obwohl bzw. weil die Ernährungssitu-
ation der meisten Bauern mehr als bescheiden war – und bei den
häufig schlechten Ernten eher das Darben denn die Völlerei den
Alltag bestimmte. Ein Auszug aus der »ungeheuerlichen Schlacht
des Hochzeitsmahls« in der Übertragung von Rolf Bräuner lässt
nun bestimmt keinen Wind verwehen:

Da sagte sich jeder: Eh ich sterbe
vor Hunger, so will ich vergessen
den Dreck, den Kot und die Reste fressen,
und wär es noch übler beschissen,

es bliebe nicht ein einziger Bissen! [...]
Zur gleichen Zeit war Frau Hürel verwirrt,
ein Flöhlein hatte sich verirrt,
ausgerechnet zwischen den Beinen
und biß sie so, daß sie anfing zu greinen.
Da wollte sie sich niederbücken,
um das Flöhlein totzudrücken,
doch seht, die Haut war ihr zu kurz,
und ihr entfuhr ein gewaltiger Furz!
Um nicht die Schande zu offenbaren,
begann sie laut mit den Füßen scharren,
um die andern glauben zu machen,
daß ihre Füße so seltsam krachen.
Doch Henritze war viel zu schlau
und sprach: ›Das ist unpassend, gute Frau,
ihr kennt doch wohl das schöne Gedicht:
Kratzen und Furzen gleichen sich nicht.‹
Hüreln schmerzte der Spott im Ohr,
sie ließ einen großen Furz wie nie zuvor,
und dann noch drei, so warn's schon vier,
den Schreiber brüllte sie an wie ein Stier ...«[42]

Ich springe nun direkt ins Zeitalter der Reformation. Und schon scheint es auf, das berühmte Zitat: »Was rülpset und furzet ihr nicht, hat es euch nicht geschmacket?« Der deftige Tischspruch wird gemeinhin Martin Luther (1483–1546) untergeschoben, das Dumme ist nur, dass es dafür keinen Nachweis gibt. Aus seinem Munde kam er mit ziemlicher Gewissheit nicht. Wäre der Reformator und sprachmächtige Bibelübersetzer noch mit von der Partie, würde er wohl eher zu verstehen geben: »Wenn ich hier einen Furz lasse, dann riecht man das in Rom.«[43] Nicht zu vergessen eine zielsichere Stelle aus einer seiner Auslegungen: »Aber jetzt haben wir Erkenntnis. Käm mich der Geist an, daß ich zum Grimmental laufen wollte, wollt ich einen Furz tun. Das ist Klugheit! Ich bin ein Mann, in Gottes Namen getauft. Ich will ein Mann bleiben.«[44]

Wenn nicht alles täuscht, lebt der in vielen Schriften vermittelte Eindruck, zu Zeiten Martin Luthers wäre es nachgerade ein Gebot der Höflichkeit gewesen, bei Tisch zu rülpsen und zu furzen, um damit zu hörbar zu bekunden, wie gut das Mahl gemundet hätte, munter fort. Spätestens seit dem Vorliegen von Hans Peter Duerrs materialreicher Studie *Der Mythos vom Zivilisationsprozeß* lässt sich diese Auffassung freilich nicht länger aufrechterhalten. In seiner (umstrittenen) Auseinandersetzung mit der Zivilisationstheorie von Norbert Elias (*Über den Prozeß der Zivilisation*) betont der Ethnologe: »Daß man zur Zeit der Reformation in Mitteleuropa ungehemmt furzen konnte, ist ganz und gar unwahrscheinlich.«[45]

Die Wissenschaft vom Darmwind kann rein historisch davon ausgehen, dass der Flatus schon im Mittelalter verpönt und schambehaftet war. So wurde laut der Frankfurter Zunftordnung von 1377 bestraft, wer »fruczte oder anders unhubisch (= unhöflich) were«, und in einer von Duerr zitierten spätmittelalterlichen Tischzucht heißt es: »Ist eyn gauch inn all meinn sinnen, / Im möchte wol eyn furtz entrinnen, / Es sei unden oder oben, / Dann es ist schamper und unreyn.«[46] Selbst die Kinder hatten um 1518 ihre Winde unter Kontrolle zu halten, wie Aussagen des humanistischen Gelehrten Johannes Murmellius (1480–1517) nahelegen. Der nicht minder humanistische Joachim Camerarius der Ältere (1500–1574) stipulierte denn auch, »es sei völlig überflüssig, das Unterlassen des ›crepitus‹ pädagogisch anzumahnen, da selbst ein primitives Bauernweib eine solche Unflätigkeit bei ihrem Sohn nicht dulden würde«. Hans Peter Duerr ergänzt: »Denn ein öffentlicher Furz wurde nicht allein als Schamlosigkeit, sondern unter gewissen Umständen auch als bewußte Ehrabschneidung betrachtet. Als nämlich beispielsweise in der Grafschaft Lippe der

Witwe eines Wildschützen im Beisein einer Frau ›ohn versehens‹ ein Wind entwich, beschimpfte die andere sie wüst und hob einen Stein auf, um die Unglückliche damit zu bewerfen.«[47]

Gewiss, in den Manierenbüchern und sogenannten Tischzuchten aus dem 16. und 17. Jahrhundert, die literaturhistorisch unter dem Begriff »Grobianismus« abgehandelt werden, wird nicht zuletzt das Furzen so dargestellt, als wäre es eine hemmungslos ausgeübte, mithin beklagenswerte Alltagsrealität. Allerdings ging es den Verfassern am Ende des Mittelalters – einer Zeit, zu der ein Verfall der Sitten befürchtet wurde – nicht um die Schilderung tatsächlichen Verhaltens, sondern vor allem um die nach Kräften satirisch überzogene Darstellung von verpöntem Fehlverhalten. Die grobianischen Schriften leben gleichsam davon, dass sie etwas als normal ausgeben, was im Alltagsleben als unanständig und für die Subjekte höchst peinlich empfunden wurde. Ein bezeichnendes Beispiel aus dem von Kaspar Scheidt (um 1520–1565) aus dem Lateinischen ins Deutsche übertragenen *Grobianus* von Friedrich Dedekind will ich nicht schuldig bleiben. In dem 1549 erschienenen Text möchte der Held nach einer Mahlzeit nicht nur nach Herzenslust furzen, er verteidigt es sogar, weil ein Unterdrücken gesundheitsschädlich sei (was es ja auch ist). Ein Auszug:

> Da schlaff dann sanfft, und lig fein still,
> Biß man das nachtmal nehmen will.
> Im Schlaff laß fürtz in lufft hin stieben,
> So wirt dichs gantze hausgsind lieben.
> Wolt aber jemandt dich drum straffen,
> Daß du mächst solch rumor im schlaffen,
> Sprich, es ist nicht in meinem gwalt,
> Daß ich die fürtz in henden halt,
> Laß farn was nit hat lust zu pleiben,
> Ich müß den unflat von mir treiben.

Und laß jm dann ein par darzu,
Daß er die naß verhalten thu. [...]

Spricht, lantzmann wo hastu gelert,
Daß fartzen auff die gaß gehört?
Ey lieber (sprich) ist's gefroren drauß?
Besser ein furtz dann ein aug auß,
Solt ich von eines fürtzleins wegen,
Kranck werden, ist mir nicht gelegen.
Besser ist dieser dampff hinweg,
Dann daß ich lang beim Doctor leg. [...]
Will lieber grob sein und gesund,
Dann kranck und höflich alle stund.[48]

Dass ausgangs des Mittelalters die »groben unhöflichen Sitten« eines Grobian lediglich so etwas wie ein wenig frommer Wunsch waren, verdeutlichen viele offizielle Dokumente. So bedrohte 1530 etwa die Berner Schützenordnung jedem »schyeß-gesell«, der »furtzte«, mit der Abstrafung.[49] Wie schlau die Bauern an der Schwelle der Neuzeit sein konnten, verrät Martin Montanus (ca. 1537–1566) in seinem »Büchlein« *Wegkürtzer* von 1557, laut Titelblatt »sehr lustig zu lesen«. Darin findet sich der längere Schwank: »Ein Baur läßt (mit Gunst zu melden) ein Furtz und spricht zum Teuffel, er soll ein Knopff daran machen.« Ich mache es kurz – das schafft natürlich selbst ein böser Teufel nicht ...[50]

Der Flatus, der gern zum unpassenden Moment entweicht und in anderer Leute Nasen steigt, ist in vielen Anekdoten verewigt worden. In deutschen Landen stand zum Beispiel Friedrich der Große (1712–1786) im Mittelpunkt einer wahrlich donnernden. Sie lautet so: Bei einer Besichtigung fragt der Alte Fritz den einen Rekruten: »Was war Er von Beruf?« – »Schnellläufer, Majestät!« – »Nun, so hole Er mir den zurück!« und Friedrich ließ einen streichen. Sofort setzte sich der Soldat zu des Königs großem Erstaunen in Bewegung, kam nach einigen Minuten wieder zurück, stellte sich vor dem König stramm, ließ einen donnern und meldete: »Ausreißer zurückgeholt, Majestät!«[51]

Was Wunder, dass der herrlich »lachende Philosoph« Karl Julius Weber (1767–1832) um 1800 im *Demokritos* unkt: »In unsern Zeiten, wo das hypochonderhysterische Temperament Mode ist, und das ruhige ewige Sitzen zu Verstopfungen führt, trotz aller Einweihungen von unten und oben, ist der Deus Crepitus ein wahrer Hausdrache. Die Gedärme und Muskeln sind dadurch so schwach geworden, daß sie keine Blähung mehr zurückhalten, oft auch nicht mehr die Feuchtigkeiten aus Nasen und Blasen; viele können sich nicht einmal mehr neigen, ohne einen Ton von sich zu geben, wenn sie nicht mit einem kleinen Zäpfchen das Instrument vernageln, das allein pfeift. Eine ehrwürdige Dame ging nie in Gesellschaft ohne diesen Stöpsel; einst versah sich das Kammermädchen, nahm statt dessen das elfenbeinerne Pfeifchen, womit ihr die Dame zu pfeifen pflegte, und nun denke man sich den Jammer, als dies mitten in der Gesellschaft zu pfeifen anfing.«[52]

Wie weitsichtig Weber – im »Kapitel Pfui« – den gesellschaftlichen Begleitumständen der Flatulenz zu Leibe rückt, zeigen seine Überlegungen zum Brummen der Winde: »Es gibt ganze, halbe und Vierteloctaven, wie bei der Leier Amphions, förmliche Ronladen, Läufe und Octaven, und die Feuerwerkerkunst mag auch daher ihre Kunstausdrücke genommen haben. Es läßt sich unstreitig eine Art *Musik* dabei denken, deren Vervollkommnung vielleicht den Musikern künftiger Zeiten vorbehalten ist. Die Verschiedenheit des Tons hängt von eines Jeden Organ, oder besser Caliber ab, so gut als die gröbere oder feinere Stimme der beiden Geschlechter von einem größeren und kleineren, weitern oder engern Luftröhrenknopf. [...] Ein geschickter Musiker hat bereits beobachtet, daß sich zweiundsechzig verschiedene Töne herausbringen lassen.«[53]

Die von Karl Julius Weber erwähnten 62 Furztöne soll übrigens der Humanist, Arzt und Universalgelehrte Jerome Cardan (1501–1576) festgestellt haben – genauer: vier Grundtöne nebst 58 Variationen. Weber starb am 20. Juli 1832 in Kupferzell, wo er auch begraben liegt. Gut zwanzig Jahre später trat im Ratssaal von Pozega (im heutigen Kroatien) ein Mann öffentlich auf, der in der Kunst des musischen Furzens eine außerordentliche Fertigkeit erlangt und sogar die *chrowotische* Hymne aus seinem Allerwertesten ertönen lassen konnte. Der bis heute wohl unübertroffene Meister dieses Metiers hieß mit bürgerlichem Namen Joseph Pujol (1857–1945). Die Karriere des in Marseille aufgewachsenen Künstlers, der sich *Le Pétomane* nannte, begann in den 1880er Jahren, nachdem er intensiv trainiert hatte, mit den ihm leicht fallenden Blähungen Kerzen auszublasen und schließlich durch Modulation des Schließmuskels die Tonhöhe zu verändern. Als er sich auf die rektale Vertonung von Violinstücken, Gewittern und Kanonenschläge spezialisierte, rieten ihm Freunde 1887 zu öffentlichen Auftritten. Sie wurden ein voller Erfolg in vielen Städten Europas.

Internationalem Ruhm gewann der schnauzbärtige Le Pétomane, nachdem er 1892 vom legendären Pariser Moulin-Rouge engagiert worden war. Fortan gab der mit Frack und weißen Handschuhen ausstaffierte Künstler einen schier unglaublichen Anschauungsunterricht im Tabubruch des Furzens. Wenn Pujol sich feierlich verneigte, um dann französische Kinderlieder, die Marseillaise, den Radetzkymarsch, imitierte Tierstimmen und donnernde Kanonenschüsse aus seinem Hinterteil ertönen zu lassen, tobte das Publikum vor Begeisterung. Le Pétomane konnte das nur recht sein – seine Gagen waren schließlich deutlich höher als die der zu seiner Zeit berühmtesten Schauspieler.

Im September 1914 gab Le Pétomane seine Abschiedsaufführung. Als er 1945 im Alter von 88 Jahren starb, bot die medizinische Fakultät des Collège de Sorbonne den Hinterbliebenen 25 000 Francs, um die Leiche obduzieren zu können. Die Familie lehnte ab.[54] Die Rektalphysiologie des einst weltberühmten Flatus-Künstlers blieb der Wissenschaft verschlossen. In der Folgezeit geriet die Kunst der Pétomanie ziemlich aus dem Fokus; in Deutschland meldete sie sich vernehmlich im August 1987 zurück, als in Hamburg der vom Aktionskünstler André Heller initiierte Vergnügungspark *Luna Luna* seine avantgardistischen Pforten öffnete. Dort lockte der »Palast der Winde«, in dessen Zuschauerraum bei den Vorstellungen der Radetzky-Marsch ertönte. Eine Zeitzeugin schildert, was bei ihrem Besuch im Palast geboten wurde:

»In der von Manfred Deix gestalteten Jahrmarktsbude betraten zwei Männer im Frack die Bühne und kündigten ihre Nummer an. Als sie sich umdrehten um hinter den Paravent zu gehen, sahen wir, dass der gesamte Bereich ihrer Gesäße vom Stoff ausgespart geblieben war. Erst jetzt begriffen wir, was ›Palast der Winde‹ bedeutete. Die beiden Männer pressten ihre Popos durch die Löcher und pupsten Beethovens 9., was man durch die Bewegungen ihrer Schließmuskel deutlich sehen konnte. Es war geruchsfrei und hat uns sehr amüsiert, andere Gäste aber waren sichtlich echauffiert und gingen vorzeitig.«[55]

Die Ansichten über das Furzen sind seit der Antike so vielfältig wie geteilt.[56] Ich schätze das Bekenntnis von Karl Julius Weber: »Der Wind reinigt die Luft und den Dunstkreis, und so reinigen auch die Afterwinde den Körper, und wenn sie auch nicht laut genug ihre Verrichtung der Nase predigen, so hat mich schon oft ihre leise Musik in schlaflosen Nächten ergötzt.«[57]

00 4 Kleine EnzyKLOpädie

Das so vertraute Wort *Toilette* kommt aus dem Französischen. Es bezeichnete ab der Frühen Neuzeit bei Hofe den Raum für das persönliche Herrichten: das *cabinet de toilette*. In ihm standen zunehmend auch Nacht- bzw. Leibstühle bereit, bei deren Aufsuchen ein Tuch (*toile*) zum Abschirmen diente. Die sanft verschleiernde Bezeichnung *Toilette* für einen Raum mit WC-Becken kam ab Beginn des 20. Jahrhunderts in Gebrauch. Das Kürzel *WC* wiederum ist dem Englischen entlehnt und steht für *water closet*, sprich für eine Spültoilette. Höfliche Briten umgehen den in ihrem Land in die Welt gesetzten Begriff WC lieber – sie ziehen verhüllende Bezeichnungen vor: *restroom, powder room, convenience, toilet* oder *lavatory.*

Das mit einer eingebauten Spülung versehene Wasserklosett wurde in seiner ersten Frühform überraschenderweise nicht von einem Handwerker, sondern von einem englischen Dichter erfunden. Der in Kelston nahe Bath lebende Sir John Harington (1561–1612) entwarf es zu Beginn der 1590er Jahre und bewarb es ab 1596 in seinem mit Skizzen versehenen Buch: *A New Discourse of a Stale Subject called The Metamorphosis of Ajax* für den Selbstbau.[58] Wie es sich für einen Schriftsteller gehört, setzte er sowohl auf die Kraft der Lyrik als auch auf die einer fiktiven Briefszene, um die zeitgenössische Leserschaft für seine neue Errungenschaft zu interessieren. In dem von Harington vorangestellten Gedicht geht es schon in den ersten beiden Zeilen gleich zur Sache: »Ein biedrer Pater saß im Kämmerlein, / zu tun, was er mußte und was muß sein.« Und dann lässt er den Reisenden »T. C.« in einem Brief an »M. E. S. Esquire« verdeutlichen, worum es geht:

»An dem Ort, der auf Euch so abstoßend wirkt, sollt Ihr erst einmal einen Spülkasten bauen, der den Inhalt eines Wasserbottichs oder mehr fasst. Der Behälter soll sich im Raum selbst oder darüber befinden, von wo aus das Wasser durch ein Bleirohr von einem Zoll Durchmesser unter den hinteren Teil des Sitzes geleitet werden kann. Das soll jedoch nicht sichtbar sein. An das Rohr muß ein kleiner Wasserhahn oder sonst eine Absperrung angebracht werden, womit man den Einlauf des Wassers in die Schüssel regelt. Nun baut ein ovales Becken [...]. Setzt alles sehr nah an Euren Sitz, wie die Schüssel eines Nachtstuhls, und haltet das Oval auf der rechten Seite etwas niedriger. Das Gefäß kann aus Ziegeln, Blei oder Stein sein. Es soll hinten einen Ablauf von 3 Zoll Querschnitt haben (vor dem ein Schieber aus Messing einzubauen ist). Den Boden und alle Seiten soll man mit Pech, Harz und Wachs glatt verschmieren, um die Zersetzung durch Urin zu verhindern. [...] Im unteren Teil des Beckens auf der rechten Seite müsst Ihr eine Schleuse oder eine Dichtungsscheibe aus Messing durch Löten oder mit Zement abdichten [...]. Wenn ausreichend Wasser vorhanden ist, bleibt die Anlage umso frischer, je öfter die Schleuse geöffnet wird. Ist das Wasser knapp, dann genügt es auch einmal am Tag, selbst wenn 20 Personen den Ort benutzen.«[59]

Sir John Harington war ein Verwandter der legendären Regentin Königin Elisabeth I. (1533–1603). Als sie ihn 1592 in seinem prächtigen Haus aufsuchte, war sie von seiner Erfindung beeindruckt und gab den Installationsauftrag für ein pumpenbetriebenes Wasserklosett in ihrem Schloss Richmond. Der Dichter, der wegen einiger zu freizügiger Texte bei den Hofdamen keinen guten Ruf genoss, ließ nach dem Einbau des WCs seine Schrift *Ajax* mit einer Kette anbringen, die er mit einer Widmung für die »Gnädigsten Damen« versah. Sie gipfelte in den Sätzen: »Setzen Sie sich her, sehen Sie, riechen Sie und fühlen Sie, daß seine Erfindungsgabe diesen Ort von allem Unangenehmen befreit hat.

Und nun urteilen Sie, [...] ob's schicklicher ist, mich oder Sie zu preisen: Sie, die Sie mich in schlechten Geruch gebracht, oder mich für die geschaffene Annehmlichkeit.«[60]

Ob seine Widmung von den Ladys gelesen wurde, will ich nicht beschwören. Wie lange sie die »Annehmlichkeit« als solche schätzten, und ob überhaupt, ist auch nicht überliefert. Sehr wahrscheinlich ist hingegen, dass Haringtons Buchtitel-Anspielung – die Metamorphose des Ajax – von den Damen weniger mit der griechischen Mythologie, als vielmehr mit der gleichtönenden englischen Umschreibung *a jakes* in Verbindung gebracht wurde (das volkstümlich-englische Substantiv *jakes* steht für Abtritt, Latrine und teils auch für Exkremente).

Die von dem Dichter genial einfach konstruierte WC-Spülung mit ventillosem Auslauf, die auf dem Unterdruckprinzip basiert, setzte sich nicht durch. Nachdem um 1750 in Frankreich mit Wassertanks versehene Klosettstühle, sogenannte *Lieux à l'anglaise*, aufgekommen waren, meldete 1775 der in Edinburgh aufgewachsene Mechaniker Alexander Cumming (ca.1731–1814) das Patent für ein Wasserklosett mit Auslaufventilspülung und Geruchsverschluss an. Sein Modell enthielt genau das doppelt gekrümmte Abflussrohr, das als Siphon bis heute bestens vertraut ist. Cummings Erfindung ermöglichte prinzipiell den bis dahin möglichst vermiedenen Einbau ortsfester Toiletten in direkter Nähe von Wohnbereichen. Allerdings erforderte sie den Einbau von Druckwasserleitungen und ein Abwasserkanalsystem; folglich erhebliche bautechnische wie finanzielle Vorleistungen und eine Stadtplanung. Die ersten zentralen städtischen Anlagen zur Abwasserableitung und -reinigung entstanden relativ spät – hierzulande zum Beispiel ab 1843 in Hamburg, ab 1860 in Leipzig und ab 1877 in Berlin.

Während der Regierungszeit von Königin Viktoria, sie regierte von 1837 bis 1901, erlebten diverse WC-Varianten unterschiedlicher Hersteller auf der Insel ihren Testlauf – das Pfannen- oder das Trichterklosett und andere Varianten mehr. Durch den Einsatz von Keramik wurde ab 1870 die Produktion großer Stückzahlen und deren Export – auch in deutsche Lande – möglich. Ab wann die ersten aus England importierten WCs in deutschen Städten Einzug hielten, und welche Lösungsprobleme damit für die Kommunen entstanden, möchte ich kurz an dem verallgemeinerbaren Beispiel von Dresden veranschaulichen. Um 1875 gab es in der von 200 000 Einwohnern bewohnten Barockstadt 7500 Wohngebäude. Während die meisten Haushalte bestenfalls über »zugige Trichter ohne Wasseranschluß in den Aborten auf den Treppenabsätzen« verfügten, deren Ausdünstungen erheblich waren, hatten sich Angehörige des Bürgertums bereits 300 der neuartigen »Waterclosets« mit Geruchsverschluss einbauen lassen.[61] Da Dresden zu jener Zeit über kein auch nur halbwegs funktionales Stadtentwässerungssystem verfügte, wurde das Aufkommen wassergespülter Toiletten prompt zu einem Lackmustest der Politik. Und in der Tat lehnte der Stadtrat 1875 die Einführung von WCs ab, und auch die neue Bauordnung von 1878 ermöglichte den Einbau nur in bestimmten Fällen. Erst ab 1906 wurde »die Anlage und Benutzung von Wasserklosetts« amtlich genehmigt – weil seit 1890 der Ausbau des öffentlichen Schwemmkanalisationssystems umfänglich vorangetrieben worden war. Die erste Kläranlage, die mit Siebscheiben allerdings nur die festen Anteile des Abwassers von den flüssigen trennen konnte, ging 1910 in Betrieb.

In den anderen deutschen Großstädten verlief der für die WCs notwendige Ausbau der Schwemmkanalisation ähnlich schleppend. »In ganz Deutschland verfügten im Jahr 1892 von 564 Städten mit mehr als 5000 Einwohnern ganze achtzehn Städte über Anlagen zur Schwemmkanalisation, der Rest der Kommunen war mit dem hygienisch bedenklichen, herkömmlichen Grubensystem, seltener mit dem moderneren Tonnensystem ausgerüstet.«[62]

Seit dem frühen 20. Jahrhundert sind Wasserklosetts »formal und funktional hochgradig typisierte Gegenstände«, vermerkt Bettina Möllring. »Toiletten sind sitzhoch, ihr meist weißes Aufnahmebecken ist oval, und auf dem oberen Rand liegt ein Sitzring auf. Die funktionale Vereinheitlichung ist dagegen weniger eindeutig, weil sie visuell kaum wahrnehmbar ist: Sie bezieht sich beispielsweise auf die Versorgung mit einem Spülsystem und die Standardisierung der technischen Anschlüsse – vor allem zeigt sie sich darin, dass gleichartige Toiletten in den unterschiedlichsten Bereichen eingesetzt werden. Sitztoiletten werden sowohl in öffentlichen Toilettenanlagen als auch in privaten Haushalten installiert und sollen von Frauen, Männern und Kindern gleichermaßen bei allen Ausscheidungsprozessen benützt werden. Vor allem im privaten Bereich ist es das heutige Konzept der Toilette, sie als Klosett *und* Urinal zu verwenden. Dies erscheint uns so selbstverständlich, dass wir es kaum hinterfragen.«[63] Hinterfragen? – Ich bitte um Geduld bis zum letzten Kapitel.

Ein Ort – lateinisch locus – kann schön wie eine Landschaft sein: *locus amoenus*; oder auch ganz schrecklich: *locus terribilis*. Er kann weiter weg oder nahe liegen, still oder lärmumtost und Ort für die Notdurft sein: *locus necessitatis*. Als solcher kann er, wie Peter Handke beteuert, ein »möglicher Asylort« sein und weit weg liegen »von all den Salons und Gemächern des Herrenhauses«; er kann ohne Dach sein, eben »offen zum Himmel«, und er kann unter sich Mist haben. Handke erzählt in seinem *Versuch über den Stillen Ort*:

»Es war an der Schwelle zwischen der Kindheit und dem Heranwachsendenalter, daß der Stille Ort mir etwas zu bedeuten begann über das Übliche oder Gewohnte hinaus. Wenn ich mir heute [...] den Abort des bäuerlichen Großvaterhauses im südlichen Kärnten vergegenwärtigen möchte, kommen mir nur spärliche Bilder in den Sinn [...]: die handlich zu mehr oder weniger dicken Packen zurechtgeschnittenen Zeitungen, gelocht und an einer Schnur von einem Nagel in der Holzbretterwand hängend, mit der Variante, daß die Sprache der Schnipsel überwiegend das Slowenische war, des vom Großvater abonnierten Wochenblatts ›Vestnik‹ (›Der Bote‹). Der senkrechte Schacht vom Sitzloch hinab Richtung Misthaufen, der zu dem Viehstall unten gehörte – oder führte er nicht doch weiter zu einer Art Sickergrube? –, mit der Nuance, daß jener Schacht ungewöhnlich lang war, oder mir Kind jedenfalls so erschien, indem der Abort sich im ersten Stock des in einen Steilhang mitten im Dorf gebauten Bauernhofes befand [...], kaum als eigener Ort kenntlich, nicht einmal als Verschlag, geschweige denn als ›Abtritt‹, zumal das mehr oder weniger landesübliche Herz in der Tür fehlte ...«[64]

Vom Abort oder Abtritt spricht heute kaum jemand mehr. Im amtlich tolerierten Sprachgebrauch dominieren Toilette und WC, umgangssprachlich Klo und stilles Örtchen, Lokus, keramische Anstalt, Häusl, Hüüsli etc. An vulgären Benennungen mangelt es gewiss nicht. Die Spanne reicht von A wie Arschbliss bis W wie Wichsbude.[65] Und wenn jemand in deutschsprachigen Landen trotz der Abschaffung der Monarchie genau dorthin will, wo auch der Kaiser zu Fuß hingeht, soll bekanntlich nicht etwa ein lieblicher Schlossgarten, sondern ein Ziel angesteuert werden, das unmissverständlich als Scheißhaus bezeichnet wird. Sprache ist verräterisch?

Das Wort *Abort* kam im Mittelalter auf und entstammt dem mittelniederdeutschen *af ort*, sprich: abgelegener Ort. (Dass die Mediziner seit der frühen Neuzeit zudem eine Fehlgeburt als Abort bezeichnen, steht auf einem anderen Blatt.) Lediglich in seiner Verkleinerungsform *Örtchen* lebt es noch fort. Mit *Abtritt* gab es jahrhundertelang einen alternativen Begriff. In Johann Heinrich Zedlers *Universal-Lexicon* der 1730er Jahre findet sich der erläuternde Eintrag: »Abtritt [...] ist der nothwendige Ort bey einer

Haushaltung, dahin der Mensch seinen Leib zu erleichtern Abtritt nehmen kann.«[66] Im *Deutschen Wörterbuch* von Jacob und Wilhelm Grimm heißt es um 1860: »der geheime ort und gang im hause, der abtritt, für welchen die sprache eine menge andrer namen bietet.«[67] Mit der Bezeichnung Abtritt wurden sowohl der konkrete Ort selbst, als auch der Gang dorthin, das Abtreten, verbunden. Ein Vorgang, der zuweilen mit der Bemerkung angekündigt wird: Ich muss mal austreten; ich muss mal bei die Tante Maier gehen; ik mott es naot't Hüüsken! usw.

Von einer Latrine – lateinisch: *latrina* (abgeleitet von *lavare* = sich waschen) – ist heute insbesondere dann die Rede, wenn es um die historische Würdigung von Toilettenanlagen im römischen Kaiserreich geht, als auch um behelfsmäßige (Lager-) Anlagen. Latrinengerüchte oder Latrinenparolen kommen nicht von ungefähr. Auch das merkwürdig deutsche Wort *Donnerbalken* bezeichnet einen provisorisch angelegten Ort, an dem Holzbalken über einer ausgehobenen Grube oder dem Wasser, der eine – auch gemeinschaftliche – Verrichtung der Notdurft ermöglicht. Latrine wurden jahrhundertelang auch über Gruben oder Misthaufen angelegte Aborte genannt. Der großartige deutsche Erzähler Siegfried Lenz (1926–2014) schildert in *So zärtlich war Suleyken*, einem Band mit Geschichten aus längst vergangenen ostpreußischen und masurischen Zeiten, was es mit einer Latrine so auf sich haben konnte. In der 14. Geschichte beschließt der Lehrer Eugen Boll, sein Latrinchen vertiefen zu lassen – »mit der Absicht, den Schülern zu verschaffen einen kritischen Blick in die Natur«:

»Ließ auch gleich drei oder vier Bürschchen mit der Seilwinde in eine entsprechende Grube hinab, gab Anweisung, reichte Werkzeug und was gebraucht wurde hinterher und beaufsichtigte die Wissenschaft von der Natur. So, und in diesem Augenblick will es die Erzählung, daß herangerollt kommt in seiner leichten Kutsche der Oberrektor Christoph Ratz samt einem dünnen, bebrillten Weibchen, welches zu seiner Begleitung gehört. [...] Der Ratz, er hob plötzlich die Nase, schnupperte, stellte sich, dieser Mensch, auf die Fußspitzen und sog die Luft ein, und auf einmal kam er, beroch uns Knaben und sprach: ›Die Zöglinge‹, sprach er, ›sie stinken.‹ Und nach einem erklärenden Blick zu dem Latrinchen: ›Wenn man schon, Lehrer Boll, den Frühling begrüßen will [...] – warum denn, wenn ich fragen darf, muß das stattfinden neben dem Latrinchen? Warum nicht, wie es ziemlicher wäre, in Gottes schöner Flur?‹«[68]

Es gibt für die jahrhundertelang zumeist außerhalb der Wohnstätten gelegenen Latrinen, Aborte und Abtritte eine veritable Anzahl von Bezeichnungen, die inzwischen versunken bzw. hochsprachlich bereinigt worden sind. Vom Mittelalter an lange gepflegt wurden hierzulande besonders in tonangebenden Kreisen kaum zufällig so wohltönend verhüllende Bezeichnungen wie *haymlich gmäch, heimlikeit, gelegenheit, kommoditee, läublein, necessarium, prifet* oder *privet, retirade, secret* und *sprâchhûs*. (Die Schreibweise veränderte sich im Laufe der Jahrhunderte graduell.) 1568 forderte etwa der Rat von Dresden die Bürger auf: »Ein Jeder soll in seinem Hause eine Heymlichkeit bauen oder man wolle ihm das Haus zumachen.«[69] In Grimms *Deutschen Wörterbuch* wird unter dem Stichwort *heimlich gmach* ein herrliches Zitat aus dem Jahr 1642 geliefert. Und zwar von Philander (Pseudonym des Staatsmanns und Satirikers Johann Michael Moscherosch): »der andere [...] wüntschte sich glückseelig zu sein, wann er dasz brett auf dem heimlichen gemach were, damit er seiner liebsten je zu zeiten, möchte den leib berühren.«[70] Auch für das alternative *gelegenheit* liefert das Wörterbuch einen bezeichnenden Eintrag: »gelegenheit nennt man in mehren deutschen kreisen einen bekannten inkognitoort [...]; wo is hier de gelegenheit? frägt man, wenn man das geheime gemach im hause suchet [...], wie franz. la commodité.«[71]

Für das ab dem 14. Jahrhundert aufgekommene Hüllwort *sprâchhûs* oder auch *sprachhäuslein* oder *sprachkammer* sind im *Deutschen Wörterbuch* eine Fülle von Belegen eingetragen. Verwiesen wird beispielsweise auf: »(ich will) mine unnützen büecher zerrissen ze fetzen ... vast hinder hin, zum sprachhus mit!«[72] Die Auffassung von Martin Illi, noch in der frühen Neuzeit wäre es üblich gewesen, »die Notdurft mehrsitzig zu verrichten«, und eben deshalb sei »die Latrine als sog. Sprachhaus bezeichnet« worden, führt meines Erachtens in die Irre.[73] Als Sprachhaus wurden ursprünglich das Rathaus und der Sitz der Gerichtsbarkeit bezeichnet, wo zwar vielerlei Gespräche zu führen waren, diese aber unter striktem Ausschluss der Öffentlichkeit, also geheim erfolgten. Jedenfalls verdeutlicht das *Deutsche Wörterbuch*, dass der *sprâchhûs* genannte Abtritt ein Ort ist, wo »unter ausschlusz der öffentlichkeit in geschlossener sitzung« die Entleerung stattfinden kann.

Die vom Mittelalter bis zum Aufkommen der modernen Hüllwörter Toilette und WC gepflegten Euphemismen kommen nicht von ungefähr. Sie entspringen dem menschlichen Schamgefühl. Der Wunsch, bei der Verrichtung der Notdurft möglichst allein und ungestört zu sein, bestand offenbar schon zu Zeiten, als die nachhaltige »Verhäuslichung« der Erleichterung, sprich die feste Integration von Spülklosetts in die Wohnungen, bestenfalls ein Traum war. Wo die von den Gebrüdern Grimm so trefflich bezeichneten Inkognito-Orte in aller Regel zu finden waren und welche Artefakte insbesondere die Defäkation vor dem Einzug der wassergespülten Sitzklosetts ermöglichten, ist in einer Fülle von Publikationen in vielerlei Hinsicht ausgeleuchtet worden. Allerdings erscheint mir die wissenschaftlich erhärtete Kenntnis über die Bedingungen in der höfischen und klösterlichen Welt entschieden größer, als über die der Land- und arbeitenden Bevölkerung zu sein. Ich beschränke mich auf das Wesentliche.[74]

Als Ort des Erleichterungsgeschehens diente bis zur menschlichen Sesshaftwerdung im Neolithikum das offene Feld; nach der Anlage von festen Lagern und Wohnstätten legten die Siedler zunehmend über ausgehobenen Gruben Latrinen an, die mit Halterungen gegen unbedachtes Rückwärtsfallen oder auch schon mit dicken Ästen als Sitzmöglichkeit versehen waren. Ab wann Bretter oder Steinplatten in unseren Breitengraden als Auflage üblich wurden, vermag ich nicht zu sagen. Auf den Orkneyinseln sind Steinbänke mit Löchern und darunter liegenden wassergespülten Kanälen aus der Zeit um 2800 v. u. Z. erhalten geblieben. Dass in der Antike die Griechen und mit einiger zeitlicher Verzögerung auch die Römer in den Städten über private und öffentliche Latrinen mit steinernen Sitzauflagen verfügten, die mit einem Loch nebst schlüssellochförmiger Aussparung versehen waren, gehört heute gleichsam zur Allgemeinbildung.[75] Die vom Archäologen Richard Neudecker wissenschaftlich ausgeloteten, von außen abgeschirmten römischen Latrinenanlagen ermöglichten vielen Personen die gemeinsame Verrichtung auf dafür hergerichteten Marmorplatten. Die Ausscheidungen wurden über darunterliegende Abwasserkanäle abgeführt.[76]

Die vielgerühmten Prachtlatrinen und öffentlich gegen Gebühr nutzbaren Latrinen und *necessaria* in allen Ehren. In der mehr als eine Million Einwohner zählenden Metropole Rom hatte die Masse der Bevölkerung – einschließlich der vielen Sklaven – entweder keinen Zugang oder nicht das nötige Kleingeld für die von Pächtern betriebenen Latrinenanstalten in den nicht kanalisierten Stadtteilen. Sklaven konnten sich immerhin ein Zubrot durch den Transport mit Ausscheidungen gefüllter Tongefäße (*vasa obscoena*) zur nächstgelegenen öffentlichen Kloake oder zu den Gärtnern des Umlands verdienen. In den vielen mehrstöckigen Miethäusern kamen Nachttöpfe zum Einsatz, dienten Fässer im Erdgeschoss oder auch Gruben zur Sammlung der Exkremente. Auch die vielen

Misthaufen erfüllten nicht nur für die Tiere ihren Zweck. Der von Gerbern, Walkern und Färbern dringend benötigte Urin wurde an einigen Plätzen der Stadt von Händlern in Amphoren gesammelt. Legendär ist die spezielle Steuer, die Kaiser Vespasian um das Jahr 70 den Latrinenpächtern auferlegte, und die seinen Sohn dazu verleitete, ihm eine Münze mit dem Kommentar unter die Nase zu halten: »Non olet«. Seitdem stinkt Geld bekanntlich nicht.

Kurz, wenn auch das spätrömische Reich über eine ausgeprägte Badekultur und beachtliche Wasserversorgungsanlagen verfügte, gab es für die meisten Bewohner dennoch weder fließend Wasser, noch mit Marmorsitzen ausgestattete Abortanlagen. Die vielen überlieferten, wenn auch teils übertriebenen Klagen über Nachtgeschirre, die bei Dunkelheit auf die Straße gekippt wurden, sprechen für sich. Etwa in den Satiren von Juvenal (ca. 55–ca. 127): »Betrachte jetzt noch andere, verschiedenartige Gefahren der Nacht: wie hoch die Häuser sind, von denen dir ein Dachziegel auf den Schädel fällt, wie oft man leckes oder gesprungenes Gefäß aus dem Fenster wirft, mit welcher Wucht sie auf dem Pflaster ihre Spuren hinterlassen [...]. So viele Gefahren bedrohen dich, wie beleuchtete Fenster offenstehen, unter denen du vorbeigehst. Begnüge dich also mit der kläglichen Hoffnung, daß man wenigstens nur den Inhalt flacher Becken auf dich ausleert.«[77]

Für die römischen Offiziere wurden an den Kastellplätzen zum Teil wasserunterspülte Latrinen mit Sickergruben angelegt, die Legionäre mussten in einfachen Holzbauten angelegte Mannschaftsaborte nutzen, die vielfach wohl aus Donnerbalken über Gruben bestanden. Die Kenntnis von mit Sitzbänken ausgestatteten und mit Wasser unterspülten Latrinenanlagen war in Mitteleuropa vorhanden, als das römische Reich zerfiel, und in Nord- und Mitteleuropa die Mönche die ersten frühmittelalterlichen Klosterbauten errichten ließen, deren Latrinen zum Teil mit Abflussvorrichtungen in nahe Gewässer versehen waren. In ihnen wurden sowohl innenliegende, mit Tür oder Vorhang verschließbare Nischen oder Erker, als auch mehrsitzige Abortanlagen für die Verrichtung der Notdurft eingerichtet. In den ab dem 10. Jahrhundert vielerorts erbauten Burgen und Wohntürmen gab es heimliche Gemächer mit Brettauflagen, die zumeist in Form von hölzernen, teils auch gemauerten Abtrittserkern angelegt wurden.

Friedrich-Wilhelm Krahe vermerkt aus fachmännischer Sicht: »Der Bewohner eines Gebäudes mit dieser Einrichtung musste nicht bei Nacht und Nebel aus dem Haus gehen, sondern konnte im Haus selbst einen Abtritt benutzen. Dieser Luxus war selbstverständlich im Prinzip für die Herrschaften gedacht. Entstanden ist er vermutlich durch die Notwendigkeit, einen Wohnturm oder ein festes Haus über längere Zeit nicht verlassen zu können, weil man von Feinden umringt wurde.«[78] Unter den zumeist einsitzigen Toiletten verschwanden die Exkremente entweder in Schächten, die zum Burggraben oder in Gruben verliefen, oder sie fielen direkt in die Tiefe (eben deshalb wurden die Erker außen versetzt an der Wand angebracht). Für die übrigen Anwesenden auf den Burgen gab es ebenerdige, wohl in Holzhäuschen über temporär genutzten Fäkaliengruben angelegte Abtritte. Sie haben die Zeiten nicht überdauert.

Einige Burgen des Deutschen Ordens hatten *Dansker* genannte Abtritte an den Nichtangriffsseiten, die in separaten Türmen über dem Graben lagen und durch einen gedeckten Wehrgang erreichbar waren.[79] Generell stimme ich der Einschätzung Krahes zu: »Die Abtritte auf Burgen waren, wie immer sie auch hergestellt worden sind, eine recht luftige Angelegenheit, denn der Wind pfiff stets durch das Loch im Sitzholz.«[80]

Und an welchen Ort begab sich ab dem Beginn des Mittelalters die Masse des mitteleuropäischen Volks, die bis Mitte des 19. Jahrhunderts auf dem Land zuhause war? Immerhin lebte noch um 1800 in Deutschland gut neunzig Prozent der Bevölkerung in

Dörfern und Kleinstädten unter 5000 Einwohnern. Auf dem Lande lag der Abort – zunächst wohl ohne Wetterschutz – in aller Regel genau da, wo er vor der Erfindung des Kunstdüngers den meisten Sinn machte: in der Nähe, direkt am oder über dem Misthaufen. Im Winter, schon der Wärme wegen, nach Möglichkeit in Nähe der Tierstände. Große Teile der Landbevölkerung, die in einfachen Katen und Kotten untergebracht waren, erleichterten sich im Zweifelsfall über offene Hockgruben, die mit einem Holzstock zum Festhalten versehen waren. Oder »oewern Knüppel«, also mit einer Querstange als Sitzstütze. Ab wann Knüppel bzw. Donnerbalken ausgedient hatten, vermag ich nicht einzuschätzen. In den Stallungen größerer Bauerngehöfte wurden gegen Ende des Mittelalters zunehmend von außen oder innen zugängliche Abtrittswinkel bzw. Verschläge angelegt. Teils mit einem hinter dem Sitz schräg gestellten Brett, das die eingeübte Hockstellung unterbinden – also die Sitzfläche sauber halten sollte.

Ab wann die zumeist über Jauchegruben oder auch Gewässern platzierten, vor Wind und Wetter schützenden Häusl aufkamen, verrät ein wunderbarer Holzschnitt: spätestens im 15. Jahrhun-

*»Stinckent«
(ca. 1480),
Holzschnitt aus der
Ars memorativa*

dert. Die Abbildung findet sich in der *Ars memorativa* aus der Druckerei des Augsburger Verlegers Sorg, genauer: Anton der Jüngere (ca. 1430–1493). Zu bewundern ist ein junger Mann, der seine Defäkation nicht auf dem mit einem einladenden runden Sitzloch ausgestatteten Häusl, sondern gezielt vor dessen Intimität gewährender Tür verrichtet. Warum er den Abort links liegen lässt, bleibt unklar. Womöglich misstraute er der ihm unbekannten Einrichtung oder fürchtete sich gar vor dieser auf dem Holzschnitt doch gastlich wirkenden Stätte, in der dem damaligen Volksmund zufolge Dämonen ihr Unwesen trieben, weshalb viele sie bei Nacht auch nicht alleine zu betreten wagten.

Als im 19. Jahrhundert im Zuge der sich entwickelnden Hygienebewegung immer mehr Ärzte die Verhältnisse auf dem Land einer kritischen Betrachtung unterzogen, entstanden Berichte, die offenbar jahrhundertelang gepflegte Einrichtungen und Gewohnheiten spiegelten. Zwei Beispiele: 1871 beschrieb der Mediziner Aloys Schmitz die Zustände »des Schwalm- und Nette- und eines Teiles des Niers-Gebietes, insbesondere der Stadt und Gemeinde Viersen« im Hinblick auf die Aborte ziemlich ernüchtert so:

»Auf den Häuserhöfen befindet sich in der Regel die Düngerstätte, worauf die organischen Abfälle der Wirthschaft, sowie die Auswurfstoffe Platz finden und wohin nicht selten die Stalljauche und Abtritte abfliessen. Meistens entsprechen die Düngergruben weder den hygienischen noch den landwirthschaftlichen Anforderungen. Die Jauche wird entweder in offene Gruben, oder in gemauerte und überwölbte Gewölbe, sogenannte Stallwasserkeller geleitet. Die Einrichtung der Aborte ist durchweg unzweckmäßig. Auf dem Lande sind sie häufig nur mit einem Sitzbrette oder Bretterhäuschen versehene Schlinggruben [Sickergruben]. Die gewöhnlichste Abtritt-Einrichtung ist die der gemauerten Gruben auf dem Hofe oder in den Hintergebäuden, die aber durch die häufig schlechte Beschaffenheit ihrer Umfassungsmauern den

Boden in weiterer Entfernung mit ihren Zersetzungsproducten imprägniren und die Brunnen verderben.«[81]

Der bedeutende Mundartdichter Korl Biegemann (1854–1937), im Hauptberuf Amtsarzt, wirkte als solcher ab 1894 in Schötmar bei Bad Salzuflen. Auch dieser bürgerlich als Dr. med. Ulrich Volkhausen bekannte Mann schildert Gegebenheiten, die sicherlich schon lange zuvor bestanden: »Unter den sogenannten alten Kötterhäusern findet man Räume, in welche die Bauern ihr Vieh einzustellen sich genieren würden, für ihre Leute aber für gut genug halten. Dunkle Löcher mit Lehmboden, ohne feste Decken, die Kammern nur durch ein sogenanntes Lett erleuchtet. Die Keller werden durch Gruben repräsentiert, die sich unter dem Bette befinden, in welchen Kartoffeln, Rüben usw. lagern. Hierin entwickeln sich eine Unmasse Pilze, Dunst und Moder. Wenn man nun bedenkt, daß Vater, Mutter und viele Kinder in einem solchen Raume schlafen, so ist es mehr wie ein Wunder, daß nicht viel häufiger Seuchen ausbrechen. [...] Die Aborte sind gewöhnlich in den Ställen, meist in den Schweineställen, auf dem Lande über oder an den Dunggruben. Hierin werden auch die Haushaltungsabfälle und -wässer, sofern sie nicht wieder im Viehhaushalt Verwendung finden, geleitet.«[82]

Als im frühen Mittelalter die ersten, bald darauf von Stadtmauern umgürteten Städte mit ihren verdichteten Wohnsituationen entstanden, forderte das menschliche Bedürfnis nach Erleichterung andere Lösungen als auf dem Land. Im Lübecker Gründungsviertel, das im Rahmen eines seit Längerem betriebenen Großgrabungsprojekts von Archäologen intensiv untersucht wird, kam auch eine fast komplette Abortanlage »des 13. Jahrhunderts mit darunter liegendem unterirdischem und gut gefülltem Kloakenschacht« zum Vorschein.[83] In den Städten, deren urbane Strukturen komplex waren, bildeten sich im Laufe des Mittelalters zwei Standards heraus. Während an manchen Patrizierhäusern nach dem Vorbild der Burgen zunehmend Abtrittserker (Schwalbennester) mit Holzsitzen üblich wurden, die entweder direkt über Gewässern oder über den mit Abwassergräben (Ehgräben) verbundenen Hinterhöfen lagen, verfügten andere nahe den Küchen oder Treppen gelegene Privéts, die Anschluss an den unterirdischen Kloakenschacht hatten. Der größte Teil der Städter musste sich mit wesentlich bescheideneren Anlagen abfinden.

Soweit nicht die aufgrund der üblichen Tierhaltung bis in die Neuzeit gepflegten Misthaufen auch als menschliche Latrinen dienten, teilten sich die Einwohner mit Gruben versehene externe Abtritte, die zumeist an den Gängen zwischen den Gebäuden lagen. Aus dem Jahr 1334 ist zum Beispiel eine von fünf Beghinen aus dem Raum Köln unterzeichnete Urkunde überliefert, nach der ein *locus privatus* von den in sieben anliegenden Häusern wohnenden Familien genutzt wurde.[84] Die unteren städtischen Stände legten, wenn irgend möglich, die Abtritte im Garten oder Hof über Latrinenschächten an. Wenn das nicht möglich war, sammelten sie Kot und Urin in mobilen Scheißkübeln.

Die Entsorgung der Haushalte von Schmutzwasser, Fäkalien und sonstigen Abfällen war früher eine private Angelegenheit. Die Beseitigung musste allerdings ohne Belästigung der Nachbarn und möglichst auf dem eigenen Grundstück geregelt werden. Solange innerhalb der Stadtmauern von den Ackerbürgern noch Felder und Gärten bewirtschaftet wurden, diente der eigene Misthaufen oder die Senkgrube als Düngerlieferant. Als dann die Bebauung die landwirtschaftlich nutzbaren Flächen in Stein erstarren ließ, wurden die in Kübeln gesammelten Fäkalien in Abfallgruben, Ehgräben, Gewässer und auf Wegen ausgekippt und auch an Bauern aus dem Umland verkauft, bis im 19. Jahrhundert kommunal organisierte Abholdienste diese Aufgabe übernahmen. (Die Ehgräben wurden zueilen mit Stroh ausgelegt, um den dann entstehenden Mist landwirtschaftlich verwerten zu können.) Latrinenschächte und Abortgruben mussten zwangsläufig hin und wieder geleert werden. In Köln besorgten das *Mundatores latrinae*, in Frankfurt *heymelichkeit-fegere*, in München *Goldgrübler*, in Nürnberg die sprichwörtlichen *Pappenheimer* etc. Ihre schwere Arbeit galt wie auch die der Henker als unehrenhaft.

Schon aufgrund der Geruchsentwicklung stand die große Masse der Bevölkerung innenliegenden Aborten bis zum Ende des 19. Jahrhunderts ablehnend gegenüber. Das zog freilich ab Eintritt der Dunkelheit einige Unannehmlichkeiten nach sich. Die verfügbaren Talg- und anderen Lichter gaben wenig Helligkeit, wer schon im Bette lag, musste sich in kälteren Nächten wieder warm anziehen, zudem konnten die Wege zum Abort recht weit sein. Für höchst eilige Entleerungszwänge gibt es jedoch schon seit mindestens fünftausend Jahren eine genial einfache Lösung: das Nachtgeschirr. In der ersten ägyptischen Dynastie um 3000 v. u. Z war der Nachttopf bereits gang und gäbe. Bei den Mahlzeiten der Könige gingen der Überlieferung zufolge zahlreiche Diener mit goldenen und silbernen Vasen herum, in welche die Gäste ihr Wasser abschlagen konnten. Der mobile Nachttopf, auch Kammerpott, Prunzscherbe, Scherbe, Schîzkübel genannt, erwies sich als perfekte Lösung für das Bedürfnis, sich ganz losgelöst von den Abtritten problemlos erleichtern zu können. Auf überkommenen Bildzeugnissen aus dem Mittelalter fehlt der unentbehrliche Topf jedenfalls unter keinem Bett (später verschwand er in die eben deshalb sogenannten Nachtschränke).

Für den Nachschub der zunächst einfachen Holz-, Ton- oder Metallgefäße sorgten Straßenhändler, deren Tragekörbe nicht selten bis obenauf mit Nachtgeschirren gefüllt waren. In der Neuzeit – als zunehmend keramische Töpfe in den Handel gelangten – kam dann auch der Humor nicht zu kurz. Gefäße mit einem Spiegel auf dem Boden oder mit frivolen Motiven waren ebenso zu haben wie solche mit humoristischen und spöttischen Sprüchen (etwa über Napoleon). Dass der Adel und die Oberschicht luxuriöse, von hervorragenden Porzellan- und anderen Manufakturen edel geformte und reich dekorierte, Kammertöpfe vorzogen, liegt sozusagen in der Natur der standesbewussten Sache.

Für die gehobene Damenwelt gab es ab dem 17. Jahrhundert ein zusätzliches Hilfsmittel, um sich unkompliziert zu erleichtern: die sogenannten *Bourdalous*. Diese wie Saucieren gestalteten länglichen Gefäße konnten unauffällig unter die Röcke befördert werden und erwiesen sich als sehr praktisch – etwa im Theater oder in gastlichen Stätten, denn öffentliche Toiletten im heutigen Sinne standen den Damen noch im 19. Jahrhundert ja nicht zur Verfügung. Entgegengenommen wurde das volle Gefäß von den immer bereitstehenden Dienstmädchen, die es dann leeren und reinigen mussten.

Nachdem im späten Mittelalter bereits tragbare Truhen mit eingebauten Töpfen aufgekommen waren, dauerte es nicht lange, bis sie sich in Nachtstühle verwandelten. Stephan Kohls berichtet:»Als wohl einer der frühesten Quellennachweise eines solchen mobilen Toilettenstuhls im Bereich der adeligen Wohnkultur ist eine Rechnung für die Innsbrucker Hofburg aus dem Jahr 1491 anzusehen. Darin wird ein vom Tischler Peter für Herzog Sigismund von Tirol (1427–1496) angefertigter *sessl* verzeichnet, der *mit ainem haimlichen gemach und ain decken darüber und mit einer lainen* [...] versehen war. Besonders interessant ist diese Nachricht deshalb, weil sie mit dem erwähnten heimlichen Gemach auch zugleich den Aufstellungsort des erwähnten Möbels direkt benennt.«[85]

Mobile Leib- und Nachtstühle, unter deren runder Sitzöffnung sich ein dicht anliegender höherer Topf befand (damit das Innere des Leibstuhls sauber blieb), fanden sich zunächst in den Schlössern des Adels, kamen aber rasch auch in den Haushalten des Patriziats und reicher Bauern in Gebrauch. Es gab sie in allen denkbaren Formen, Ausstattungs- und Bequemlichkeitsvarianten, mit Leder- oder Rosshaarpolsterung, wobei die Kunst der Tischler vor allem darin zu bestehen hatte, ihre tatsächliche Funktion durch Überwürfe etc. möglichst zu verschleiern. Ihre Tarnung etwa als Foliantenstapel erfreute sich auch einiger Beliebtheit. Um das Wort Leib- oder Nacht- oder Zimmerstuhl (die Bediensteten nannten sie auch Eimerklosett) möglichst nicht in den Mund nehmen zu müssen, sprachen sich vornehm wähnende Herrschaften von der *Retirade*. In der von Johann Georg Krünitz begründeten *Oekonomischen Encyklopädie* lautet Ende des 18. Jahrhunderts der entsprechende Eintrag: »Retirade, Rückzug, Zufluchtsort, ein Zimmer, wohin man sich begibt, wenn man allein seyn will. [...] Auch der Abtritt oder Nachtstuhl wird in der Sprache der gesellschaftlichen Höflichkeit zuweilen die Retirade genannt.«[86]

Die Leibstühle wurden sowohl in kleinerer Ausführung für Kinder, wie in zusammenlegbarer Form für die Nutzung während der Reisen angefertigt. Gegen Ende des 18. Jahrhunderts kamen noch raffiniertere Lösungen in Mode – ihre Verwandlung in Möbel, »die von außen zwar so wie andere Commoden mit Schiebladen beschlagen, inwendig aber zu dem besondern Zwecke eingerichtet sind«, wie es 1805 in einer Enzyklopädie hieß. »Diese Commoden haben deshalb unten blinde Schubladen, in deren Raum das porcellänene, irdene oder metallende Nachtgefäß sich befindet.«[87]

Die eng mit dem intimen Bereich verknüpften Nachttöpfe und Nachtstuhltöpfe mussten (und müssen) nach ihrem Gebrauch wieder geleert und gereinigt werden. Bei Hofe und in den Haushalten der oberen Stände erledigten das die Bediensteten – sie trugen die gefüllten Töpfe zu den vorgesehenen Gruben und anderen Entleerungsstellen, säuberten sie und brachten sie wieder an Ort und Stelle. Und das regelmäßig, um der Herrschaft unangenehme Gerüche zu ersparen. Stank das zum Himmel? In den Haushalten des gemeinen Volks erledigte diese fest zum Tagesplan gehörende Aufgabe zumeist das weibliche Geschlecht, worauf ich später zurückkomme.

Die noch im frühen 20. Jahrhundert in den meisten Haushalten selbstverständlich parat gehaltenen Nachttöpfe stellten unter gewissen Umständen durchaus eine Gefahr da. So berichtete 1899 die Oelser Zeitung *Lokomotive an der Oder*: »Vor einigen Tagen brachte man zu dem Dr. med. M. ein etwa dreijähriges Kind, dem ein blechernes Nachtgeschirr über den Kopf gestülpt war. Das Kind hatte dies selbst getan. Der Arzt bemühte sich zuerst vergeblich, das lästige Geschirr herunterzubringen, bis er schließlich einen Klempner holen ließ, der mit einer Blechschere jenes zerschnitt. Dieser Fall lehrt, derartige Ausstattungsgegenstände nicht zu eng und von Ton oder Porzellan zu kaufen!«[88]

In den ab der Neuzeit und vor allem der Industrialisierung rasch wachsenden Städten waren die Verhältnisse in den Vierteln der unteren sozialen Schichten unbeschreiblich bedrückend. Die Menschen lebten in Behausungen, die bestenfalls aus zwei bis drei kleinen Räumen bestanden, in denen bis zu achtköpfige Familien um ihr Überleben kämpften. Etwa im Göttinger Viertel »Klein-Paris« im 19. Jahrhundert: »Der Nachtstuhl, der für alle Bewohner der Wohnung gedacht war, stand offen an der Leiter und musste jeden Tag eine längere Strecke fortgetragen werden. Ein Hofraum oder Ähnliches gab es in diesen Vierteln der Turmstraße nicht. [...] Durch den heißen Ofen in den Wohnungen stank es und wurde entsetzlich heiß. Bei feuchtem Wetter wurden auch die Wände der Wohnungen feucht, wodurch es häufig zu Schimmel kam.«[89]

Als Ende des 19. Jahrhunderts der Siegeszug des Wasserklosetts in die zentraleuropäischen Haushalte begann – zunächst sehr verhalten, weil der Ausbau der Wasserleitungsnetze und der Kanalisation seine Zeit brauchte und die Eigentümer der Mietskasernen schon aus Kostengründen auf Zeit spielten –, gab es noch eine Fülle konkurrierender »Betriebssysteme«. Darunter das

»Feuercloset«, das »Erd-« und »Aschencloset« und auch schon eine Art chemische Toilette. Im *Polytechnischen Journal* hieß es 1873: »Beim Rochdale-System, Patent von Alderman Tailor, befindet sich unter jedem Closetsitze ein Gefäß, welches eine kleine Quantität chemischer Desinfektionsflüssigkeit enthält, in welcher die Fäces und der Urin gesammelt werden. Die Gefäße werden bei Tage in einem geschlossenen Wagen nach einer Düngerfabrik geschafft, wöchentlich oder noch öfter, wenn nöthig, indem ein wichtiger Punkt bei dem Processe in der Verhinderung, resp. Verzögerung der fauligen Gährung der Excremente besteht, so daß sie daran gehindert werden, die Atmosphäre zu verpesten und an Düngerwerth zu verlieren.«[90] Nicht zu vergessen die gegenwärtig wieder von Ökologen beworbenen Anlagen, die die flüssigen von den festen Ausscheidungen trennen und ohne Wasserspülung auskommen. Etwa das ab 1855 aufgekommene schwedische »Luftcloset«. Wie dem auch sei, die Spülklosetts mit Geruchsverschluss machten das Rennen – wobei noch um 1950 im größten Teil der deutschen Wohnungen die begehrte Innentoilette fehlte (sie lag, wenn überhaupt, auf den Fluren). Auf dem kanalisationstechnisch schlecht erschlossenen Land blieben die Plumpsklos außerhalb der Wohngebäude vielerorts noch in den 1970er Jahren das einzige Mittel der Wahl.

Apropos Land. Dort, so heißt es in manchen toilettenkulturellen Publikationen, seien schon aufgrund des stärker ausgeprägten Gemeinschaftsgefühls mehrsitzige Aborte keine Seltenheit gewesen. Dass es solche Zwei- oder Dreisitzer gegeben hat, ist bildlichen Darstellungen zu entnehmen. Aber wurden sie beispielsweise von Eheleuten oder Freundinnen tatsächlich auch gemeinsam aufgesucht? Waren sie womöglich dafür gedacht, ältere Kinder nicht ohne Aufsicht ihre Notdurft verrichten zu lassen? Im ländlichen Deutschland gab es noch Ende der 1950er Jahre viele Plumpsklos in Bretterverschlägen – natürlich mit Herzchen in der Tür. Sie standen nicht selten hinter dem Gemüsegarten. Ich habe in meiner Kindheit bei Besuchen in Ostfriesland noch einige dieser Aborte aufsuchen müssen. Sie boten für die Sitzung sämtlich ein mit einem runden Loch versehenes Brett – einmal traf ich auch auf ein Brett mit einem großen und einem deutlichen kleineren Loch daneben für die Kinder. Zwar gab es Holzdeckel zum Abdecken – den Gestank aus der Grube und die massenhafte Kumpanei der Fliegen verschweige ich aber lieber.

Der Heimatforscher Willi Untiet aus Ladbergen bei Steinfurt berichtet, in jener Gegend habe es bis in die 1960er Jahre hinein noch Aborte außerhalb der Häuser gegeben, »darin hölzerne Sitzbrillen, deren Öffnungen mit einem Deckel verschlossen waren«. Diese hätten zumeist einen Griff gehabt und erzählt werde immer noch, dass einmal eine ältere Frau vergessen habe, den Deckel zu heben, bevor sie sich niederließ. Prompt sei sie um Hilfe rufend aus dem ansonsten stillen Örtchen gekommen – »mit dem Deckel am Gesäß«. Laut Willi Untiet kam zumal die Bildung auf dem Plumpsklo nicht zu kurz: »Waren die Zeitungsseiten mit dem Fortsetzungsroman noch vollzählig vorhanden, so nutzte mancher einen längeren Aufenthalt zur literarischen Erbauung.«[91]

Aus meiner Sicht ist die Forschungslage viel zu dürftig, um über die Gepflogenheiten der Landbevölkerung in den vergangenen Jahrhunderten verbindliche Aussagen treffen zu können. Ich neige zu der Annahme, dass die Wahrung der Intimität bzw. einer gewissen Privatsphäre insbesondere bei der Defäkation von jeher die Regel und nicht die Ausnahme war. Und Scham- und Peinlichkeitsgefühle nicht minder. Oder doch nicht? In der 2013 vom Zukunftsinstitut im Auftrag des Sanitärunternehmens Geberit vorgelegten Studie *Körperbewusstsein und Hygiene im Wandel* verkündet die Einleitung:

»Stellen Sie sich bitte einmal vor, Sie sitzen auf der Toilette – und 20 andere Personen befinden sich mit Ihnen im selben

Raum. Sicherlich für jeden von uns eine schreckliche Vorstellung, doch zum großen Teil in der Menschheitsgeschichte bis noch vor 150 Jahren völlig normal. Damals gab es ausschließlich Gemeinschaftstoiletten. Die Entdeckung des Privaten und damit der Privatsphäre ist historisch betrachtet ein sehr modernes, kurzzeitiges Phänomen. Es ist also durchaus vorstellbar, dass das Pendel eines Tages auch wieder zurückschlagen kann und das ›stille Örtchen‹ zu einem ›geselligen Raum‹ wird. Das Beispiel macht jedenfalls auf plakative Weise deutlich, dass unser Verhältnis zum Körper und zur Hygiene ein prägnanter Indikator für gesellschaftlichen Wandel ist. Wie wir uns reinigen und pflegen, ist ein Spiegel des Zeitgeists, der von den Triebkräften des aktuellen Wandels geprägt wird.«[92]

War es bis vor 150 Jahren tatsächlich »völlig normal«, sich in direkter Gegenwart anderer Mitmenschen zumal dem großen Geschäft zu widmen? Und was meint der Begriff »Gemeinschaftstoiletten«? Eine Toilette wird in Haushalten mit mehr als einer Person täglich immer gemeinschaftlich genutzt, allerdings in aller Regel von den Individuen allein – es sei denn, gebrechliche, kranke oder junge Menschen benötigen Hilfe oder wollen nicht allein sein. Bedurfte es wirklich der sogenannten »Entdeckung des Privaten«, die die Mitarbeiter des vom umtriebigen Zukunftsforscher Matthias Horx gegründeten Zukunftsinstituts mit dem Beginn »des Viktorianischen Zeitalters um 1837« verknüpfen, um die Toilette zu einem intim genutzten Rückzugsort zu machen? Jedenfalls ist sie es den Trendforschern zufolge gegenwärtig in Deutschland allemal: »So stimmen in unserer eigenen Erhebung 72 Prozent der Aussage zu ›auf der Toilette will ich absolute Ruhe‹ und 55 Prozent unterschreiben: ›Mein Bad ist für mich ein privater Rückzugsort, wo ich für mich allein sein kann und meine Ruhe habe.‹ Diese Aussagen sollte man jedoch nicht als Ausdruck von

Scham begreifen, sondern als Folge des wachsenden Bedürfnisses nach Entschleunigung und Ruhe in einer hektischen Zeit.«[93]

Kommerzielle Auftragsforschung hat ihre Tücken. Zwar teilen die Urheber mit: »Die Grundlage für die Studie bildete zum einen eine umfassende Trendanalyse. Parallel dazu wurden zusätzlich in einer bundesweiten repräsentativen Online-Umfrage im Januar 2013 in Zusammenarbeit mit YouGov Deutschland 1020 Personen im Alter ab 16 Jahren befragt.«[94] Wie die vermeintlichen Trend-experten freilich zu der verblüffenden Behauptung kommen, das Bedürfnis nach »Ruhe« auf der Toilette sei nicht »als Ausdruck von Scham« zu begreifen, wird zum einen nicht mitgeteilt und ist zum anderen mehr als zweifelhaft. Im Übrigen verdeutlicht bereits die schludrige historische Hintergrundskizze, dass der von den Trend-forschern beschworene »Spiegel des Zeitgeists« aus dem Trüben gefischt worden ist.

Dafür, dass die körperliche Scham beim Gang auf die Toilette im Schwinden begriffen ist, gibt es keine fundierten Hinweise. Im abgelaufenen 20. Jahrhundert stand sie jedenfalls noch hoch im Kurs – und das trotz des Aufkommens der Freikörperkultur, der sexuellen Befreiung und der 1968er-Bewegung. Ein bezeich-nendes Beispiel: Die Sekretärin Marianne Troll berichtet in einem populären Sachbuch über ihre Kindheit in 1950er Jahren: »Mein Vater wollte keine katholische Enge in seiner Familie und hatte freizügige Ideale für sein Leben, die zumindest theoretisch auch für seine Kinder gelten sollten. In unserm Alltag blitzten die nur hin und wieder mal auf, wie in der Freiheit, nackt zu sein. In Wahrheit musste er sich selbst dazu überwinden, je älter und ge-hemmter wir wurden. Das Abschließen von Türen, auch der Klo- und Badezimmertüren, war verboten, uns dort nackt zu bewegen, wurde angeordnet. Wir spürten immer die Mühe, die es beiden bereitete, schamlos zu sein, und je älter wir wurden, desto peinli-cher waren uns unsere nackten Eltern im Bad und unsere eigene

Nacktheit. Sich daraus ergebende Themen und Fragen waren in dieser von geleugneten Schamgefühlen bestimmten Atmosphäre nicht ansprechbar.«[95]

Das Aufsuchen des im Laufe des 20. Jahrhunderts in die Wohnungen einziehenden Bads und auch zusätzlicher Toilettengemache wird bis heute weit überwiegend als intime Angelegenheit behauptet. Auch wenn die biologisch so überlebenswichtige Bedürfnisbefriedigung der Miktion und Defäkation heute relativ tabulos betrachtet wird, heißt das nicht automatisch, dass die nicht zuletzt von der christlichen Lehre mit ihrer traditionellen Tabuisierung des Unterleibs verstärkte Schamhaftigkeit völlig ausgedient hat.

Szenenwechsel. In den nun folgenden Kapiteln widme ich mich dem Versuch, einiges Licht in das relative Dunkel jenes langen historischen Zeitraums zu bringen, der sich vor der behaupteten »Entdeckung des Privaten« erstreckt. Die in Zentraleuropa nachweislich bereits im Mittelalter gepflegten Euphemismen für den Ort des Erleichterungsgeschehens lassen zumindest die Vermutung zu, dass der Wunsch nach Intimität bei der Nutzung von Abtritten nichts Unbekanntes gewesen sein kann. Die Frage ist nur, was wird von den Notdurftgetriebenen selbst darüber berichtet? Dass vor der Erfindung des Buchdrucks um 1450 noch keine Zeitungen zum Lesen und Abwischen mit auf die Sitzungen genommen werden konnten, versteht sich von selbst. Es gab ja keine. Die Römer nahmen der Überlieferung zufolge die Finger zu Hilfe oder nutzten einen Stock mit einem Schwämmchen, das in Salzwasser getunkt wurde. Im Mittelalter wurde alles Mögliche – vor allem Laub, Stroh, Heu, Wolle, Leinwandfetzen – für die Reinigung verwandt. Das erste kommerziell abgepackte spezielle Toilettenpapier ließ bis zu Beginn des 20. Jahrhunderts auf sich warten.

Noch eine Anmerkung zum Begriff *Notdurft*: Das, was heute ausschließlich darunter verstanden wird, im Klartext: kacken, scheißen, pinkeln, pissen, pullern, brunzen usw., beschrieb im Mittelalter sinnigerweise auch den zum Leben nötigen Unterhalt.

00 5 Zivilisation im Seuchenherd

Menschen sind Gewohnheitstiere. Auch im Umgang mit den mehrmals täglich fällig werdenden Ausscheidungsprozessen. Tragischerweise haben die vielfältigen Orte, Artefakte und Hilfsmittel, die im Laufe der Menschheitsgeschichte dazu erfunden wurden, nicht nur die Erleichterung zu erleichtern, sondern auch die zeitweilige Absonderung von den Mitmenschen, eines bis ins späte 19. Jahrhundert nicht vermocht: Die Art *Homo sapiens* davor zu bewahren, sich indirekt mittels Ausscheidungen gegenseitig und massenhaft umzubringen.

Unzählige Millionen Europäerinnen und Europäer sind allein seit dem Beginn schriftlicher Überlieferung durch Seuchen frühzeitig ums Leben gekommen. Neben der Pest, bei der zumeist der Floh die Übertragung von der Ratte auf den Menschen besorgt, vor allem durch die immer wieder explosionsartig auftretenden Seuchen Typhus, Ruhr, Gelbsucht und Cholera, die durch Erreger in Fäkalien übertragen werden. Bis zur Entwicklung der Bakteriologie durch Pioniere wie Joseph Lister, Louis Pasteur, Paul Ehrlich und Robert Koch war die effektive Bekämpfung der Seuchen bzw. die die Entwicklung von Impfstoffen und Antibiotika schlicht unmöglich. Die Bakteriologie ist – wie Erwin Ackerknecht formulierte – »vom strikt medizinischen Standpunkt aus das wichtigste Ereignis des ereignisreichen 19. Jahrhunderts und, vielleicht, aller Zeiten«[96]. Bis zu jenem historischen Moment fehlte der Bevölkerung und den gesellschaftlich anerkannten Experten schlicht das Wissen über die Krankheitserreger, und welche tatsächlichen Gefahren von den in den wachsenden Städten massenhaft anfallenden Exkrementen und Abfällen ausgingen, mit denen allzu sorglos umgegangen wurde.

Im Klartext: Bis in die 1890er Jahre war es aus medizinischer Sicht unerheblich, in welcher Weise und auf wie auch immer gearteten Latrinen, Donnerbalken, Leibstühlen, Töpfen, Bettpfannen und frühen Wasserklosetts sich unsere Vorfahren nach der Sesshaftwerdung erleichterten. Sie verschmutzten die überlebenswichtigen Gewässer und Brunnen mit Exkrementen und Abfällen, ließen Insekten und anderes Getier mit den Fäkalien frei schalten und walten und vermochten nicht ausreichend einzuschätzen, welche dramatischen Folgen das zeitigen konnte. Die hierzulande letzte große Cholera-Epidemie (Asiatica) versetzte 1892 Hamburg in Angst und Schrecken. An ihr erkrankten rund 17 000 Bewohner, von denen die Hälfte (8605) die Seuche nicht überlebte.

Die Geschichte der menschlichen Erleichterungspraktiken und ihrer Nebenwirkungen begann vor rund zwei Millionen Jahren, als die zum aufrechten Gang auf zwei Beinen »verurteilte« Gattung *Homo* die Welt zu verunsichern begann. Wie sich die in der Steinzeit bzw. im Paläolithikum einsetzende menschliche Stammes-, Kultur- und Alltagsgeschichte bis vor etwa 10 000 Jahren entfaltete, werde ich hier schuldig bleiben – das steht in anderen Büchern. Die Klärung der mich interessierenden Frage, welche Erleichterungspraktiken unsere Urahnen während dieser unfasslich langen historischen Periode entwickelten, steht zwar streng wissenschaftlich noch aus. Aber einige Thesen und Anhaltspunkte gibt es durchaus.

Versteht sich von selbst, wie die frühen Menschen mit ihren Exkrementen verfuhren? Vermutlich ließen die Nomaden sie einfach zurück bzw. überließen sie – wie auch immer – der Erde, wo sie eine natürliche Zersetzung durchmachten. Zu einer übermäßigen Verunreinigung des Bodens konnte es ja nicht kommen, weil die umherziehenden Gruppen klein waren und sich nirgendwo lange aufhielten. Was jüngst bei der »molekularen« Untersuchung 50 000 Jahre alter und versteinerter menschlicher Fäkalien ans Licht kam, erstaunt mich nicht: *Homo neanderthalensis* aß circa 10 000 Jahre vor seinem Aussterben offenbar all das, was die Natur ihm bot – seine Ernährung enthielt nachweislich sowohl fleischliche als auch pflanzliche Bestandteile.[97]

Unsere eigene, anatomisch moderne Art *Homo sapiens* erschien vor gut 200 000 Jahren auf der Bildfläche. Gegenüber anderen Primaten zeichnete sie sich durch einen perfektionierten aufrechten Gang aus, der auch ausdauerndes Laufen und vor allem den freien Gebrauch der Hände ermöglichte. Zudem verfügten unsere Urahnen über ein durch die Umstellung der Ernährung stark vergrößertes Gehirn, über ein verändertes Sexualverhalten und eine andere Sozialstruktur als die Menschenaffen.[98] Darüber hinaus weisen wir Menschen gegenüber anderen Tieren zwei charakteristische Merkmale auf: Nacktheit und ausgeprägte Schweißabsonderung. Wir können anders als die Vierbeiner etwa bei längeren schnellen Gängen und Läufen in der Hitze schwitzen, und waren ihnen deshalb von Beginn an relativ überlegen. Vor allem aber können wir unsere Verhaltensweisen als Individuen und als Gruppe jederzeit modifizieren – zum Vor- oder Nachteil der kulturellen und ökologischen Entwicklung. Dazu nur ein Beispiel: Wo immer unsere Urahnen in aller Welt auftauchten, kam es Evolutionsbiologen zufolge »zu einem massiven Aussterben der Großtierfauna. Von den 150 Gattungen von Großtieren (über 44 kg), die vor 50 000 Jahren lebten, waren 40 000 Jahre später zwei Drittel verschwunden.«[99]

Ab wann genau unsere anatomisch modernen Urahnen zumindest ihre Genitalien und damit auch ihre Ausscheidungsorgane bedeckten, weiß niemand. Sicherlich mussten die Frauen, wenn sie plötzlich mal mussten, aber noch keine so umständliche Entkleidungsprozedur wie heutzutage bewerkstelligen. Ethnologischen Annahmen zufolge legten bereits die frühen Jäger und Sammler Lendenschurze aus Blattwerk, Fell etc. an, um die empfindlichen Geschlechtsteile vor Sonne, nächtlicher Kühle und Verletzungen zu schützen. Ob sie das auch aus Scham taten, stelle ich vorsichtshalber dahin. Charles Darwin (1809–1882), der Begründer der modernen Evolutionstheorie, betonte in seinem Werk über den *Ausdruck der Gemütsbewegungen bei den Menschen und den Tieren* (1872), auch Gefühlsregungen wie etwa das Erröten seien das Ergebnis evolutionärer Prozesse.[100] Der Molekularbiologe Giovanni Frazzetto kommentiert:

»Mit seinen Studien zum Gefühlsausdruck stellt Darwin, im Rahmen der Evolutionstheorie, die These auf, dass alle Organismen angeborene und erhalten gebliebene, ursprüngliche emotionale Mechanismen aufweisen, die ihnen das Überleben sichern. An den äußersten Enden einer Skala solcher Mechanismen finden wir *Annäherung* beziehungsweise *Vermeidung*; Strategien, die darauf zielen, einen Zustand der Lust zu erreichen beziehungsweise schmerzlichen Erfahrungen auszuweichen. Nahrung und Sex zum Beispiel sind mächtige Triebkräfte für Annäherung, weil sie Freude und Befriedigung mit sich bringen – und zugleich Überleben und Reproduktion sichern. Fressfeinde dagegen und andere gefährliche Situationen erregen Angst und lösen damit Flucht aus und ausweichendes Verhalten. Diese beiden zentralen Überlebensmechanismen haben sich durch die gesamte Evolution erhalten und finden sich in der ganzen Tierwelt sowie in allen menschlichen Kulturen.«[101]

Zu den zentralen Überlebensmechanismen gehören zudem die Defäkation und Miktion. Da der Urin aus den äußerlich sichtbaren Geschlechtsorganen abgelassen wird, kommt zugleich die Scham ins Spiel – das Wort bezieht sich ja sowohl auf das Gefühl selbst als auch auf die weiblichen Geschlechtsorgane. Darwin schrieb der individuellen Schamregung eine wichtige soziale Kontrollfunktion zu und vertrat die Auffassung, dass das mit ihr verbundene Erröten »wahrscheinlich allen Menschenrasssen« gemeinsam ist. Seit wann aber haben wir Menschen der Abwehr oder dem Schutz dienende (negative) Gefühlsregungen wie die Scham, wenn wir uns erleichtern müssen? Gefühlsregungen, wie auch die aus komplexen biologischen Reaktionen bestehenden Emotionen, sind keine Eisenwerkzeuge oder Knochen – sie können von Paläoanthropologen nicht ausgegraben und auf ihr Alter und anderes mehr hin untersucht werden. Ihre Evolutionsgeschichte ist und bleibt ein reichlich offenes Buch.

Wie verrichteten die frühen *Homo-sapiens*-Populationen in ihrem steinzeitlichen Alltag die Notdurft? Eine häufig geäußerte These lautet, unsere Urahnen hätten abseits ihrer Lager für die Defäkation ein Loch ausgehoben und es anschließend wieder mit Erde bedeckt. Ganz so wie die Katzen, lautet die plastische Erläuterung. Nach Auffassung vieler Forscher umfassten die Nomadengruppen wohl selten mehr als bis zu 150 Mitglieder und hielten sich zudem nicht lange an einem Ort auf. Da uns keine Augenzeugenberichte aus jenen fernen Zeiten vorliegen, halte ich es für sinnvoll, einmal genauer bei unseren nächsten Verwandten hinzuschauen, bei den Schimpansenarten *Pan troglodytes* und *Pan paniscus*. Sie sind im mittleren Afrika beheimatet und leben dort in Gruppen von zwanzig bis achtzig Mitgliedern. Ihre Nahrung suchen sie am Boden und in den Bäumen, und das täglich um die sechs Stunden lang. Vor allem aber sind ihre für die Verdauung wichtigen inneren Organe fast identisch mit den unsrigen. Kulturfähig sind die – durch menschliches Verhalten vom Aussterben bedrohten – Schimpansen allemal. Forscher haben bereits 39 verschiedene Traditionen identifiziert. Und was tun unsere engen Verwandten, wenn sie mal müssen?

»Den Darm und die Blase entleeren die Schimpansen, wann und wo ihnen danach zumute ist«, verrät das von Bernhard Grzimek

(1909-1987) herausgebene Großwerk *Grzimeks Tierleben*, in dem auch die Primatologinnen Jane Goodall und Dian Fossey zu Wort kommen, die unsere Kenntnisse über freilebende Schimpansen und Gorillas enorm bereichert haben. Zur Erleichterungspraktik der Schimpansen werden im *Tierleben* vor allem die Beobachtungen des Verhaltensbiologen Vernon Reynolds herangezogen.[102] Da heißt es: »Reynolds beobachtete aber, daß sie auf dem Waldboden oft zum Kotabsetzen einen umgestürzten Baumstamm aufsuchten und sich darauf hockten: ›Allerdings wurden wir nie Zeugen einer solchen Sitzung, fanden aber ihre Kothaufen so häufig neben gefallenen Bäumen oder Ästen, daß ein Zufall ausgeschlossen scheint.‹ In Zoos setzen sie sich zumindest zum Koten öfters auf erhöhte Plätze, von denen der Kot herunterfallen kann. Zum Harnen hängen sie sich gerne am Gitter oder an Seilen auf. Ein etwa zweijähriges Bonobokind im Frankfurter Zoo verlangte energisch aus dem Bett, in dem es für kurze Zeit mit der Pflegerin schlief, wenn es ›klein‹ mußte; war es auf dem Arm, kletterte es weg, ehe es das Geschäft verrichtete. ›Auch ihre Nester beschmutzen sie in Freiheit nicht‹, berichtet Reynolds weiter, ›mehrmals beobachteten wir, daß sie sich frühmorgens über den Nestrand entleerten.‹«[103]

Der Primatologe Volker Sommer, der im Rahmen des von ihm geleiteten *Gashaka Primate Projekt* die Schimpansen Nigerias erforscht, bestätigte 2003: »Als Nestbeschmutzer können sie jedenfalls nicht gelten. Bei der Morgentoilette recken sie den Allerwertesten säuberlich über den Rand des Schlafnestes. [...] Mein britischer Doktorand Andrew Fowler durchstochert die Exkremente nach Knochenresten. [...] Unser heimischer Feldassistent Hammounde hält sich naserümpfend fern. Zugegeben, der Kot stinkt – denn wie Menschen sind Schimpansen Allesesser.«[104]

Könnte es sein, dass die frühen Angehörigen der rezenten Art *Homo sapiens* sich tagsüber in den Savannen und Wäldern zunächst genauso wie die Schimpansen erleichterten, wann und wo ihnen danach zumute war? Suchten sie von Baumabbrüchen gewährte Sitzgelegenheiten auf? Hielten auch sie ihre Lagerplätze von Ausscheidungen peinlich sauber? Und wie kamen sie mit Darmerkrankungen und daraus resultierenden Durchfällen zurecht? Dass sie an Vergiftungen und Parasitenbefall litten, steht außer Frage, von Verletzungen, Insektenstichen etc. ganz zu schweigen. Wie schützten sich unsere Urahnen gegen physische Schadstoffe? Etwa durch einen evolutionär gegebenen, tiefsitzenden Ekel? Giovanni Frazzetto meint: »Evolutionsgeschichtlich bot die Fähigkeit, Abscheu oder Ekel zu empfinden, den Vorteil, dass verdorbene oder faule, möglicherweise infizierte Nahrung liegen blieb oder gemieden wurde.«[105] Richtete sich der Ekel zudem gegen Exkremente, die im Zweifel ja lebensgefährliche Keime enthalten können? Nach Angaben der Weltgesundheitsorganisation (WHO) kann ein Gramm Fäkalien bis zu zehn Millionen Viren, eine Million Bakterien, eintausend Parasiten und hunderte Wurmeier enthalten.

Fragen über Fragen. Und ich frage munter weiter: Zogen sich steinzeitliche Frauen und Männer bei drängendem Harn- oder Stuhldrang von den Gruppenmitgliedern zurück, um einen Privatbereich zu wahren – etwa hinter den nächsten Busch oder Baumstamm? Und was machten die Nomaden während der Wanderungen? Angenommen, die Sonne schien und es lagen keine schützende Sträucher oder Baumgruppen an der Route, wie verfuhren zum Beispiel die Mädchen, wenn sie plötzlich dringend Wasser lassen mussten? Eine gar nicht so abwegige Möglichkeit schildert Jan Faktor in seinem (zu realsozialistischen Zeiten) spielenden Roman *Georgs Sorgen um die Vergangenheit*. Die junge Frau Z. wandert mit der Clique entlang einer baumlosen Landstraße und verspürt einen Drang:

»Sie ließ ihren Urin heimlich und portionsweise ab – eben peu à peu ins Freie. Es muß etwas wie das weibliche Ejakulieren gewesen sein. Der Saft lief ihr beim Gehen an den Beinen lang, hinterließ eine schmale Spur [...], diese verlor sich unauffällig im Staub der alten Landstraße. [...] Wieder und wieder machte sie ihren süßen, hinter dem Kitzler sitzenden Schließer oberhalb der Staubstraße vierten Grades ganz kurz auf und dann wieder zu. Sie hatte Zeit, der Weg war lang genug. Ihre Beine trockneten schnell, ihre Schuhe, die sie irgendwann in die Hände nahm, trockneten nach und nach auch. Die Hitze und die allgemeine Trockenheit kamen ihr entgegen.«[106]

Zugegeben, feste Schuhe trugen die jungen Frauen vor 100 000 und noch mehr Jahren nicht ... War es ihnen womöglich schon damals peinlich, sich ungeschützt in Gegenwart von Männern zu erleichtern? Jedenfalls setzt Peinlichkeit einen sozialen Zusammenhang mit Verhaltensregeln voraus. Ganz zu schweigen von der Defäkation. Verschwand vielleicht eine Frau dazu hinterm Baum, während eine andere in gewissem Abstand Wache hielt? Ungefährlich war das Leben in der wahrlich noch freien Wildbahn gewiss nicht. Angenommen, die Nomaden beiderlei Geschlechts vergruben ihre Fäkalien. Sollte es so gewesen sein, taten sie das auch deshalb, weil ihre Ausscheidungen bei den anderen Gruppenmitgliedern Ekelgefühle auslösten? Die Wissenschaft liefert bis heute keine belastbaren Aussagen. Wann die ersten Windeln in Gebrauch kamen, kann mit Bestimmtheit übrigens auch kein Forscher sagen. Einen Anhaltspunkt zum Verständnis der prähistorischen Praktiken lieferte der Begründer der Psychoanalyse Sigmund Freud (1856–1939), als er 1913 formulierte, »was für die Kenntnis der Menschen unentbehrlich ist«:

»Beschränken wir uns hier auf die Ermittlungen über das Exkrementelle, so können wir als Hauptergebnis der psychoanalytischen Untersuchung mitteilen, daß das Menschenkind genötigt ist, während seiner ersten Entwicklung jene Wandlungen im Verhältnis des Menschen zum Exkrementellen zu wiederholen, welche wahrscheinlich mit der Abhebung des *Homo sapiens* von der Mutter Erde ihren Anfang genommen haben. In frühesten Kindheitsjahren ist von einem Schämen wegen der exkrementellen Funktionen, von einem Ekel vor den Exkrementen noch keine Spur. Das kleine Kind bringt diesen wie anderen Sekretionen seines Körpers ein großes Interesse entgegen, beschäftigt sich gerne mit ihnen und weiß aus diesen Beschäftigungen mannigfaltige Lust zu ziehen. Als Teile seines Körpers und als Leistungen seines Organismus haben die Exkremente Anteil an der – von uns narzißtisch genannten – Hochschätzung, mit der das Kind alles zu seiner Person gehörige bedenkt. Das Kind ist etwa stolz auf seine Ausscheidungen, verwendet sie im Dienste seiner Selbstbehauptung gegen die Erwachsenen. Unter dem Einfluß der Erziehung verfallen die koprophilen [kotliebenden] Triebe und Neigungen des Kindes allmählich der Verdrängung; das Kind lernt sie geheim zu halten, sich ihrer zu schämen und vor den Objekten denselben Ekel zu empfinden. Der Ekel geht aber, streng genommen, nie so weit, daß er die eigenen Ausscheidungen träfe, er begnügt sich mit der Verwerfung dieser Produkte, wenn sie von anderen stammen.«[107]

Traten die von Freud behaupteten »Wandlungen im Verhältnis des Menschen zum Exkrementellen« tatsächlich »mit der Abhebung des *Homo sapiens* von der Mutter Erde« auf? Oder könnten diese Wandlungen womöglich schon bei den welteroberungslustigen Menschen der Art *Homo erectus* aufgetreten sein? Wurden die Kinder bereits vor 200 000 Jahren darin bestärkt, bei der Verrichtung ihrer Entleerungsbedürfnisse Scham zu empfinden? Nachdem die Menschen sich mit den ersten Bekleidungsstücken gleichsam auch ein kulturelles Fell übergezogen hatten, erhielt das schützende Bedecken der Sexualorgane und anderer Körperpartien eine nachhaltige soziale Bedeutung, gewann die menschliche Nacktheit ihre Funktion als ein sexuelles Signal.[108] Und welchen Einfluss hatte das kulturelle Fell auf die Vorgänge rund um die

Erleichterung – verstärkte es die Körperscham, den Unwillen, bei der Notdurft angeblickt zu werden?

Sollten die evolutionsbiologischen Annahmen von Charles Darwin (von 1859) und die psychologischen von Sigmund Freud (von 1913) zutreffen, dürften die körperliche Scham und der Affekt des Ekels menschheitsgeschichtlich sehr früh eine Art Tatbestand gewesen sein. Und wie steht es um die Erkenntnisse der evolutionären Psychologie? Der ausgewiesene Sozialpsychologe Detlef Fetchenhauer liefert ein aktuelles Beispiel: »Ein Evolutionspsychologe [...] wurde einmal vom Radio angerufen und gefragt, warum Frauen immer gemeinsam aufs Klo gehen. Darüber hatte er – zumindest wissenschaftlich – noch nie nachgedacht, aber nach wenigen Minuten rief er den Sender zurück und wusste die Antwort: Schon in der Environment of Evolutionary Adaptedness hätten Menschen ihre Notdurft außerhalb der eigenen Lagerstätte verrichtet und hätten sich dabei von der Gruppe entfernt. Dabei habe aber für Frauen die Gefahr bestanden, von einem fremden Mann vergewaltigt zu werden, weswegen es adaptiv gewesen sei, seine Notdurft in Begleitung einer weiblichen Gefährtin vorzunehmen. Diese Erklärung ist gar nicht so abwegig, vielleicht ist sie sogar zutreffend, aber sie kann auch völlig falsch sein.«[109]

Wäre die Evolution der menschlichen Erleichterungspraktik so etwas wie ein Puzzle, müsste ich nun passen. Es fehlen einfach zu viele Teile, um das gewünschte klare Bild über den gewaltig langen Zeitraum vor dem historischen Einsetzen der Antike zusammenzustückeln. So etwas wie ein Versatzstück möchte ich aber noch hinzufügen. Unsere Art *Homo sapiens* entstand und entwickelte sich nach bisherigem Kenntnisstand zunächst in (Ost)-Afrika. Auf diesem Kontinent leben gegenwärtig noch allzu viele Menschen ohne angemessene Trinkwasserversorgung und Sanitäreinrichtungen. Wie und unter welchen Umständen zum Beispiel die Bewohner eines Regenwalddorfes der Elfenbeinküste ihre

Notdurft noch 2014 verrichteten, habe ich aus einem bemerkenswerten Bericht von Ronen Steinke in der *Süddeutschen Zeitung* erfahren. Da heißt es:

»Die Natur rund um das Dorf Kouassi Kongokro ist dicht und fruchtbar. Man muss nicht weit laufen, bis man völlig aus dem Blick verschwindet und für sich ist, hinter Palmwedeln, Mangobäumen, Termitenhügeln. Es gibt hier Bäume, deren Stämme so dick sind, dass sich acht Kinder gleichzeitig dahinter verstecken können, und es gibt keine festen Plätze im Busch, die eigens als Toilette ausgewiesen werden müssten, sondern hier und da nur ein paar alte Plastiktüten, Getränkekartons, Mangoschalen, zerknülltes Toilettenpapier: Müllhaufen. Es gibt Orte im Wald, an welche eher die Männer gehen, und Orte, an welche eher die Frauen gehen. Und es gibt viel Regen, der alles schnell fortwäscht, und ein ständiges pralles Wachstum, das den Busch laufend umpflügt.«[110]

Die von Männern und Frauen im Wald aufgesuchten stillen Orte gewähren offenbar eine Art Privatsphäre. Freilich buddeln die Dorfbewohner keine kleinen Löcher, um ihre Häufchen hinterher mit Erde abzudecken. Denn auf die an die Dorfkinder gerichtete Frage, wohin der Kot eigentlich verschwände, antwortete ein Mädchen: »Der Regen nimmt ihn mit!« und ein anderes meinte lachend: »Der Kacke-Roller!« (Gemeint ist genau der Skarabäus-Käfer, der für die Ägypter das Sinnbild der Welt war.) Nicht zuletzt dieser Mistkäfer ist laut dem Journalisten dafür mitverantwortlich, »dass ein Haufen, den ein Mensch hier diskret hinter Elefantengras oder anderem Gestrüpp zurücklässt, sich so schnell und rückstandslos verflüchtigt«. Gibt es folglich kein Problem?

Steinkes Bericht entstand, weil 2014 die Dorfbevölkerung dazu gewonnen werden sollte, simple aber effektive Latrinen – Kabinen mit Hock-Abtritt – direkt im Dorf einzurichten. Im Nachbardorf waren zuvor bereits 82 Latrinen mit einer drei Meter tiefen Grube für 741 Einwohner errichtet worden, und zwar vor allem, um die hohe Rate der Krankheitsfälle zu senken. Die ins Dorf gekommenen Sozialarbeiterinnen nutzten übrigens eine ziemlich geniale Anschauungsmethode, um für das Latrinenprojekt zu werben. Steinke berichtet:

»Eine von ihnen [...] holt dazu einen Teller mit Essen aus ihrem Jeep: Couscous mit Fisch. Den Teller stellt sie auf den Boden ab, inmitten der Dorfversammlung – und daneben einen kleinen Haufen Kot. Die Kinder kreischen, als die braune Masse aus einer Plastiktüte auf den Boden fällt. Es dauert nur wenige Momente, bis die ersten Fliegen kommen und zwischen beiden Attraktionen hin- und hersurren, vom Kot zum Essen und zurück zum Kot. Die Botschaft der Sozialarbeiterin: Genau dasselbe passiert, wenn ihr euch unter freiem Himmel im Busch erleichtert und dann die Fliegen ins Dorf kommen. Diarrhöe, Cholera, die sogenannten Schmutzige-Hände-Krankheiten verlaufen oft tödlich in den Tropen.«[111]

Haben die frühen Jäger und Sammler sich so verhalten wie die Menschen in Kouassi Kongokro noch heute? Also abgesehen vom Klopapier, versteht sich. Sie entnahmen – wenn überhaupt – Abputzmittel direkt der Natur. Blätter etwa. Wenn sie aber ihren Kot nicht mit Erde bedeckten, wie entgingen sie dann den damit verbundenen Gesundheitsrisiken? Verhinderte der häufige Wechsel der Lagerplätze Schlimmeres?

Hier breche ich die Reise in die ferne Vergangenheit kurzerhand ab und springe in den vor 10 000 beginnenden Zeitraum vor, als die Menschen an mehreren Orten der Welt sesshaft wurden und Ackerbau und Viehzucht aufkamen. Wenn es nach Günter Grass (1927–2015) ginge, erhellt sich ab jenem historischen Moment das Geschehen rund um die Erleichterung in schönster Weise. In seinem 1977 erschienenen Roman *Der Butt* liefert der Literaturnobelpreisträger im Kapitel »Den Kot beschauen« eine historische Rückschau, die wohl zu denken geben soll – und allemal gibt.

Zunächst gerät die schwangere Ilsebill in den Blick, die sich weigert, ihren Morgenkot zu beschauen, was dem zeitlich entgrenzten Ich-Erzähler wiederum als Anlass dient, aus der Menschheitsgeschichte zu erzählen:

»Denn soweit ich zurückdenke und hinter mich schaue: alle Köchinnen (in mir) haben ihren Kot und – wann immer ich zeitweilte – auch meinen beschaut. Immer stand ich unter Kontrolle. Zum Beispiel hat sich die dicke Gret als Äbtissin nicht nur die Nachttöpfe aller Novizinnen zeigen lassen; jeder Küchenjunge, der ihr zulief, mußte sich erst einmal durch gesunden Stuhlgang beweisen. [...] Im Neolithikum hingegen, als meine Urköchin Aua herrschte, war die Kotbeschau ein kultischer Vorgang. Wir jungsteinzeitlichen Menschen hatten ganz andere Gewohnheiten, nicht nur beim Essen. Das taten wir vereinzelt, der Horde abgewandt, wenn auch nicht schamhaft, so doch verinnerlicht stumm, ganz ins Kauen verloren und wie ohne Blick. Doch geschissen haben wir gemeinsam, im Kreis hockend, einander mit Zurufen ermunternd.

Nach dem Hordenschiß plauderten und tratschten wir fröhlich und kollektiv erleichtert, wobei wir uns unsere Endprodukte zeigten, anschaulich rückbezügliche Vergleiche anstellten oder jene Hartleibigen neckten, die noch immer vergeblich hockten. Überflüssig zu sagen, daß auch das beiläufige Furzen ein gesellschaftlicher Vorgang war. Was man heute Gestank nennt und kommißhaft mit Latrine und Donnerbalken verquickt – ›Es riecht nach kriechendem Heerwurm!‹ –, war uns natürlich, weil wir mit unserem Kot identisch waren: indem wir ihn rochen, rochen wir uns. Wir schieden ja keine Fremdkörper aus. Wenn uns Essen notwendig war und Geschmack brachte, konnte uns das Ausscheiden der verwerteten Nahrung nur Lust bringen. Dankbar, doch nicht ohne Wehmut sahen wir, was uns verließ. Deshalb folgte auch dem gemeinsamen Hordenschiß, zu dem wir uns übrigens täglich zweimal sammelten, nein versammeln mußten, ein kultischer Abgesang, die Danksagung, das Hosianna, der hymnische Nachruf.«[112]

Menschen liebten schon früh Rituale, daran lässt der Ich-Erzähler im *Butt* keinen Zweifel. Nun hat die Fantasie noch nie geschadet, wenn es darum geht, Wissenslücken nach allen Regeln der Kunst auszufüllen. Ich kann mir einige Skepsis allerdings nicht verkneifen, halte die von Günter Grass bzw. seinem entzeitlichten Ich-Erzähler fröhlich entwickelte »Hordenschiß«-Theorie für ein Märchen. Es könnte natürlich und quasi gattungsmäß ein Körnchen Wahrheit enthalten, aber das ist ein *weites Feld* ... Sehr zutreffend finde ich die erkenntnisgeschwängerte Zeile: »Wenn uns Essen notwendig war und Geschmack brachte, konnte uns das Ausscheiden der verwerteten Nahrung nur Lust bringen.« Das ist wahrlich ein Satz zum Weitersagen, oder? Allerdings kann das »natürliche Verhältnis« zu den Ergebnissen der Verdauung – auf alle Fälle im Hinblick auf die ferne Vergangenheit – gleichsam auch nach hinten losgehen. So heißt es im *Butt*:

»Unsere Priesterin Aua beschaute (weil Köchin der Horde) unseren mittlerweile erkalteten Kot, indem sie, ohne eine Rangfolge einzuführen, den Kreis abschritt und für jeden, auch für den kleinsten Scheißer, ein deutendes Wort fand; weshalb man in dieser menschlichen Verrichtung das Urdemokratische erkennen sollte. Keiner hockte erhöht. Wir waren ja alle ihre Kinder. Wer hartleibig erfolglos geblieben war, wurde ermahnt. Wer dennoch über Tage verstopft blieb, über den wurde Einzelschiß, wie er heute Sitte ist, als Strafe verhängt. Wem dennoch kein knotig verhärtetes Würstchen gelang, dem wurde Krötenlaich eingetrichtert: Aua führte als steinzeitlichen Löffel den kellenartigen Schulterblattknochen einer Elchkuh. Das half!

Was sich unsere humanistische Neuzeit (neben anderen Bestialitäten) als Strafe oder Folter für politische Täter ausgedacht hat – ertappte Volksfeinde müssen ihre eigene faschistische oder kommunistische, anarchistische oder gar liberale Scheiße fressen – , das wäre für uns nichts Erniedrigendes gewesen, weil unser Verhältnis zum Kot nicht nur kultisch, sondern auch sachlich war: In Hungerzeiten haben wir ihn gegessen, ohne Genuß, aber auch ohne Ekel. Einzig Kleinkinder haben noch dieses natürliche Verhältnis zu den Ergebnissen ihrer Verdauung und zum lustvollen Vorgang des Stoffwechsels, den die Erwachsenen wortreich umschrieben haben: Aamachen, Würstchenmachen, groß- oder kleinmachen.«[113]

Das in Notzeiten womöglich »sachliche« Verhältnis zum Kot und dessen Nutzung als Speise birgt nur dann kein gesundheitliches Problem, wenn ausschließlich die eigenen Fäzes – »ohne Genuss, aber auch ohne Ekel«? – verzehrt werden. So etwas wie eine auch nur rudimentär ausgewogene Ernährung liefern die eigenen Würste allerdings nicht – zum Überleben beim Ausbleiben jeglicher anderer Nahrungsbestandteile tragen sie nicht bei. Wissenschaftlich wird der Verzehr von Fäzes als *Koprophagie* bezeichnet. Von einem »natürlichen« Vorgang ist in der Medizin freilich zumeist nicht die Rede, eher von einer psychischen und neurologischen Störung. Zurück zum Ich-Erzähler im *Butt*:

»›Ihr Barbaren!‹ rief der Butt, als ich ihm, eher beiläufig, von unserer fürsorglich begutachteten Notdurft erzählte. ›Ferkelskram!‹ schimpfte er. ›Bei König Minos gibt es schon Wasserspülung.‹ Scham wollte er mir einreden. Und bald, nur zwei Jahrtausende später, schämte ich mich und schiß vereinzelt, wie jedermann nur noch für sich schiß. Vorträge hat mir der Butt gehalten über Kultur und Zivilisation. Ich folgte ihm, auch wenn ich nie recht begreifen konnte, ob die Individualisierung des Stuhlgangs Ergebnis eines kulturellen oder des zivilisatorischen Prozesses gewesen ist. Im Neolithikum jedenfalls, als wir nur den Hordenschiß kannten und unsere Aua zweimal täglich ihren vokalreichen Abgesang anstimmte, war uns Hygiene nicht fremd: Huflattichblätter, nie übertroffen.«[114]

Praktizierten die Mitteleuropäer bei der Sesshaftwerdung tatsächlich »nur« den »Hordenschiß«? Wohl eher nicht. Huflattichblätter erfreuten sich aber gewiss einiger Wertschätzung. Bleibt die Frage, wann der Prozess der »Individualisierung des Stuhlgangs« einsetzte. Günter Grass lässt seinen Erzähler ja vorsichtshalber darüber rätseln, ob die behauptete Individualisierung als »Ergebnis eines kulturellen oder des zivilisatorischen Prozesses« einzuschätzen ist. Worauf das Unterscheiden zwischen Kultur und Zivilisation hierzulande bei Dichtern und Denkern wie etwa Thomas Mann hinauslief, skizzierte der Literatur- und Medienwissenschaftler Jochen Hörisch unlängst kurz so: »Zivilisation: das ist gute Küche, elegante Garderobe, geistreiches Plaudern, Galanterie, eine Hauptstadt mit einer U-Bahn und Orientierung an ein paar Benimmregeln. Kultur: das ist Gefühls- und Geistestiefe, leidenschaftliche Hingabe an letzte Werte und letzte Fragen, Leiden an allem Oberflächlichen und Entfremdeten.«[115]

Zivilisation wird für viele Abgrenzungsversuche gegenüber dem umfassenderen Begriff *Kultur* gebraucht – zumal im Sinne einer verfeinerten Kultur. Insbesondere seit dem Erscheinen von Norbert Elias‹ Werk *Über den Prozeß der Zivilisation* (zuerst 1939) wird der zivilisatorische Prozess als der einer zunehmenden Affektbändigung von Menschen verstanden, und zwar einschließlich des »Vorrückens der Peinlichkeitsschwelle« zu Beginn der Neuzeit. Die Klärung der Frage, ab wann in der Menschheits- und zumal mitteleuropäischen Geschichte die »Individualisierung des Stuhlgangs« einsetzte und damit auch der Aufbau einer Peinlichkeitsschwelle, ist allerdings schon aufgrund der wenig ergiebigen schriftlichen Überlieferung alles andere als einfach. Ich gehe davon aus, dass die Peinlichkeitsschwelle schon weit vor der Neuzeit allzu schamlose Leute ins Stolpern brachte.

Die ersten anatomisch modernen Menschen bewanderten vor circa 44 000 Jahren das erste Mal Europa – nachweislich im Gebiet Österreichs. Begegnungen mit Neandertalern inbegriffen, die allerdings bald darauf ausstarben. Als vor rund 12 000 Jahren die letzte ausgedehnte Kaltzeit endete, wurden in Mitteleuropa die Lebensräume für Menschen und Tiere nach und nach größer, wobei die Warmzeit in der Folgezeit für gravierende Veränderungen in der Geografie sorgte – das Nord- und das Ostseebecken nahmen im Verlauf des sechsten Jahrtausends v. u. Z. ihre uns vertraute Gestalt an. Zugleich setzte auch in unseren Breitengraden die im Nahen Osten bereits mehrere tausend Jahre zuvor angestoßene Neolithische Revolution ein. Der Prähistoriker Hermann Parzinger verdeutlicht:

»Die Anfänge sesshaften Lebens in Mitteleuropa gehen mit produzierendem Wirtschaften und erster Keramikproduktion einher. Die planvolle Produktion von Nahrungsmitteln war einer der einschneidenden und zugleich folgenreichsten Entwicklungsschritte in der Menschheitsgeschichte. Die Züchtung von Kulturpflanzen (Getreide und Hülsenfrüchte), die Domestikation von Wildtieren (zunächst Schafe und Ziegen, etwas später Schweine und Rinder) sowie die Herstellung von Tongefäßen sind am frühesten im Nahen Osten nachgewiesen. Von dort aus hat sich dieses Wissen dann von Anatolien [...] bis nach Mitteleuropa verbreitet. [...] Die Wirkung dieser grundlegend veränderten Wirtschaftsweise auf die Struktur und Organisation der Siedelgemeinschaften ist radikaler nicht vorstellbar. Für das Überleben einer Dorfbevölkerung bedurfte es einerseits zwar erheblich kleinerer Nutzflächen für Ackerbau und Viehzucht – die Schweifgebiete der Jäger und Sammler im vorangehenden Mesolithikum waren weit größer –, andererseits waren nun aber mehr Arbeitskräfte nötig, um Ackerbau und Viehhaltung auch entsprechend effektiv betreiben zu können. Dies alles war nur möglich, wenn die Menschen nicht mehr in Abhängigkeit von der jeweiligen Jahreszeit an unterschiedlichen Orten lebten, sondern sich über längere Zeit an einem Platz niederließen. Dies muss zwangsläufig zu differenzierteren Formen des Zusammenlebens und zur Etablierung religiöser, sozialer, rechtlicher und politischer Normen geführt haben, die in ihrer Entwicklung den weiteren Werdegang komplexer menschlicher Gesellschaften kennzeichneten.«[116]

Und wie gestalteten die Menschen die Verrichtung ihrer Notdurft in den frühen mitteleuropäischen Siedlungen? So wie es der mit Mythen vertraute Günter Grass nahelegt – gemeinsam und »im Kreis hockend, einander mit Zurufen ermunternd«? Was weiß Hermann Parzinger in seinem 2014 erschienenen Standardwerk zu berichten? Der ausgewiesene Prähistoriker verliert darüber kein Sterbenswörtchen, vielleicht auch deshalb, weil die Forschungsergebnisse bis heute mehr als dünn sind. Sie sind das nicht zuletzt, weil die vor 7000 Jahren entstandenen frühen Siedlungen jeweils nur einige Jahrzehnte oder bestenfalls wenige Jahrhunderte bestanden. Warum die jungsteinzeitlichen Bauern sie wieder aufgaben und verließen, weiß bislang niemand. Immerhin mussten die Siedler für die Anlage neuer Wirtschaftsflächen mühsam Waldflächen roden und für ihre Unterkunft neue Hütten oder auch Langbauten errichten. Eine Gewohnheit aber behielten sie laut dem Biologen Hansjörg Küster bei:

»Die typische Lage der dörflichen Siedlungen, die man vor 7000 Jahren ›erfand‹, blieb im Prinzip über Jahrtausende hinweg bis zum heutigen Tag stets die gleiche: Dörfer liegen fast immer in einer Ökotopengrenzlage, am halben Hang der Talflanken, selten auf den trockenen Hochflächen zwischen den Tälern und am Talgrund. Die typische Lage von Dörfern und Einzelgehöften am halben Hang erwies sich als außerordentlich zweckmäßig. Unterhalb der Höfe weidete das Vieh, in der Nähe, am Bach, war die Viehtränke. Auf den trockeneren Böden rund um die Höfe wuchsen das Getreide und die anderen Kulturpflanzen. Wege und Straßen verbanden die bäuerlichen Siedlungen, indem sie ebenfalls am halben Hang entlang liefen.«[117]

Gab es in den frühen Siedlungen bereits ortsfeste Aborte? Gar als Latrine genutzte Gruben mit hölzernen Abdeckungen und womöglich gar Ästen und Stangen als Haltegriffe? Wissenschaftliche Anhaltspunkte dafür fehlen, und Holz hat die Eigenschaft, zu verrotten ... Dass zu jener Zeit die Defäkation in der Hockstellung vorgenommen wurde, ist ziemlich wahrscheinlich. Generell dürften beim Übergang zum sesshaften Leben und Arbeiten die menschlichen Exkremente weiterhin außerhalb der Häuser direkt an die Natur bzw. an die Misthaufen abgegeben worden sein – spätestens ab circa 3000 v. u. Z. kamen sie zusammen mit den tierischen Fäkalien als Dünger der Landwirtschaft zugute.

Die – bislang – frühesten mitteleuropäischen Anhaltspunkte für den Umgang der Menschen mit ihrer Notdurft stammen aus Hallstatt im österreichischen Salzkammergut. In der Archäologie ist der Ort vor allem durch Funde aus einem Gräberfeld der älteren Eisenzeit und in den seit dem 15. Jahrhundert v. u. Z. betriebenen Bergwerken berühmt. Salz war über viele Jahrtausende der wichtigste Rohstoff, um Nahrungsmittel zu konservieren; Salz machte all diejenigen reich, die es abbauen und damit handeln konnten. Nicht zuletzt die Kelten, die ab 800 v. u. Z. in Hallstatt über 300 Meter tief reichende Förderhallen in den Salzadern anlegten und damit den industriellen Bergbau begründeten. Die Arbeitsbedingungen unter Tage waren hart, selbst Kleinkinder mussten wohl mit anpacken. Kleiderläuse gehörten ebenso zu den Plagegeistern wie etwa Darmparasiten, die wohl so manchem Bergarbeiter schmerzhafte Bauchkrämpfe bereiteten.

Zu den wertvollen Funden in Hallstatt gehören auch menschliche Exkremente, die Archäologen in einigen Abbauhallen entdeckten. Die organischen »Überlieferungen« ermöglichen Rückschlüsse auf die Ernährung und den Gesundheitszustand der Kelten. Fest steht, dass sie Getreide, Sammelobst, Früchte und Fleisch verzehrten. Ihr Essen bestand wohl zumeist aus einem Brei aus Gerste, Hirse, Saubohnen und schwartenreichen Fleischteilen. Wohlgemerkt, kein Armeleutegericht – ausgemergelte Gestalten dürften die Bergleute nicht gewesen sein. Hölzerne Kochlöffel und andere im Bergwerk gefundene Utensilien belegen, dass die Bergleute ihre Mahlzeiten unter Tage zubereiteten, um sich unnötige Wege zu ersparen. Und wohin mit den Verdauungsresten? Die von ihnen hinterlassenen Fäzes-Haufen »berichten«, dass sie auch ihre Notdurft mehrere hundert Meter unter der Erdoberfläche erledigten. Da die Exkremente an fast allen zugänglichen Stellen des eisenzeitlichen Betriebsabfalls aufgefunden worden sind, scheinen spezielle Abortanlagen nicht vorhanden gewesen sein. (In den Stollen der Bergwerke des Ruhrgebiets standen im letzten und vorletzten Jahrhundert unscheinbare Tonnen mit einem Stapel Zeitungspapier, die als einfache Aborte unter Tage dienten. Die »wilde« Erleichterung der Notdurft im Tunnelsystem war aus hygienischen Gründen verboten. Für die Entleerung waren sogenannte *Scheißkübelmajore* zuständig.)

Ob die unter Tage schuftenden Hallstätter Kinder, Frauen und Männer bei der Notdurft ein gewisses Schamverhalten praktizierten, sich etwa in den größeren Abbauhallen zumindest in Winkel verdrückten – wer weiß. Bemerkenswert sind die zahlreichen im Betriebsabfall aufgefundenen, vom Salz konservierten Pestwurzblätter, von denen viele mit Baststreifen zu Bündeln zusammengebunden sind. Da an ihnen Spuren menschlicher Exkremente nachgewiesen werden konnten, liegt nahe, wofür sie auch benutzt wurden. Der bayerische Volksmund weiß, wovon die Rede ist: Arschwurzen.

Vor 2600 und mehr Jahren gab es keine Lebensmittel- und Körperhygiene im heutigen Sinne. So befielen immer wieder Parasiten die Därme der Menschen. Forscher haben in den Hallstätter menschlichen Exkrementen Bandwurmeier, die den Verzehr von rohem Fleisch belegen, sowie Peitschen- und Spulwürmer entdeckt.[118] Die Befallsraten müssen zu jener Zeit hoch gewesen sein – immerhin mindert die antiseptische Wirkung der Pestwurzblätter Wundschmerzen, und das tat damals hoffentlich dem strapazierten After der Bergleute wohltuend gut.

Als die Hallstätter Bergwerke angelegt wurden, setzte im Vorderen Orient um 1220 v. u. Z. der Exodus der Juden aus Ägypten ein. Zu dem Wissen, das sie »mitnahmen«, gehörten auch ägyptische Reinlichkeitsvorschriften. Im 5. *Buch Mose* (23,13) heißt es u. a. – je nach gewählter Bibelausgabe etwas abgewandelt: »Und du sollst draußen vor dem Lager einen Platz haben, wohin du zur Notdurft hinausgehst. Und du sollst eine Schaufel haben, und wenn du dich draußen setzen willst, sollst du damit graben, und wenn du gesessen hast, sollst du zuscharren, was von dir gegangen ist.«[119] Die Befolgung dieses Gebots dürfte schon deshalb im – faktisch auch seuchenverhütenden – Interesse der zeitgenössischen Menschen gewesen sein, weil sie von ungeheuren Fliegenplagen heimgesucht wurden. Hygienische Praktiken des Orients sind nicht Thema dieses Buchs; nur so viel zu den jüdischen bis zur Zerstörung Jerusalems: Beim Niederhocken sollten die Juden sich mit ihren langen Gewändern »bedecken«, damit ihre nackten Körperteile verhüllt blieben. In Jerusalem selbst wurden frühzeitig öffentlich zugängliche Abtritte angelegt, wobei eine Weisung ausdrücklich untersagte, in einer Stadt zu wohnen, in der kein Abort vorhanden sei.

Die ersten handfesteren Berichte über die Mitteleuropäer entstanden, als sie gleichsam unter das Brennglas der römischen Kaiser und Gelehrten gerieten. Unsere Vorfahren wurden von ihnen *Germanen* genannt – sie selbst bezeichneten sich nicht so, jedenfalls pflegten sie keine Schriftsprache. Das Imperium Romanum hatte zu Beginn des ersten Jahrhunderts unserer Zeit gewaltige Ausmaße angenommen. Die Grenze zu *Germania Magna* bildete die mit Kastellen und Wachtürmen gut ausgebaute Rhein-Limes-Donau-Linie. Im rheinischen Gebiet und entlang der Donau herrschte die römische Militär- und Zivilverwaltung, es gab eine auf der Sklaverei beruhende voll entwickelte Warenproduktion, Privateigentum und regen Handel, in den planvoll angelegten Städten bereicherten nicht zuletzt zahlreiche Thermen und Latrinen das Leben der Oberschichten.[120] Dann setzte ab der Mitte des dritten Jahrhunderts die irreführend so genannte *Völkerwanderung* ein, bei der die historischen Akteure faktisch gar nicht so viel wanderten und die *Völker* realiter Stammesgruppen waren.[121] Die Ruhr war jedenfalls entschieden mit von der Partie. Der Historiker Prokopios von Caesarea (ca. 500–562) berichtet, das Frankenheer habe in Italien ein Drittel seines Bestands durch tödliche Durchfälle verloren. Und 571 trat im Frankenreich, wie ein Bericht von Bischof Gregor von Tours (ca. 538–594) andeutet, eine so heftige Ruhr auf, dass zehn und mehr Tote in einem Grab bestattet werden mussten.[122]

Zu den vielen, nicht zuletzt innenpolitischen Ursachen, die im Jahr 476 den Untergang des Weströmischen Reiches heraufbeschworen, als rebellierende germanische Hilfstruppen Kaiser Romulus Augustus stürzten, gehörte sicherlich die hohe sozioökonomische Anziehungskraft des Imperiums, an dessen Reichtum die »Barbaren« teilhaben wollten. Von den vielen Nachfolgereichen, die ab dem 5. Jahrhundert entstanden, blieb nur das der fränkischen Karolinger bestehen. Es umfasste zu Zeiten Karls des Großen (747/48–814) das heutige Frankreich, Norditalien und die deutschen Gebiete bis zur Elbe. Als starke Stütze erwies sich die päpstliche Kirche, die durch Schenkungen von Königtum und Adel zum größten Grundbesitzer avancierte.

Nachdem 476 das Weströmische Reich kollabiert war, daran will zum Beispiel Katherine Ashenburg in ihrer 2009 publizierten Geschichte der Hygiene keinen Zweifel aufkommen lassen, ging es diesbezüglich steil bergab, ließen sich die Europäer bis ins 20. Jahrhundert Zeit, um die antiken Standards wieder einzuholen. Laut der kanadischen Wissenschaftlerin waren dafür vor allem zwei Faktoren verantwortlich: die »Primitivität« der nach Süden drängenden »Germanen«, die das komplexe römische Wasserleitungs- und Kanalsystem nicht instand halten konnten, und der Aufstieg des Christentums.[123] Trifft sie den Kern? In der Tat stand das frühe Christentum der Körperpflege sehr reserviert gegenüber. Vor allem das Händewaschen vor dem Essen wurde als jüdische Sitte abgelehnt. Was das angesichts des noch bis weit ins 17. Jahrhundert üblichen Essens mit den Fingern, mit denen alle Speisenden in den Töpfen herumfischten, für kontaminierende Folgen zeitigen musste, liegt wahrlich auf der Hand. Nichtwissen schützt vor Infektionen nicht.

Nun waren auch die hygienischen antiken Standards – etwa im Hinblick auf das Händewaschen zur Vermeidung von Infektionsgefahren – keineswegs effektiv. Das allgemeine Volk einschließlich der Sklaven und Legionäre litt entsprechend heftig unter Darmerkrankungen. Und wie stand es um die nach wie vor als vorbildlich gewerteten wassergespülten Latrinen- und Prachtlatrinen? Daniel Furrer etwa statuiert in seiner *Kulturgeschichte des stillen Örtchens* (von 2004; hier stellvertretend für zumeist ähnlich formulierte Befunde): »Mit dem Untergang des römischen Reiches im 5. Jahrhundert gingen viele zivilisatorische Errungenschaften verloren. Dies zeigt sich nachdrücklich auch in Bezug auf den hohen technischen Standard, den die Römer gekannt hatten: Toiletten mit Wasserspülung waren im Mittelalter die große Ausnahme. Es war in den mittelalterlichen Klöstern, wo sich die fortschrittlichste

Toilettentechnik finden ließ und die Wasserkraft für hygienische Zwecke genutzt wurde.«[124]

Ich kann diese in vielen Varianten popularisierte Behauptung, der antike »hohe technische Standard« der »Toiletten mit Wasserspülung« wäre eine »zivilisatorische Errungenschaft« gewesen, nicht teilen. Der tatsächliche zivilisatorische Durchbruch für den Umgang mit menschlichen Stoffwechselprodukten erfolgte wirksam erst durch die Begründung der bakteriologischen und hygienischen Forschung im 19. Jahrhundert. Der berühmte gemauerte römische Sammelkanal *Cloaca maxima* etwa führte ungeklärt in den stark verschmutzten Tiber, in den zudem die vielen Kloaken der Millionenstadt einmündeten. Da bei Hochwasser die von Seuchenerregern besiedelten Kloakeninhalte auch noch zurückgestaut wurden und die nur mit einem geringen Gefälle versehenen Kanäle sehr schnell verschlammten, hatten infektiöse Darmkrankheiten wie Ruhr, Typhus und Cholera leichtes Spiel – auch deshalb galt während des Römischen Kaiserreichs insbesondere der Sommeraufenthalt in Rom als gesundheitsschädlich. Zudem wird von Zeitzeugen immer wieder der üble Gestank in den ärmlich ausgestatteten, vielstöckigen Mietshäusern und in den Gassen moniert. Der Archäologe Richard Neudecker brachte 1994 die damaligen Umstände in seiner vielgewürdigen Studie über die römischen Latrinen treffend so auf den Punkt:

»Die negativen Auswirkungen kloakenverseuchter Gewässer und übelriechender Straßen waren Medizinern wie Bauträgern wohlbekannt, ohne daß daraus Eingriffe in die individuelle Sphäre der Unratproduktion erfolgt wären. Denn nicht auf hygienischen Begründungen beruhte die Ablehnung von üblem Geruch und Anblick der Fäkalien, sondern auf der sinnlichen Belästigung.«[125]

Fäzes sind – anders als Urin – seit jeher Hauptträger von Krankheitskeimen. Sie stellten bis zum Aufkommen wissenschaftlich fundierter seuchenhygienischer Erkenntnisse eine große Gefahr für das menschliche Wohlergehen dar. Als eine zivilisatorische Errungenschaft können wassergespülte Aborte erst ab jenem historischen Zeitraum gewertet werden, als dem massiven Ausbau zentral organisierter (Stadt-)Entwässerungskanalisationen die entscheidende Ergänzung folgte: Klärwerke für die grobe und biologische Abwasserreinigung, die den Schutz vor Epidemien und Umweltverschmutzung ermöglichen. Die Projektion und der Bau von Klärwerken erfolgten hierzulande ab den 1880er Jahren.

Wasserspülung allein bewirkt keinen Fortschritt, und die Selbstreinigungskräfte fließender Gewässer sind begrenzt. Ohne das Wissen, wie ein gesundheits- und umweltgefährdender Umgang mit Wasser und Abwasser vermieden werden kann, ist nichts gewonnen. Bis Ende des 19. Jahrhunderts war dieses Wissen im europäischen Raum in ausreichender und gesellschaftlich wirkmächtiger Form nicht gegeben, und im großen Römischen Kaiserreich der Antike auch nicht. Um das Jahr 100 wiesen neben der Millionenmetropole am Tiber mehrere Städte zwischen 600 000 und 120 000 Einwohner auf: Alexandria, Antiochia, Karthago, Korinth, Ephesos und Athen. Auf sie alle trifft zu, dass die meisten Bewohner dichtgedrängt unter Bedingungen lebten, bei denen keine sichere Trennung zwischen Ernährung und Ausscheidung möglich war, zum Tode führende Durchfallerkrankungen die Menschen peinigten.

Schon über das in den peloponnesischen Krieg verstrickte Athen der Zeit um 400 v. u. Z liegen Berichte über die unzulängliche Abfallentsorgung, die Fliegenplage und die Grundwasserverseuchung vor. Der Mediziner H. R. Brodt unterstreicht in einem Standardwerk: »Die Praxis der Stuhlentleerung auf offener Straße, der Bau von Stallungen mit Dunggruben in den Häusern, das Essen mit den Händen ohne Kenntnis von Seife und Gabel sowie das Verwahren von Goldmünzen im Mund (Backentasche) konnte nur dazu führen, dass die ›Krankheit der schmutzigen Hände‹ eine ständige Bedrohung in der Polis darstellte. Dies war im vorchristlichen Rom mit seinen bis zu 12 Stockwerken hoch reichenden Mietskasernen auch nicht anders [...]. Vermutlich spielten auch bei den zahlreichen Kriegszügen der Römer infektiöse Darmerkrankungen eine wesentliche Rolle, jedoch kann aus den bekannten Schilderungen nur selten die Art der Erkrankung ermittelt werden.«[126]

Nun ist eine ausreichend fundierte Retrodiagnose bei den bereits in der Antike auftretenden infektiösen Darmerkrankungen Cholera, Ruhr und Typhus zwar nur eingeschränkt möglich; unter den wenigen bis heute ermittelten Angaben finden sich aber zumal in den hippokratischen Werken diverse Hinweise, die auf ein häufiges Vorkommen in der Antike schließen lassen. Ein Wanderarzt, der ab 434 v. Chr. in Thasos wirkte, erwähnt bereits mit »Afterzwang und häufigen dünnen, rohen und beißenden Ausleerungen« verbundene Leiden.[127]

Was eine zivilisatorische Errungenschaft im Umgang mit menschlichen Ausscheidungsstoffen zumindest befriedigend auszeichnet, ergibt sich zum Beispiel aus den gesetzlich vorgeschriebenen Regelungen für Grundstückskleinkläranlagen in deutschen Gegenden, die keine Kanalanschlüsse aufweisen. Grundsätzlich gilt für ihre Inbetriebnahme, dass sie außerhalb von Trinkwasserschutzgebieten liegen und dass eine wasserrechtliche Erlaubnis von der zuständigen Behörde vorliegt. Zulässig sind nur Anlagen mit Abwasserbelüftung, die der biologischen Behandlung häuslichen Schmutzwassers dienen: Tropf- und Tauchkörperanlagen, Pflanzenbeet-, Fest- oder Schwebebettanlagen. Alternativ können abflusslose Sammelgruben dienen, deren Inhalt von Abpumpdienstleistern zu Kläranlagen abgefahren werden kann.

Wer, so möchte ich hinzufügen, will im Lichte der heutigen wissenschaftlichen Kenntnisse noch ernsthaft behaupten, die gegenwärtig mit knapp einem Drittel des doch so kostbaren Trinkwassers gespülten WCs und Abwasserkanalanlagen gewaltigen Ausmaßes seien ein uneinholbarer Fortschritt? Die Betreiber heutiger Klärwerke wären vielleicht sogar erfreut, wenn die Abwässer frei von den Stickstoff- und Phosphatfrachten aus Urin und Fäzes wären, weil ihnen die Klärschlammprobleme längst über den Kopf wachsen. Allein die Trennung von fäkalienfreiem Wasser (Grauwasser) und konzentriert fäkalienhaltigem Wasser (Schwarzwasser) dürfte für die auf Phosphat als Hauptpflanzennährstoff angewiesene Düngerproduktion ein Segen sein, denn die Phosphatlagerstätten sind weltweit bereits zu einem Großteil ausgebeutet.

Es gibt inzwischen weit gediehene Forschungsvorhaben, die Sanitärlösungen ohne Wasser zur Reife zu bringen. Die zurzeit etwa in den Pissoirs von Autobahnraststätten vorfindbaren wasserlosen Urinale oder auch die in ökologisch ausgerichteten Siedlungsanlagen installierten Trocken- bzw. Komposttoilettensysteme sind vielleicht noch nicht das absolute Maß toilettenkultureller Dinge.[128] Laut dem Experten Wolfgang Berger ist eine hygienisch einwandfreie Aufbereitung menschlicher Ausscheidungen technisch und verfahrenstechnisch jedoch längst kein Problem mehr, und auch die Forderung, dass »der Betrieb absolut geruchfrei erfolgt und die Toiletten heutigen Komfort- und Hygieneanforderungen entsprechen« ist inzwischen erfüllt. Kurz: »Bis auf eine geringe Menge Wasser zur gelegentlichen Reinigung der Toilette wird kein Wasser verbraucht, Schwarzwasser entfällt, so dass eine Grauwasserreinigung ermöglicht wird, und die in den Fäzes und im Urin enthaltenen Nährstoffe bleiben weitgehend erhalten.«[129]

Nicht nur im Hinblick auf die Zustände in den vielen von Wassernöten geprägten Ländern Afrikas und Asiens, die auf alternative Sanitärtechnologien angewiesen sind – verunreinigtes Trinkwasser als Folge nicht vorhandener oder unzureichender Toiletten kostet weltweit jährlich circa fünf Millionen Menschen das Leben

–, ist die WC-Schwemmkanalisation-Kombination alles andere als zukunftsweisend. Eine exzellente alternative Trockenlösung stellt die Sanitäranlage im Hamburger Hauptbahnhof dar. Sie wird in einem weltweit – noch – einzigartigen System der Kreislaufwirtschaft betrieben und produziert aus den Hinterlassenschaften von jährlich rund 200 000 Notdurftbedürftigen Dünger und fruchtbare Schwarzerde. Und nicht nur das, sie filtert sogar die medikamentösen Wirkstoffe aus den menschlichen Nährstoffen aus, was herkömmliche Kläranlagen nicht leisten.[130]

Nachdem in Mitteleuropa ab dem 11. Jahrhundert die Städtebildung eingesetzt hatte, zog mit den sogenannten Ackerbürgern und ihren Tieren die im antiken Rom übliche »sinnliche Belästigung« in die von Befestigungsanlagen umringten Ortschaften ein. Das immer dichter werdende Nebeneinanderleben von Mensch und Tier in den engen Gassen zog zunehmend vielfältigere Geruchsbildungen und Abfallentsorgungsprobleme nach sich. Immerhin, der Urin wurde von vielen Bewohnern in Fässern gesammelt und an die Gerber verkauft, die ihn für das Enthaaren der Tierhäute benötigten. Die dabei entstehende übel riechende Brühe wurde dann freilich einfach in Gräben, Bäche und Flüsse abgeleitet ... Die in Gruben bzw. Fäkalienkästen gesammelten menschlichen Ausscheidungen fanden zumeist Wiederverwendung auf den Feldern außerhalb der Stadtmauern, wo sie spätestens seit dem 12. Jahrhundert als Dünger dienten. Als ab der Frühen Neuzeit die Städte allmählich aus den Nähten platzten, nahm die Verunreinigung der Quellen, Brunnen und Flüsse durch menschliche Fäkalien wie auch durch die Abfälle der »stinkenden Handwerke« – Abdecker, Färber, Gerber, Schlachter und Talgschmelzer – extrem zu. Um 1700 hatten Hamburg rund 70 000, Gent 52 000, Köln 39 000 und Nürnberg 35 000 Einwohner; in Wien waren es schon mehr als 110 000 Einwohner.

Dennoch, trotz des Wachstums der Städte lebte die Masse der Menschen bis ins 19. Jahrhundert hinein auf dem Land bzw. in agrarisch geprägten Ortschaften. Im Mittelalter waren das gut neun Zehntel, in der Frühen Neuzeit immer noch knapp acht Zehntel der Bevölkerung. Die Entsorgung der Fäkalien war für die meisten dieser Vorfahren rein organisatorisch kein Problem, weil sie die Misthaufen damit beschicken konnten. Bis zum Aufkommen des Kunstdüngers ließ die Landbevölkerung, die jeden Ernteertrag dem Boden in mühsamer Handarbeit abringen musste, gleichsam kein Gramm von Exkrementen aller Art verkommen. (Pferdeäpfel waren auch als Heizmaterial willkommen.) Übrigens forderte schon das zwischen 1220 bis 1235 von Eike von Repgow verfasste Rechtsbuch *Sachsenspiegel*: »Backofen, Abtritt und Schweinekoben müssen mindestens drei Fuß von dem Grenzzaun entfernt stehen.«[131]

Nur zur Erinnerung: Die Agrargesellschaften des Mittelalters und der Frühen Neuzeit wiesen eine hohe Sterblichkeit auf. So starb die Hälfte aller Neugeborenen in den ersten Lebensjahren, betrug die durchschnittliche Lebenserwartung maximal vierzig Jahre. Seuchen, aber immer wieder auch Kriege forderten erbarmungslos Opfer. Die Pest erreichte ab 1346 Europa. Schon im Laufe des 14. Jahrhunderts riss sie wohl mehr als dreißig Millionen Menschen in den »schwarzen Tod«. Zudem litten zwischen 1000 und 1885 allein die Westeuropäer unter mindestens 450 heftigen Hungersnöten. Nicht zu vergessen der von Seuchen – der Pest, aber vor allem auch Typhus und Ruhr – begleitete Dreißigjährige Krieg (1618–48). Durch ihn verlor Mitteleuropa ein gutes Drittel der zeitgenössischen Bevölkerung.

Die bereits im Römischen Imperium der Kaiserzeit erlassenen Regelungen zur Reinhaltung der Straßen und Plätzen von Abfällen (»Cacator cave malum! Aut si contempseris, habeas Jovem iratum!«[III]) wurden ab dem frühen Mittelalter auch in unseren Breitengraden munter fortgeschrieben. Selbst an Regelungen für die Entsorgung des Schmutzwassers aus den Abtritten fehlte es auf dem in dieser Hinsicht sehr geduldigen Papier nicht. In Nürnberg zum Beispiel gab es im 15. Jahrhundert die Vorschrift: »Und niemand soll kein unflat in hafen oder in andern Dingen an die Straß werfen.« Insbesondere der Fischbach vor der Stadt sollte von Fäkalien freigehalten werden. Zuwiderhandlungen waren mit hohen Geldstrafen belegt.[132] In der *Zucht- und Polizey-Ordnung* der Stadt Lauringen an der Donau zum Beispiel heißt es 1555: »Damit der hochbeschwerliche Gestank in der Stadt abgestellt werde, will ein ehrbarer Rat, daß alle Bürger, die eigene Häuser haben, ihre Heimlichkeiten, so auf die Gasse laufen, bis zu Weihnachten bei Vermeidung ernstlicher Strafe untergraben.« Neben der mit »untergraben« ausgedrückten Forderung, überdeckte Rinnen anzulegen und sie zu »gebührlicher Zeit« auszukratzen, fehlte auch nicht die Auflage, den »Unrat« herumfahrenden Karren mitzugeben, damit der Gestank, der »von privéts und heimlichen gemachen« käme, unterdrückt würde.[133]

Die engen und recht lichtlosen Gassen der mittelalterlichen Städte waren insbesondere nach Regenfällen wenig einladend. Denn die sogenannten Ackerbürger hielten an ihren traditionellen landwirtschaftlichen Lebensformen fest. Das Halten von Groß- und Kleinvieh in Ställen innerhalb der Stadtmauern sorgt für ein stetes Verdrecken der überwiegend unbefestigten Straßen, schließlich trieben die Stadthirten die Schweine-, Rinder- und Schafherden täglich morgens durch die Gassen auf die Allmende vor dem Stadttor und abends wieder hinein. Zur wahren Stadtplage avancierten die frei herumlaufenden und im Dreck wühlenden

---

III Zu gut Deutsch: »Kacker, hüte Dich, beim Zorne Jupiters!« So lautet die viel zitierte Wandinschrift in Pompeji, die die Bürger davor warnte, auf die Straße zu defäkieren

Schweine. Zwar verboten etwa die Nürnberger Stadtoberen bereits 1490 das Halten von mehr als zehn Schweinen in der Stadt, wirksam aber wurde die Regelung nur bedingt. Selbst als 1641 ein totales Verbot erfolgte, hielten sich so einige Bürger nicht daran, was immer neue Ermahnungen nach sich zog. Die Gepflogenheit der Städter, die an ihren Häusern gelegenen Gassenabschnitte bis zur Hälfte ihrer Breite mit Werkstätten und Tierställen zu bestücken und beachtlich hohe Düngerhaufen anzulegen, blieb hygienisch nicht ohne Folgen. Fliegen- und Flohplagen sowie die ungehemmte Vermehrung der Ratten, deren ursächliche Bedeutung für die Pestepidemien nicht bekannt war, wurden zu einer lästigen, freilich auch wohl oder übel hingenommenen alltäglichen Begleiterscheinung.

Die anfallende Menge des Unrats aller Art und dessen Beseitigung erwies sich bereits im Laufe des Mittelalters als bald kaum mehr beherrschbares Problem. Die Versorgung der Städter mit einwandfreiem Wasser ebenso, weshalb Leichtbiere und Wein als Kaltgetränke nicht nur beliebt waren, sondern schlicht das Überleben sicherten. Soweit die Flüsse das notwendige Trink- und Kochwasser lieferten, wurden zwar unermüdlich Regeln erlassen, keine toten Tiere hineinzuwerfen, auch sollten die Gerber keine Häute in ihnen waschen und die Färber keine Farbmittel hineingießen. Viel bewirkten sie offenbar nicht. Auch die mit dem kostbaren Nass aufwartenden öffentlichen und privaten Brunnen konnten trotz hoher Strafandrohungen nicht ausreichend gegen Verunreinigungen durch defekte Abortgruben und allzu sorglosen Umgang mit der Jauche geschützt werden. Warum die im Lauf der Jahrhunderte stets weiter anschwellende Flut von Vorschriften und Strafandrohungen wenig bewirkte, möchte ich verkürzt so formulieren: Der Umgang mit Abfall und Fäkalien war Privatsache, und schon deshalb blieben die vielfältigen Ansätze zu einer Art behördlich geregelten Sozialhygiene bis ins späte 19. Jahrhundert hinein relativ wirkungslos. Zudem mussten sie ohnehin verpuffen, weil die eigentlichen Ursachen für die epidemischen Seuchenausbrüche nicht bekannt waren.

Wasser reinigt? Wie gesundheitsgefährdend die Art der Fäkalienbeseitigung und der überwiegend aus Ziehbrunnen bezogenen Trinkwasserversorgung zweifellos waren und bis ins 19. Jahrhundert blieben, zeigt schon die bevorzugte Anlage der Aborterker bzw. Schwalbennester und Lauben über fließenden Gewässern, um die Exkremente schnell aus Augen und Sinn zu bekommen. In dieser Hinsicht verhielten sich unsere Vorfahren genauso, wie wohl die meisten Nutzer von WCs heute auch. Allerdings zeitigten die ungeklärt ins Wasser fallenden Exkremente alles andere als gesundheitsförderliche Folgen. So beklagte noch 1801 ein Hamburger Arzt: »Wer an einem Fleet wohnt, darf es ungescheut zum Rezipienten seiner thierischen Ausleerungen machen, und das thut auch ein jeder. Außerdem werden noch an den Brücken in jeder Nacht eine Menge von Nachteimern ausgeleert und noch dazu in einer solchen Sorglosigkeit, daß ein großer Theil ihres ekelhaften Inhaltes auf der Brücke selbst liegenbleibt. Dagegen ist es verboten, todte Hunde, Steine, Kehricht, Mist und andere Dinge hineinzuwerfen, und besonders dazu besoldete Schauer oder Fleetkiker haben den Auftrag, darüber zu wachen. Allein unsere Gesetzgeber haben hierbei mehr die Erhaltung der Schiffbarkeit der Fleete und des Havens als die Gesundheit der Einwohner vor Augen gehabt.«[134]

Der Mikrobiologe und bedeutende Seuchenhistoriker Stefan Winkle (1911–2006) erhellt ergänzend: »In Hamburg wurde bis um 1845 das Wasser nicht nur zum Kochen, sondern auch zum Bierbrauen ganz allgemein aus den Fleeten entnommen, in die man Abgänge verschiedenster Art einleitete. Spöttelnd pflegte man darauf hinzuweisen, daß das im Mittelalter so berühmte Hamburger Bier, welches zu den begehrtesten Ausfuhrartikeln der Hanse gehörte, seinen ›unnachahmlichen Wohlgeschmack‹ einst direkt der ›spezifischen Beschaffenheit des Fleetewassers‹ zu verdanken hatte.«[135]

Die Bürgerinnen und Bürger der Städte hatten es nicht leicht. Insbesondere stanken den gut Betuchten die zwischen den Häuserreihen verlaufenden, bis zu drei Meter breiten Entwässerungszüge »pestilenzialisch«. Die sogenannten Ehgräben, Reulen oder Reihen sollten die Fracht aus den Abtrittserkern auffangen und wegleiten. Ein noch gravierenderes Problem stellten die mit den Aborten und Gräben verbundenen, teils bis zu acht Meter tiefen Fäkalienkästen, Schling- oder Schwindgruben dar. Zum einen, weil die zumeist hölzernen Gebilde im Laufe der Zeit undicht wurden, zum anderen, weil ihre Entleerung schon der Kosten wegen möglichst auf den Sankt- Nimmerleins-Tag verschoben wurde. Nürnbergs Baumeister Endres Tucher (1423–1507), der im Spätmittelalter ein in vielerlei Hinsicht aufschlussreiches *Baumeisterbuch* führte, berichtet:

»Item adi 8 jener [1508] hab ich mein haimlich gemach im Hinterhaus fürmen [= ausschöpfen] lass den Laurencz Claubenpulch und Ulrich Fleiszman, die haben ein nacht und nit uber 10 stundt daran gearbeitt und des czu grundt geräumpt; ist zunächst hiervor im 99 jar [1499] adi 7 marczo gefürmpt worden; also hab ich [...] geben [...] alles facit 20 pfund. So ist die grub 13 schuch tieff, 9 schuch [Schuh] lanck und 8 schuch praitt.«[136]

Tuchers Senkgrube war (umgerechnet vom Nürnberger Maß »Schuh«) 2,75 Meter lang, 2,45 Meter breit und vier Meter tief. Ihre nächste Leerung erfolgte dann erst wieder im Oktober 1517 – selbst begüterte Leute ließen ihre ohnehin undichten Gruben folglich nur in großen Zeitabständen räumen. Schon aus Geruchsgründen erfolgte die Abfuhr zumeist in der kalten Jahreszeit, wobei so mancher »Heymlichkeitsfeger« bei der langwierigen Arbeit ums Leben kam – entweder in den Fäulnisgasen erstickte oder in der Fäkalienbrühe ertrank. Dass ihre qualvolle Arbeit der Umwelt nützte, lässt sich nicht behaupten. Nicht selten landete die Fäkalfracht im nächstgelegenen fließenden Gewässer. Wie der legendäre Nürnberger Baumeister Tucher hielt es in der Neuzeit zumal Johann Caspar Goethe, der Vater des literarischen Titanen. Aus seiner *Nachricht und Beschreibung von dem Privat-Gewölbe unter unserem Hoff im Hauss auf dem Hirschgraben* von 1773 geht hervor, dass die Abortgrube die ganze Länge des Hofes einnahm und erst nach vierzig Jahren eine »Haupt-Säuber- und Reinigung« erhielt. »In Kenntnis dieser Tatsache«, verdeutlicht Stefan Winkle, »kann man sich über die hohe Kindersterblichkeit in der Familie des ›Herrn Rath‹ kaum noch wundern. Von sechs Kindern, die alle wohlbeschaffen zur Welt kamen, blieben nur zwei am Leben: der Dichter und seine Schwester Cornelia. Es starben an fieberhaften Erkrankungen (wahrscheinlich Typhus): 1756 Katharine Elisabeth (2 Jahre alt), 1759 Johann Maria (3 Jahre alt), 1759 Hermann Jacob (7 Jahre alt) und 1761 Georg Adolph (1 Jahr alt). Die natürliche Folge der zahllosen Sickergruben war eine ungeheure Verseuchung des Grund- und Trinkwassers. Dies wirkte sich besonders deshalb so verhängnisvoll aus, weil man mit Rücksicht auf langandauernde Belagerungen und die Unmöglichkeit, eine Stadt ohne hinreichend Wasser überhaupt verteidigen zu können, die Grundwasserbrunnen vor den Quellwasseranlagen unbedingt bevorzugte.«[137]

Stefan Winkle lässt in seiner voluminösen *Kulturgeschichte der Seuchen* (2000) keinen Aspekt der von ihm als *Geißeln der Menschheit* bezeichneten Massenerkrankungen aus. Sie werden, wie wir heute wissen, durch lebende Organismen wie Bakterien, Viren und Pilze ausgelöst. Manche Infektionskrankheiten benötigen als Überträger Ratten, Mäuse, Flöhe, Läuse, (Stech)-Fliegen und andere Insekten mehr. Andere werden von Mensch zu Mensch durch Verletzungen und nicht zuletzt auf fäkal-oralem Weg übertragen. Am Beispiel der Epidemien Ruhr und Typhus – übrigens lange auch quälende Begleiter der Soldaten im Felde – möchte ich das kurz verdeutlichen, denn wie sagt nicht die Volksweisheit: Den Typhus oder die Ruhr isst oder trinkt man. Neuinfektionen entstanden durch fäkale Kontamination bzw. über infizierte Lebensmittel und Getränke, vor allem Wasser. Die Fliegen spielten eine erhebliche Rolle als Kotverschlepper, die sogenannte Schmierinfektion durch schmutzige Hände nicht minder. Da Typhuserreger oft noch nach der Genesung mit dem Stuhl ausgeschieden werden, erwiesen sich die Betroffenen zudem als Dauerausscheider, die als wandernde Infektionsquellen zur Verbreitung der Seuche erheblich beitrugen. Übrigens auch auf dem Land, wo die Bauern die Ausscheidungen der Erkrankten auf ihren von Fliegen hochgeschätzten Dunghaufen auskippten ...

Wie peinigend die Ruhr für die Betroffenen gewesen sein muss, verdeutlicht Winkle nüchtern medizinisch so: »Bei der bakteriellen Ruhr kommt es nach einer Inkubationszeit von 1 bis 7 Tagen infolge einer Entzündung der Dickdarmschleimhaut zu akuten Durchfällen, Koliken und unstillbarem, schmerzhaften Stuhlzwang. Unter starken Tenesmen [schmerzhaften Stuhlgängen] erfolgen innerhalb von vierundzwanzig Stunden 6 bis 50 und noch mehr immer geringer werdende, schleimig-blutige Stuhlentleerungen. [...] Je nach dem Aussehen der Stühle infolge Beimengung von Schleim oder Blut unterschied man früher die weiße und rote Ruhr. Die akute Ruhr klingt nach 14 Tagen ab. Manchmal kommt es zum chronischen Verlauf.«[138]

Krankhafter Stuhlzwang – das war für die Patrizier oder die Adeligen auf ihren kühl-zugigen Aborten in den Erkern gewiss kein Vergnügen, und was die unteren Stände in ihren Verschlägen oder bei den Misthaufen und auf den Kirchhöfen unter freiem Himmel dabei empfunden haben müssen, möchte ich lieber nicht weiter ausfantasieren. Kurz, schon weil das Grundwasser der Brunnen durch die vielen undichten Jauchegruben und die auf Grundstücken und Straßen versickernden Fäkalien unablässig mit pathogenen Darmkeimen infiziert wurde, kam es noch im 19. Jahrhundert immer wieder zu explosionsartig auftretenden Massenerkrankungen. Sie wurden bis dahin zumeist als eine Form der Pest betrachtet, die vermeintlich auch die Brunnen vergiftete. Die mit mörderischen Pogromen verbundene Behauptung, die Juden seien Brunnenvergifter, ist ein frühes dunkles Kapitel der deutschen Geschichte.

Die Steuerungsversuche der durch die stets wiederkehrenden Epidemien höchst verunsicherten Stadtväter und Ämter mussten schon deshalb scheitern, weil sie bis ins 19. Jahrhundert hinein der miasmatischen Theorie vertrauten, laut der schlechte Luft als Auslöser der Seuchen galt (*Miasma* = übler Dunst, Verunreinigung). Sie stützte sich auf die Lehren des Hippokrates, wonach die giftigen Ausdünstungen des Bodens, eben die Miasmen, von der Luft weitergetragen würden und so die Ausbreitung von Krankheiten förderten. Das erklärt im Übrigen auch, warum zwar der Gestank von Fäkalien immer heftiger beklagt wurde, aber die von offen herumliegenden oder Gewässer und Brunnen verschmutzenden Exkrementen tatsächlich ausgehenden Gefahren nicht verstanden wurden. So heißt es 1732 in Johann Heinrich Zedlers großem *Universal-Lexicon* unter dem Stichwort *Abtritt*:

»Wie solcher, daß er sonderlich wegen des Geruchs keine Incommodité verursache, anzulegen ist, davon kan [...] nachgelesen werden. In deren Rechten giebt es dieserwegen öffters gewaltige Streitigkeiten, daß einer seinem Nachbar, mit Setzung des Abtrittes nicht zu nah kommen möge. [...] Andere Land-Gesetze wollen; daß alle Abtritte 3 Klasstern [gute fünf Meter] von des anderen Wand abstehen sollen. [...] Mithin da der garstige Anblick und Gestanck dem Nachbar die Lusst verfälschen kan; so will nöthig seyn, darüber zu halten, und durch neue Satzungen dem üblen Gesicht und Geruch zu Hülffe zu kommen.«[139]

Stets schärfer formulierte amtliche Verordnungen verboten die Anhäufung von verwesungsfähigem und stinkendem Unrat nur wegen des Gestanks, und die damit verbundenen Strafandrohungen offenbaren aus heutiger Sicht, wie tragisch kontraproduktiv sie für den Schutz von Mensch und Umwelt waren. In einem Bremer Proklam des »Hochedlen Hochweisen Rathes« aus dem Jahr 1734 wird das sehr deutlich: »Auf den Straßen [...] liegt ein Haufen Kot, Unflat und Mist, wodurch ein garstiger Gestank verursacht wird, auch die Gassen beengt werden. Der Kot soll innerhalb von 14 Tagen weggeschafft bzw. den Schuldigen auf deren Kosten in die Gärten und Häuser geworfen werden.«[140]

Die durch Wissenschaftler ermöglichte wirksame Bekämpfung der Seuchenplage, die um die Mitte des 19. Jahrhunderts auf die historische Agenda kam, wurde zu jener Zeit durch bedeutende Hygieniker wie Max von Pettenkofer (1818–1901) und Rudolf Virchow (1821–1902), der mehrere europäische Regierungen in Seuchenfragen beriet, ergänzt. Pettenkofer stieß nach dem Ausbruch der Münchener Choleraepidemie von 1854 im Rahmen seiner (nicht durchgängig haltbaren) Grundwasser-Boden-Theorie erfolgreich den Kampf gegen die unzähligen das Brunnenwasser verseuchenden Schwindgruben an. Winkle erhellt: »Der Hinweis auf die Schädlichkeit übelriechender Gase machte auf die Bevölkerung einen tiefen Eindruck und verhalf der Pettenkoferschen Theorie zu ihrem schnellen Erfolg. Jedermann kannte die Geruchsbelästigung, die in den Häusern durch Schwindgruben oder hölzerne bzw. eiserne Abtrittsröhren verursacht wurde, vor allem in den engen Straßen der Altstadt. In den schmalen Häusern befanden sich die Abtritte oft am Eingang unter der Treppe, die steil zum oberen Geschoss führte. Jeder Eintretende war sogleich ihrem Dunstkreis ausgesetzt. Von 1856 bis 1860 mußten sämtliche Abtrittsgruben in München ›wasserdicht gemacht‹, d. h. zementiert werden.«[141]

Als Großtat erwiesen sich die sozusagen im Gleichschritt entwickelten effektiven Reinigungs-, Desinfektions- und Sterilisationsmethoden. Der Arzt Ignaz Semmelweis (1818–1865) erkannte als einer der ersten Fachleute die Bedeutung der Hygiene für die Medizin, als er nachwies, dass die meisten Todesfälle im Kindbett auf Bakterien von ungewaschenen Arzthänden und schmutzigem Operationsbesteck zurückgingen.

Die aufblühenden Städte mit ihrer immer höheren Bevölkerungsdichte wie auch die Dörfer und Siedlungen mit ihren von Krankheitskeimen besetzten Misthaufen steckten hygienisch in einer Dauerfalle, bis vor gut 150 Jahren engagierte Wissenschaftler eine Zäsur setzten. Fragt sich nur, wie hielt die Bevölkerung den von den Eliten immer heftiger beklagten Fäkalgestank eigentlich aus? Florian Werner gibt darauf in seiner 2011 vorgelegten *Geschichte der Scheiße* die Antwort, er sei in den Städten zwar »schlicht allgegenwärtig« gewesen, aber »paradoxerweise« nicht da: »Unser Geruchssinn ist nämlich vor allem darauf konditioniert, Veränderungen in der Geruchslandschaft wahrzunehmen [...]. Nach ungefähr 15 Minuten nehmen die meisten Menschen einen sie dauerhaft umgebenden Geruch nicht mehr bewusst wahr. Da Gestank aber letzten Endes eine subjektive Kategorie ist, also nur abhängig von einem Riechenden existiert, der sich durch ein bestimmtes Aroma gestört fühlt, kann man vermutlich sagen: In einer Stadtwohnung des 18. Jahrhunderts, die über keine Kanalisation, über kein fließendes Wasser und keine ausreichende Belüftung verfügte, stank es einfach nicht. Zumindest nicht nach Wahrnehmung der damals dort Lebenden – nach heutigen mitteleuropäischen Maßstäben stank es vermutlich gewaltig.«[142]

Und was stank den vielen auf dem Land oder in den Armutsquartieren lebenden Menschen? Soweit sie auf kleinen Höfen, in beengten Häusern, feuchten Kellern und Katen wohnten, unterlag ihr Geruchsempfinden Bedingungen, die von vielfältigen olfaktorischen Begleiterscheinungen geprägt waren: von übler schimmeliger Nässe, vom Rauch der düsteres Licht spendenden Talgkerzen, Kienspäne und Trankrüge, von den Dünsten brutzelnder Würste und fetter heißer Kuchen, vom stechenden Holzrauch in den Küchen, der durchs Haus zog und die Kleidung durchdrang. Über den Straßen waberte der Rauch aus den vielen Schloten, zumal der Pechsiedereien, und die selbst in den Städten noch in der Frühen Neuzeit übliche Viehhaltung im Haus oder den angelehnten Ställen sorgte für ganz eigenwillige Geruchsmischungen, die gewiss nicht nur fäkalientypisch waren. Eine große Geruchsbelastung stellte in den Großstädten im Zeitalter der Industrialisierung nicht zuletzt der mit dem steigenden Verkehrsaufkommen kaum mehr zu bewältigende Pferdemist dar. Die Automobilität sorgte ab dem frühen 20. Jahrhundert für nicht minder großen Gestank.

Obwohl die Bürgerinnen und Bürger sich jahrhundertelang zwar über den mit den Ausscheidungen verbundenen Gestank und auch die Notdurftverrichtung gewisser Mitmenschen an unziemlichen Orten empörten, haben sie die aus heutiger Sicht zumindest ziemlich unkomfortablen Aborte nur selten kritisch thematisiert. Auch über die näheren Umstände der Erleichterungspraktiken unserer Vorfahren schäumen quellengestützte Informationen keinesfalls über. Waren sie womöglich mit den historisch jeweils gegebenen Verhältnissen quasi mehr oder weniger im Reinen?

00 6 Gute Verrichtung?

Im fünften Jahrhundert begann eine tausendjährige europäische Epoche, die erhebliche politische, wirtschaftliche, gesellschaftliche, kulturelle und religiöse Umwälzungen nach sich ziehen sollte. Zwar wird das Mittelalter in vielen Darstellungen als »finster« und gegenüber der Spätantike rückständig geschildert, aber gemach. Die Seefahrt erlebte einen ungeheuren Aufschwung, die Gelehrten begründeten ab dem 12. Jahrhundert mit den Universitäten nachhaltig wirksame Bildungszentren, Kunst und Architektur blühten auf und vieles mehr.[143] Apropos Seefahrt. Neben den von Beginn an üblichen offenen Aborten über dem Bug wurden die Exkremente bei schlechtem Wetter gern auch in die Bilge (Schiffsboden) entleert, in der sich die sogenannte Grundsuppe, sprich das Leckwasser ansammelte. Wenn diese fäkaliendurchsetzte Brühe so richtig stank, wurde das gleichsam als Beweis dafür gefeiert, dass das Schiff nicht über das normale Maß leck war. Warum Darmerkrankungen und Ruhrepidemien die Leute an Bord jahrtausendelang malträtierten, findet auch durch diese Verfahrensweise eine nachvollziehbare Erklärung.

Über die mittelalterlichen und frühneuzeitlichen Lebensbedingungen ist zumeist das Ungewöhnliche, nicht das Alltägliche überliefert. So sind zum Beispiel in dem voluminösen Band: *Briefe und Berichte von Reisenden zu Bremen und Umgebung (1581–1847)* keine näheren Schilderungen etwa der Aborte von Gasthöfen zu finden, obwohl über Speisen, Getränke, Straßenverhältnisse, Gestank, verfängliche Situationen und dergleichen mehr in extenso berichtet wird.[144] Auch die wenigen überlieferten Augenzeugenberichte von Söldnern aus dem Dreißigjährigen und den Napoleonischen Kriegen schweigen sich über Latrinengänge aus.[145] Die große Mehrheit der Bevölkerung konnte weder lesen noch schreiben. Von Bauern, Handwerkern, Mägden, Knechten, Dienstboten, Tagelöhnern und den unzähligen Vaganten selbst ist so gut wie kein Bericht über ihr tägliches Leben überliefert. Nun weisen die erhaltenen Texte vom Klerus, den Gelehrten und den Herrschenden fast generell eine absolute Verschwiegenheit gegenüber den – wie es scheint – wohl auch als peinlich empfundenen Erleichterungsbedürfnissen auf. Einige Ausnahmen bestätigen die Regel.

In der mittelalterlichen Schwankliteratur wie auch in den Fastnachtspielen gibt es zahlreiche Geschichten, in denen zumindest einschlägige Anspielungen nicht zu kurz kommen. Vor allem beben einige Texte förmlich vor derben skatologischen Witzen und obszönen Sprüchen. Szenen, in denen Bauern den Hintern provokativ entblößen und Scheißhaufen setzen – etwa im Schwank *Neidhart mit dem Veilchen* oder in denen von Hans Sachs – sind vielfältig in Hand- und Druckschriften überliefert.[146] Ich gehe nicht spezifisch auf sie ein, weil sie zum einen häufig zitiert sind, vor allem aber, weil sie ihren Witz ja gerade aus der Voraussetzung ziehen, dass die alltäglich notwendige Miktion und Defäkation schambehaftet und kein Gesprächsthema ist. Florent Gabaude schreibt treffend: »Der Kot wie auch die obzönen Beschimpfungen gehören zu den Waffen der Schwachen, der Frauen und der Armen, mitunter auch der Mächtigen.«[147] Im Übrigen gilt bis heute, was der Philosoph und Hegelschüler Karl Rosenkranz in seiner *Ästhetik des Häßlichen* 1853 auf den Punkt brachte: »Die Derbheit der Sprache des Volkes liebt den Kot [...] als *ultima ratio* im Schimpfen.«[148]

Die Wissenschaftler haben bislang fast generell einen großen Bogen um die wohl als anrüchig und wenig karrierefördernd empfundene Fragestellung der Erleichterungspraktiken gemacht.

Vielleicht auch, so verdeutlichte jüngst der Germanist und Mediävist Hans-Joachim Behr, weil ihr Nachvollzug »schon in der Antike nicht ganz einfach« sei: »Zwar fressen und saufen die olympischen Götter ebenso wie die Heroen des Homer (800 v. Chr.), doch über die Nachwirkungen schweigt des Sängers Höflichkeit. Dabei gäbe es sicher viel zu berichten, denn zehn Jahre Krieg mit einem Zeltlager als Basisstation – man mag sich gar nicht vorstellen, wie dort vor Troia die hygienischen Verhältnisse gewesen sein mögen. Aber Homer beschreibt uns zwar ausführlich die Schiffe der Griechen, nicht jedoch, ob es am Skamander auch Toiletten gegeben hat. Ebenso fehlen den mittelalterlichen Autoren dafür die Phantasie oder die gesellschaftliche Lizenz, und so schenken sie [...] diesem vor allem für die Betroffenen keineswegs unwichtigen Umstand keine Beachtung ...«[149]

Selbst die grobianischen Tischzuchten des Spätmittelalters, fährt Behr fort, »übergehen den Verdauungsprozess mit Stillschweigen«: »Er ist so elementar wie Essen und Trinken. Doch da er nicht dauerhaft unterdrückt werden kann, wird er stillschweigend ignoriert, soweit es geht. So lehrt Erasmus von Rotterdam in seinen *Familiarium colloquiorum formulae* von 1526 gleich im ersten Kapitel [...]: ›Beim Aufstoßen oder einem Geräusch aus dem Bauch heraus jemanden zu begrüßen, entspricht nicht der Verhaltensweise eines gebildeten Menschen. Aber noch viel unzivilisierter ist es, jemanden zu grüßen, der gerade seinen Urin ablaufen lässt oder seinen Darm entleert.‹«[150] Und schon bin ich mitten im Thema, und gerate quasi zwangsläufig in den Dunstkreis der gebildeten Menschen, weil nur sie sich – und das häufig alles andere als objektiv – überhaupt zu Fragen der Körperlichkeit artikulierten.

Die auch zwangsweise erfolgende Christianisierung der Menschen zog den Bau von Klöstern und Kirchen sowie die Einrichtung von Bischofssitzen nach sich. Für die vielen umherziehenden

Bauleute und Handwerker, die für den Klerus die Sakralbauten errichteten, gab es freilich noch keine der heute geschätzten mobilen Toilettenkabinen, geschweige denn exklusive Sanitärcontainer mit Dusche und Klimaanlage. Wie und wo verrichteten sie ihre Notdurft? Hatten sie in ihren Unterkünften wenigstens ein Nachtgeschirr? Die mittelalterlichen Mönche, die über sie schrieben, haben die mit der Nahrungsausscheidung verbundenen Phänomene schlicht ignoriert. Immerhin berichtet Bischof Gregor von Tours im 6. Jahrhundert in seinem Werk *Decem libri historiarum* von einem Priester, »der auf dem Abort vom Schlage gerührt wurde, während sein Diener mit einer Kerze vor dem durch einen Vorhang abgeschlossenen Eingang wartete«.[151]

Ein als heimliches Gemach hergerichteter Abort war schon im Frühmittelalter ein vertrauter Rückzugsort. In großen Klöstern wurden nach antikem Vorbild auch mehrsitzige Latrinen angelegt. Und wie verfuhren die Mönche unterwegs? Das strophische *Pilgerbüchlein* des Dominikanermönchs Felix Fabri (1437/38–1502) über die Reise von Ulm ins Heilige Land im Jahre 1480 gewährt einen Einblick. Fabri erzählt, dass er und einige seiner Pilgerbrüder bei der Seepassage auf die Nutzung der beiden Abtritte seitlich am Bug verzichteten. Aus Schamgefühl, um genau zu sein, jedenfalls diente dem Mönch wohl die Bilge des Schiffes zur Erleichterung.[152] Auch der Zwickauer Landrentmeister Hans von Mergenthal (*1488), der im März 1476 als Begleiter des Herzogs von Sachsen und dessen zahlreichem Gefolge eine Pilgerfahrt nach Jerusalem antrat, hatte über die Unbilden der Seefahrt auf einer Galeere dem »christlichen Leser« so einiges zu erzählen, wie dieser kurze Auszug andeutet:

»In der Galeen ist gar mancherley unruhe [...] / so thut einem das Ungezifer gar grossen uberlast / und ist grosser gestanck drinnen / davon einer allein möchte kranck werden / auch sein aus der massen viel grosse Katzen darinnen / die einem des nachts uber die Meuler lauffen / [...] / In summa / wir hatten wenig ruhe / und weis nichts bessers auffm Schiffe / denn die liebe Patientia / Wil denn einer ad opus naturae gehen / stehen viel umb einen herumb / das offt einer uber macht halten mus / Es sind auch auffm Schiffe viel Wantzen / ander Ungeziffer / und Lufftrauppen / die bekriechen einen uberal.«[153]

Die von Hans von Mergenthal verschämt auf Lateinisch erwähnte natürliche Verrichtung – »opus naturae« – war für ihn an Bord, wo sich die Reisenden auf den Füßen standen, offenbar alles andere als ein angenehmes Unterfangen. Erleichtern müssen sich alle Menschen, ganz unabhängig von ihrer Herkunft, ihrem Stand oder heute sozialen Schicht. Peter Sloterdijk formuliert in seiner unbestechlichen Art: »Der Arsch ist der Plebejer, der Basisdemokrat und der Kosmopolit unter den Körperteilen, mit einem Wort das elementare kynische Organ. Er liefert die solide materialistische Basis. Auf den Klos aller Herren Länder ist er zu Hause. Die Internationale der Ärsche ist die einzige weltumspannende Organisation, die auf Statuten, Ideologie und Mitgliedsbeiträge verzichtet. An ihrer Solidarität ist nicht zu rütteln. Spielend überwindet der Arsch alle Grenzen, im Unterschied zum Kopf, dem Grenzen und Besitztümer viel bedeuten. Ohne Einwände hockt er auf diesem oder jenen Stuhl. Einem unverdorbenen Arsch imponiert der Unterschied zwischen einem Thron und einem Küchenschemel, einem Hocker und einem Heiligen Stuhl nicht besonders. Es darf auch mal der Erdboden sein, er mag nur nicht stehen, wenn er müde ist.«[154]

Die konkrete Erledigung der Notdurft erfolgte in unseren Breitengraden spätestens seit der Sesshaftwerdung und bis ins 20. Jahrhundert hinein auf sozial unterschiedliche Art und Weise und unter unterschiedlichen Bedingungen. Ob sich Mensch vor Wind und Wetter ungeschützt in der Natur erleichtern muss (oder möchte), oder eben wenigstens einen Stall oder Häusl, besser noch

einen schnell zu erreichenden Abtrittserker oder eine Zimmer-
retirade aufsuchen kann, hing jahrhundertelang ganz entschieden vom Status bzw. Stand der Individuen ab. Insbesondere die
jahrhundertelang massenhaft umherziehenden Vaganten konnten
wohl nur sehr selten unter geschützten Bedingungen urinieren
und defäkieren. Aus den mittelalterlichen Krankenhäusern ist mir
eine umfängliche *Ordnung der Mägde im Straßburger Hospital*
aus dem Jahr 1547 bekannt, die vielleicht nicht die tatsächlich
auch gepflegte Praktik, aber doch mindestens die schon damals
für selbstverständlich erachteten pflegerischen Tätigkeiten dokumentiert. Sie vermittelt, hier in einem modernisierten Auszug, bemerkenswerte Errungenschaften:

»Es sollen alle Mägde [...] ohne alle Widerrede tun, wie nämlich Fußwasser bereiten, Betten machen [...], die Stube, den Hof
oder anderes fegen, Feuer machen, die Tische, Ecken und Winkel,
Körbe auch Bänke, Fußschemel und Servierbretter scheuern und
reinigen, den Kranken kochen oder ihnen das Gekochte geben etc.
Sie auch kämmen und bürsten, sie legen, heben, waschen, zum
Stuhlgang und wieder davon weg (wenn nötig) führen etc. [...] Sie
sollen auch die Betten und Strohsäcke zu angemessener Zeit um-
kehren, den Schmutz unter den Betten hervorkehren, damit Betten
und Strohsäcke, auch Kissen und Bettlaken nicht verfaulen oder
verderben oder zu Schanden gehen oder zerstört werden. Sie sollen auch, wenn nötig, die Brunzkissen gebrauchen, dieselben auch
wieder weglegen, damit sie trocken werden und wenn man ihrer
wieder bedarf, diese nicht naß unterlegen muß. Desgleichen soll
auch mit den Brunzlaken geschehen.«[155]

In Hospitälern gab es offenbar heimliche Gemächer, in die die
Kranken geführt und dann wieder abgeholt wurden. Erhellend ist
der Hinweis auf Brunz- bzw. Pisskissen und -laken; sie dürften
auch in vielen Haushalten mit bettlägerigen Familienmitgliedern
benutzt worden sein. Eine schlicht umwerfende frühe Schilderung

der Reinigungsmöglichkeiten stammt aus der Feder des größten französischen Schriftstellers der Renaissance, François Rabelais (ca. 1483–1553). Der von Benediktinermönchen erzogene promovierte Arzt und Universalgelehrte kommt in seinem faszinierend-verwirrenden Werk *Gargantua et Pantagruel* im achten Kapitel auf die »Erfindung eines Arschwisches« zu sprechen, die in Auszügen nach einer der Standardübersetzungen nun folgt. (Das Werk stellt nicht nur hohe Anforderungen an die Übersetzer; es wurde bislang mit einer eher züchtigen Wortwahl ins Deutsche übertragen und um viele Obszönitäten bereinigt.) Wohlan, nachdem Gargantuas seinem Vater Grandgoschier berichtet hat, er habe »durch lange Praktik und Erfahrung das allerherrlichst, trefflichst und probatste Mittel mir den Arsch zu wischen erfunden, dergleichen man noch je erhöret«, will jener mehr erfahren:

» – ›Nun, was ist's?‹ frug Grandgoschier. – ›Was ich Euch gleich erzählen wird‹, sprach Gargantua. ›Ich wischt' mich einmal mit dem sammetnen Schleier einer Dame und fand's gut, denn die Weichheit der Seide macht' mir am Sitzfleisch eine ziemliche Wollust. Ein andres Mal mit einer Haube von eben derselben, und war desgleichen. Ein andres Mal mit einem Brusttuch: wieder ein andermal mit den karmesinatlasnen Ohrhäublein; aber ein läusegüldener Plunder von Perlen und Gebräms daran zerschund mir den ganzen Hintersten. Schlag doch der Blutschiß dem Goldschmied auf den Arschdarm, der's gemacht hat, und dem Weibsstück, das es trug! Dies Übel verging, als ich mich mit einem Pagenbarett wischt', auf Schweiz'risch mit Federn wohl beblümt. Hernach, wie ich einmal mein Notdurft hinter einem Busch tat, fand ich da eine Märzkatz und wischt' midi dran. Ihre Krallen aber verschwulsteten mir den ganzen Mastdarm. Ich heilt' mir's am andern Morgen, da ich mich mit meiner Mutter wohlparfümierten Handschuhen wischt'. Darnach wischt' ich mich mit Salbei, mit Fenchel, Majoran, Anis, mit Rosen, Kohl, mit Kürbisblättern, Weinlaub, Eibisch, mit

Wollenkraut, mit Lattichblättern, mit Spinat – und tat alles meinem Bein sehr wohl; mit Bingeln, mit Wasserpfeffer, mit Nesseln, mit Rittersporn, aber davon kriegt' ich die Lombardische Blutscheiß. Kuriert' mir's wieder, als ich mich mit meinem Latz wischt'. Darauf wischt' ich mich mit Laken, Decken, Umhäng, mit einem Kissen, mit einem Teppich, mit der grünen Tapete, Schneuztüchel, Salveten, mit einem Puderhemd. [...] – ›Wohl!‹ sprach Grandgoschier, ›aber welcher Arschwisch bedünket dir der beste zu sein?‹ – ›Ich komm' schon drauf‹, sprach Gargantua, ›gleich sollt ihr das Kurz und Lang davon hören. Ich wischt' mich mit Heu, mit Stroh, mit Werg, mit Haar, mit Woll, mit Papier, allein: Wer mit Papier sein wüscht Loch fegt, stets einen Zundel läßt am G'mächt.‹ [...] ›So wischt' ich mich‹, sprach Gargantua, ›weiter mit einer Nachtmütz, mit einem Pantoffel, mit einem Kopfkissen, mit einem Ränzel, mit einem Spreukorb; aber, oh, des sehr unlieblichen harten Wisches! Darauf mit einem Hut, und hiebei merket, daß von diesen Hüten etlich glatt sind, etlich rauh, etlich sammten, etlich von Atlas. Die besten von allen sind die rauhen, denn sie bewirken eine sehr gute Entfernung der Fäkalmaterie. Hernach wischt' ich mich mit einem Huhn, mit einem Hahn, mit einem Küken, mit einem Kalbsfell, mit einem Hasen, mit einem Kolkraben, mit einer Taube, mit eines Advokaten Schriftsack, mit einer Mütze, mit einem Federball.‹«[156]

Eine Methode ist laut Rabelais freilich allen anderen überlegen, lässt er doch seinen Helden Gargantua verkünden: »Sag' aber schließlich und bleib' dabei: es geht kein Arschwisch in der Welt über ein wohl geflaumet junges Gänslein, so man ihm den Kopf sanft zwischen die Bein hält; dieses glaubt mir auf meine Ehr; denn ihr verspürt am Arschloch eine unglaubliche Wollust, teils von der Sanftheit des Flaumes, teils von der temperierten Wärme des Gänsleins, welche leicht zum Arschdarm und den übrigen Därmen schlägt, ja bis in die Gegend des Herzens und Gehirns aufsteigt. Und glaubt nur nicht, daß der Halbgötter und Heroen

Seligkeit in den elysischen Feldern, in ihrem Asphodill und Nektar oder Ambrosia besteht, wie diese alten Vetteln schwatzen. Nach meiner Meinung ist's eben dies, daß sie sich mit jungen Gänslein die Arsch wischen. Und der Meinung ist auch der fromme Meister Jahn von Schottland gewesen.«[157]

Auf dem Lande, wo die anstrengende und mit endlosen Fußwegen verbundene Feldarbeit den Tagesablauf bestimmte, defäkierten die Menschen hinter den jeweils sich bietenden Büschen, Bäumen und anderen schützenden Gegebenheiten in der Hocke. Während der Erntezeit musste das gewiss so schnell wie möglich über die Bühne gehen. Im Stall bei den Tieren war es bei der Verrichtung während des Winters wenigstens nicht absolut »arschkalt«. Die Kinder wurden – sobald sie laufen konnten – ebenso auf die Dungstätte oder den Stall verwiesen. In der 1522 in Straßburg gedruckten, damals sehr beliebten Schwank- und Gleichnissammlung *Schimpf und Ernst* des Franziskanermönchs Johannes Pauli (ca. 1450/54–1530), wird dargelegt, »wie man die jungen Kinder gewöhnt zur Beichte«. Da heißt es sinngemäß: Der Beichtvater fragt das Kind, ob es auch in das Bett brunzele. Es sagte: »Ja!« Der Beichtvater sagte: »Tue es nicht wieder, ich esse die Kinder, die in das Bett brunzen.« Das Mädchen sagte: »Nein, du sollst mich nicht essen, weil ich in das Bett brunze. Ich habe ein Brüderchen, das scheisst ins Bett, das iß!«[158]

Das Wasserabschlagen konnte fern der Behausung, wo es ja zumindest Nachttöpfe, Abtritte über dem Dunghaufen oder sogar eine geschützte Abortanlage gab, problemlos an jedem beliebigen Ort erfolgen, wobei die Frauen sich zumeist nicht hinhockten, sondern im Stehen – und geschützt durch ihre langen und weiten Röcke – ihr Bächlein laufen ließen. Wer sich im Freien vor den Augen anderer Personen erleichterte bzw. erleichtern musste, tat Hans Peter Duerr zufolge jedenfalls nicht das Selbstverständliche, sondern erregte vielmehr »öffentliches Ärgernis.« Und der Ethnologe fährt fort: »Noch viel beschämender war es freilich, wenn eine Frau sich vor Angehörigen des anderen Geschlechts erleichterte. So war selbst der Recke Wolfdietrich, weiß Gott kein heuriger Hase, schockiert, als sich eine heidnische Jungfrau anschickte, vor seinen Augen ihr Wasser zu lassen.«[159] Duerr kennt sich in der Literatur unglaublich gut aus. Mit Blick auf die mittelalterliche Schwankliteratur erhellt er, sie enthalte zum Beispiel Szenen, »in denen ein Ritter schamrot anläuft, als er ›einer Bäuerin ansichtig‹ wird, ›die hinter einem Baum auf dem Felde scheißt‹; worauf er versucht, die peinliche Begegnung zu überspielen, und in der Tat konnte in Wirklichkeit ein solcher Zufall gerade für die Frau sehr beschämend sein, zumal wenn der Mann sich hinterher bei Dritten darüber ausließ.«[160]

In den Städten erleichterten sich die außerhalb ihrer Behausung bewegenden Menschen, wenn der Drang unaufschiebbar wurde, vorzugsweise in den zahlreichen sogenannten Notwinkeln, an den Ufern von Gewässern und geschützt hinter Büschen. Im späten Mittelalter wurden etwa in Braunschweig, Köln und München auch sogenannte »gemeine haymliche gemach« für die Torwächter und andere städtische Bedienstete eingerichtet. Diese – wenigen – Abtritte dürften auch von Passanten aufgesucht worden sein. Die Frauen der unteren Stände hatten es etwa an den trubeligen Markttagen relativ leicht, möglichst unauffällig im Stehen zu urinieren, weil sie ja weite Röcke trugen. Und wenn sie in all der Geschäftigkeit einmal nicht um die Verrichtung des großen Geschäfts herumkamen, suchten sie im Zweifelsfall eine spezifische Zuflucht. Der Ethnologe Hans Peter Duerr verdeutlicht: »Schon seit ältesten Zeiten gaben bei solchen Gelegenheiten die Frauen, wenn sie mindestens zu zweit waren, einander Deckung, beispielsweise auf den großen Trails in den amerikanischen Westen: Fast alle Frauen, die darüber Nachrichten hinterlassen haben, klagten über den als äußerst peinlich empfundenen Mangel an Privat- und Intimsphäre, und von ihnen weiß man, daß die Frauen sich mit ihren langen und bauschigen Röcken vor ihre Geschlechtsgenossinnen stellten, wenn diese im baum- und buschlosen Flachland austreten mußten.«[161]

Die Männer wiederum urinierten mehr oder weniger unauffällig gegen Bäume und Mauern, in Rinnen, Stadtgräben usw. Im Beisein von Frauen und Mädchen aller Wahrscheinlichkeit nach wohl einigermaßen diskret. Dass es früher – wie heute etwa nach Großereignissen immer noch – Kerle gab, die nach dem Aufenthalt in Schenken ihr Wasser pietätlos auf der Straße oder gegen was auch immer abschlugen, liegt gleichsam in der Natur der Sache. Daraus auf ein allgemeines Verhalten zu schließen, scheint mir zumindest als arg übertrieben. Eine Beobachtung des Göttinger Physikprofessors und legendären *Sudelbuch*-Verfassers Georg Christoph Lichtenberg (1742–1799) verdeutlicht die nicht ohne Peinlichkeitsgefühle ablaufenden Gepflogenheiten in den wachsenden Städten auf schönste Weise: »In Hannover logierte ich einmal so, daß mein Fenster auf eine enge Straße ging [...]. Es war sehr angenehm zu sehen, wie die Leute ihre Gesichter veränderten, wenn sie in die kleine Straße kamen, wo sie weniger gesehen zu sein glaubten, so wie einer hier pißte, der andere sich dort Strümpfe band, so lachte der eine heimlich, und schüttelte der andere den Kopf.«[162]

Ab der Frühen Neuzeit mehren sich persönliche Schilderungen der toilettenkulturellen Praktiken – allerdings fast generell aus der Feder gebildeter Menschen. Sie finden sich zumeist entweder in Briefen an sehr vertraute Mitmenschen oder in Tagebüchern, die von den Urhebern nicht für eine Veröffentlichung vorgesehen waren. Etwa im *Geheimen Tagebuch* des Samuel Pepys (1633–1703), eines Londoner Marinebeamten. Seine ab 1859 in Kurzschrift verfassten heimlichen Kladden enthalten diverse einschlägige Einträge. Ganz sorgenfrei kam Pepys nicht über die Lebensrunden, ihn quälten Schmerzen aller Art, Schluckauf, starke Winde und schwerer Stuhlgang. Drei Auszüge aus der modernen Übersetzung von Georg Deggerich dürfen hier nicht fehlen. Sie stammen aus dem Jahr 1663:

»25. Mai. Nach dem Aufstehen hörte ich, daß meine Frau und Ashwell den vollen Nachttopf umgestoßen und alles über den Boden, den Stuhl und weiß Gott wo verteilt hatten und sich beim Aufwischen noch halb totgelacht hatten. Ich kümmerte mich nicht weiter darum, mußte aber ebenfalls schmunzeln. [...]

7. Oktober. Spürte am Morgen die Wirkung von Mr. Holliers Pillen und blieb im Bett. Die Schmerzen hielten aber weiter an, so daß ich den ganzen Tag im Haus blieb und trotz des Abführmittels weder Wind ablassen konnte noch Stuhlgang hatte. Am Abend fuhr ich mit der Kutsche zu Mr. Hollier, traf ihn aber nicht an und fuhr gleich wieder nach Hause. Vielleicht war es der Kutschfahrt zu danken, aber als ich zu Hause vor dem Kaminfeuer saß, ließ ich sechs oder sieben kleine und größere Fürze. Legte mich sogleich ins Bett und hatte eine ruhige Nacht. [...]

8. Oktober. Am Morgen prächtig Wasser gelassen, doch meldeten sich anders als sonst, wenn ich einmal damit angefangen hatte, keine weiteren Fürze noch regte sich irgendein Stuhl. Warm eingepackt ging ich ins Büro, doch setzten zu Mittag die Schmerzen wieder ein, da ich nicht furzen und nicht scheißen konnte. Also erneut zu Mr. Hollier, der mir versicherte, es habe nichts mit meinem Blasenstein zu tun, sondern liege allein an meiner Neigung zur Verstopfung und weil ich noch immer keinen Stuhlgang hatte und keinen Wind ließ. Er gab mir ein weißes Pulver, das ich zu Hause in Weißwein auflöste und trank. Anschließend wartete ich mit meiner Frau auf meinem Zimmer, bis sich nach elf Uhr abends endlich was tat, doch war das Resultat so dürftig, daß nur schwer zu sagen war, ob das Mittel nun gewirkt hatte oder nicht.«[163]

Ein berühmter deutscher Zeitzeuge, der einige Einsicht in das Abortgeschehen ermöglicht, heißt Martin Luther (1483–1546), und um diesen streitbaren Reformator und Bibelübersetzer geht es nun. Wie sagte er nicht gleich in einer seiner Tischreden 1538 (als er bezeichnenderweise an der Ruhr litt): »Wir essen uns zu todt, trincken uns zu todt, schaissen uns zu todt, fasten uns zu todt.«[164]

Die staatlichen und kirchlichen Vorbereiter der Feiern *Luther 2017 – 500 Jahre Reformation* betreiben eine prall gefüllte Website, auf der in einer Rubrik mit dem Titel: »Die Latrine als Ort reformatorischer Erkenntnis?« mitgeteilt wird: »Der Reformator selbst machte kein Geheimnis um den Ort seiner Erkenntnis. In den Tischreden wird überliefert, dass er selbst den Raum der Entdeckung als *locus*, also ›Ort‹ oder auch als *in cloaca*, also auf dem Wasserklosett oder Klo bezeichnet hat: ›Diese Kunst hat mir der Heilige Geist auf dieser Cloaca auf dem Turm gegeben.‹ Luther litt unter chronischer Verstopfung und verbrachte daher viel Zeit auf der Toilette. Vorstellbar ist, dass er am Ort seiner körperlichen Erlösung auch sein spirituelles Befreiungserlebnis hatte.«[165]

Der Reformator verbrachte in der Tat mehr Zeit auf dem Locus als ihm lieb sein konnte – von Toilette oder auch Wasserklosett zu reden scheint mir allerdings abwegig, weil heutige Ausstattungsmerkmale wie zum Beispiel eine von Hand auslösbare rauschende Spülung, elektrisches Licht, Heizkörper und weiches Papier von der Rolle noch längst nicht erfunden waren. Immerhin, wo einer der von Luther viel frequentierten, zugigen und im Winter zudem kalten Aborte im 16. Jahrhundert zu finden war, steht inzwischen fest. 2004 legten ihn Archäologen auf dem Grundstück des Lutherhauses in Wittenberg frei, wobei ein gut 30 Zentimeter breiter Steinsitz zum Vorschein kam, unter dem sich auch ein Abfluss fand. Die Veranstalter kommentieren vorsichtshalber: »Aber auch dieser Fund kann letztendlich nicht die Meinung vieler Fachexperten belegen, dass der Reformator seine zentrale Erkenntnis der

Reformation tatsächlich auf dem stillen Örtchen gehabt haben soll.«[166]

Auf einer Toilette kann ich mich bei etwas längeren Sitzungen gegen Einfälle, Erinnerungen, Ideen und Geistesblitze kaum wehren. Martin Luther hatte zwischen 1515 und 1518 die kirchengeschichtlich umstürzlerische Erleuchtung, dass die von ihm als Kern des von Paulus überlieferten Evangeliums verstandene »Gerechtigkeit Gottes« eine neue Interpretation erforderlich mache. Indem der Reformator die göttliche Gerechtigkeit mit Barmherzigkeit gleichsetzte und betonte, dass auch ein Sünder die Liebe Gottes erfahren kann; kurz, indem er Gott zu demjenigen erhob, der Sünden vergibt und den Sünder dadurch rechtfertigt, raubte er dem Papsttum zugleich die Geschäftsgrundlage – nicht zuletzt des profitablen Ablasshandels. Martin Luthers zentrale reformatorische Erkenntnis wird von Theologen in der Regel als »Turmerlebnis« dargestellt. Nun ist das Turmzimmer bzw. sein »armes Stublein« im Augustinerkloster zu Wittenberg im Siebenjährigen Krieg zerstört worden, und lässt auch die erhaltene Latrine in den Überresten des in der Nähe des ehemaligen Turms gelegenen Wirtschaftsgebäudes nur bedingt die Schlussfolgerung eines »cloaca-Erlebnisses« zu.

Auf welcher Sitzunterlage Luther die Reformation gedanklich entzündete, erscheint mir völlig unerheblich. Für erheblich halte ich indes die Kenntnis seiner Krankengeschichte (nicht zuletzt im Hinblick auf seinen im höheren Alter ziemlich rüden Umgangston). Denn sie verrät, dass er inbesondere auf einem Nachdenk-Ort häufiger anwesend war, als ihm lieb sein konnte: dem stillen Ort. Martin Luther war häufig krank und litt phasenweise heftig unter den damit verbundenen Schmerzen, wie aus seinen und den Briefen seiner Freunde klar hervorgeht. Seine Magen- und Gallenbeschwerden, Nierenkoliken, Ohnmachtsanfälle und anderen Leiden sind legendär. Sie füllen ein Buch für sich.[167] Immerhin deutete der

Mönch bei seinen Tischgesprächen an, wo er im Wittenberger Augustinerkloster über Paulus' Wort zur Gerechtigkeit Gottes (Römer 1,17) intensiv nachdachte: »Diese kunst hat mir der Heilige Geist auff dieser cloaca auff dem thorm eingegeben.«[168] Was Wunder, dass Luthers zahlreiche Gegner die Reformation als »Kloakentheologie« verspotteten.

Als Atheist erkläre ich mich in Sachen christlicher Glaubensfragen vorsichtshalber für befangen. Aufklärerische oder auch fortschrittliche Positionen vertraten die Reformatoren um und einschließlich Martin Luther zweifellos nicht. Die Allmachtstellung der Katholischen Kirche hingegen wurde durch die von Luther am 10. Dezember 1520 vollzogene Trennung nachhaltig ausgehebelt. Der Mönch, der Ende des Jahres 1511 vom Kloster Erfurt nach Wittenberg umgesiedelt war, wo er 1512 an der Universität promovierte und einen Lehrstuhl erhielt, litt spätestens ab 1521 unter immer ernsteren gesundheitlichen Problemen. Es war das Jahr, in dem der vom Kaiser gezeichnete Wormser Edikt ihn zu einem vogelfreien Mann gemacht hatte. Er konnte wahrlich von Glück sagen, dass der sächsische Kurfürst Friedrich III. (1463–1525) ihn im Mai 1521 von seinen Soldaten entführen und auf der Eisenacher Wartburg festsetzen ließ. Dort lebte Dr. Luther bis zum März 1522 unter dem Pseudonym Junker Jörg und übersetzte das Neue Testament ins Deutsche. (1523 folgte die erste Teilübersetzung des Alten Testaments; beide zusammen erreichten bis 1525 hohe Auflagen. Ab 1534 lag die komplette Übersetzung beider Testamente, die *Lutherbibel*, vor.) Auf der Wartburg plagten Luther vor allem Verstopfungen. Seinem Freund und Bibelübersetzungsanstifter Philipp Melanchthon (1497–1560) berichtete er im Mai 1521 (in lateinischer Schrift):

»Der Herr schlug mich durch heftigen Schmerz in den Posteriobus; mein Stuhl ist so hart, daß ich gezwungen werde, ihn mit großer Kraft bis zum Schweißausbruch herauszustoßen. Je länger ich es aufschiebe, desto mehr verhärtet er sich. Gestern habe ich nach vier Tagen einmal ausgeschieden. Dadurch habe ich die ganze Nacht weder geschlafen noch habe ich bis jetzt Ruhe. Bete – bitte! – für mich. Denn dieses Übel wird unerträglich, wenn es so weitergeht, wie es angefangen hat.«[169] Im Juni 1521 unterstreicht er gegenüber einem anderen Freund, dem Theologen Georg Burkhardt Spalatin (1484–1545): »Wie noch nie in meinem Leben leide ich unter hartem Stuhlgang, so daß ich an einer Heilung zweifle. Damit sucht der Herr mich heim, daß ich nicht ohne Kreuz lebe.«[170]

Während der zehn Monate auf der Wartburg, in der »Wüstenei«, so brachte es der Reformator in einem lateinischen Schreiben plötzlich in klarem Deutsch auf den Punkt, war sein »arss bös geworden«. Er litt sowohl unter Verstopfung wie unter Hämorrhoiden und Einrissen am Darmausgang. Also solche Qualen wünsche ich meinem ärgsten Widersacher nicht. Und schon gar nicht, wenn nur Plumpsklosetts zur Verfügung stehen, die im Winterhalbjahr zugig und kalt, und im Sommerhalbjahr massenhaft von Fliegen »mitbesetzt« sind. Fliegen lieben entblößte Körperstellen und erschweren nicht nur einen entspannten Erleichterungsvorgang, sondern – meiner Erfahrung nach – auch das unbeschwerte Sinnen und Denken. Was den Reformator besonders heftig peinigte, verdeutlichen ausreichend die zwei folgenden Briefauszüge (in der Übertragung aus dem Lateinischen von Hans-Joachim Neumann):

31. Juli 1521 (an Philipp Melanchthon): »Meine Hartleibigkeit wird, wie ich sehe, andauernd und muss ich immer mit Mitteln nachhelfen; alle 4, ja selbst alle 5 Tage habe ich nur einmal Stuhl. Ein merkwürdiger Magen.«

9. September 1521 (an Georg Spalatin): »Heut hatte ich endlich nach 6 Tagen Stuhl, aber so hart, dass ich mir fast die Seele auspresste. Nun sitze ich da, mit Schmerzen wie eine Wöchnerin, aufgerissen, verletzt und blutig, und werde in dieser Nacht keine oder nur mäßige Ruhe finden. [...] Ich würde von allen Verletzungen

heil sein, wenn ich nur leichten Stuhl hätte. Denn wenn ich erst in 4 Tagen wieder gehe, geht die Verletzung wieder von neuem beim Stuhle an. Noch bin ich schläfrig und träge, so daß ich mir sehr mißfalle und verdrießlich bin.«[171]

Ich kann nur sagen: Hut ab vor diesem Mann, der sich trotz dieser extrem schmerzhaften körperlichen Leiden nicht von seiner geistigen Arbeit abhalten ließ. Und zwar schon deshalb, weil sich seine gesundheitlichen Malaisen ab 1536 gravierend verschärften. Häufige schwere Kopf- und Ohrenschmerzen, sowie dann zusätzlich die Galle und die ableitenden Harngänge machten Luther neben den anhaltenden Obstipationen und Diarrhoe-Anfällen das Leben gleichsam zur Hölle. Als er Ende Januar 1537 zu Bündnisgesprächen nach Schmalkalden reiste, geriet er an die Schwelle des Todes. Der Mediziner Hans-Joachim Neumann beschreibt in seinem Buch *Luthers Leiden* die näheren Umstände:

»Am 8. Februar machten sich erste Steinbeschwerden bemerkbar, die Luther selbst noch als schmerzlose Konkrementleerung mit einer Hämaturie registrierte. Am 9. stand er wieder auf der Kanzel, während drei Tage später nach der Predigt typische Koliken einsetzten mit ihren alles beherrschenden Schmerzen. Wenn sich auch in der Nacht vom 13. zum 14. Februar ein Stein löste, so war jetzt an eine Teilnahme bei den Verhandlungen mit den protestantischen Reichsständen überhaupt nicht mehr zu denken. Die am 17. Februar erneut beginnenden Koliken leiteten eine dramatische Krankheitsphase ein [...]. Als Luther am nächsten Tag zu predigen beabsichtigte, überfielen ihn Schmerzen ›wie nie zuvor‹, so daß er den Versuch aufgeben mußte. Am 19. Februar setzte eine achttägige Harnverhaltung ein, die mit Brechreiz, Unruhe, starken Schmerzen, einer Diarrhoe und zunehmender Schwäche einherging [...]. Die anwesenden und herbeigerufenen Ärzte konnten dem todkranken Luther trotz Ausschöpfung aller ihnen zur Verfügung stehenden Mittel nicht helfen. Johannes Meckbach-

Megobachius [...] blieb mit seinem Versuch einer Klystiertherapie ebenso erfolglos wie ein sechs Tage später herbeigeholter Steinschneider aus Waltershausen. Auch das von ›Meister Jacob‹ (Jacob Milichius) angefertigte katheterartige Instrument versagte seinen Dienst und konnte die Harnsperre nicht überwinden.«[172]

Luther konnte dem drohenden Tod quasi noch rechtzeitig von der Schippe springen. Beim Rücktransport in einer Kutsche kam es wohl bedingt durch das Stoßen und Schaukeln zum ersten Abgang einiger Steine. Nach dem dann wieder möglichen Urinlassen konnte Luther nach Gotha weiterreisen, wo sich allerdings die Koliken mit Harnverhaltung erneut einstellten. Erst bei seiner Rückkehr nach Wittenberg am 14. März 1537 – als noch einmal zwei Steine abgingen – erholte er sich einigermaßen. Sein Freund Melanchthon vermerkte damals: »Diesen großen Schmerzkämpfen folgte, wie üblich, eine große Mattigkeit, hinzu kamen auch Verdauungsstörungen, die das nächtliche Wachen, das Erbrechen und die übrigen vielen Beschwerden noch verstärkten. Nun gelangt er durch Gottes Gnaden wieder zu Kräften.«[173]

Martin Luther hat oft um sein Leben gerungen; wenn es ihm wieder besser ging, teilte er seiner Frau Katharina, der »herzlieben Doctorin«, erleichtert mit: »Mein After und mein Leib haben sich endlich mit mir auf freundlichen Fuß gestellt«. Die Ärzte behandelten seine Hartleibigkeit vor allem mit abführenden Aloepillen, Klistieren und zuweilen »sechs Löffelchen Butter«. Das mit heftigen Gemütsverstimmungen verbundene Auftreten habitueller Obstipationen quälte Luther in der zweiten Lebenshälfte fast ununterbrochen, hinzu kam sein Hämorrhoidenleiden. 1530 berichtet der damals 47-Jährige dem reformatorisch gleichgesinnten Freund Justus Jonas (der Ältere; 1493–1555) ganz offen:

»Meine Krankheit war eine solche, dass mit dem Stuhlgang zugleich eine angeschwollene Lippe des Afters im Umfange fast von der Größe einer Wallnuss hervortrat. Darauff sass eine kleine juckende Erhabenheit von der Größe eines kleinen Hanfkorns. Dieselbe machte um so mehr Beschwerden, je weicher der Stuhl war. Ging geronnenes Blut ab, so befand ich mich um so wohler und um so angenehmer, ja mit Vergnügen verbunden, war der Akt der Stuhlentleerung. Je mehr Blutgerinsel abgingen, um so mehr Vergnügen hatte ich, so dass diese angenehme Empfindung mich mehrmals täglich veranlasste, zu Stuhle zu gehen. Drückte ich mit dem Finger, so juckte dies äusserst angenehm und floss Blut. Deshalb durfte nach meiner Ansicht dieser Blutstuhl durchaus nicht gestillt oder vermindert werden.«[174]

Martin Luthers mir ziemlich auf den Magen schlagende detaillierte Schilderung seines Hämorrhoidenleidens verleitet mich zu einem kleinen Zwischensprung in unsere Zeit, weil es eine ähnliche Schilderung aus weiblicher Feuchtgebiets-Perspektive gibt. Sie liegt allerdings nicht in Form eines vertraulichen Briefes, sondern viel gelesenen Buches vor. Charlotte Roche lässt ihre Protagonistin ausführen:

»Solange ich denken kann, habe ich Hämorrhoiden. Viele, viele Jahre habe ich gedacht, ich dürfte das keinem sagen. Weil Hämorrhoiden doch nur bei Opas wachsen. Ich fand die immer sehr unmädchenhaft. Wie oft ich mit denen schon beim Proktologen war! Der hat mir aber empfohlen, die dran zu lassen, solange sie mir keine Schmerzen verursachen. Das taten sie nicht. Sie juckten nur. Dagegen bekam ich von meinem Proktologen Dr. Fiddel eine Zinksalbe. Für das äußere Gejucke drückt man aus der Tube eine haselnussgroße Menge auf den Finger mit dem kürzesten Nagel und verreibt sie auf der Rosette. Die Tube hat auch so einen spitzen Aufsatz mit vielen Löchern drin, damit ich die anal einführen und da hinspritzen kann, um den Juckreiz sogar innen zu stillen. Bevor ich so eine Salbe hatte, hab ich mich im Schlaf so feste mit einem Finger am und im Poloch gekratzt, dass ich am nächsten Morgen einen kronkorkengroßen dunkelbraunen Fleck in der Unterhose hatte. So stark war der Juckreiz, so tief der Finger drin. Sag ich ja: sehr unmädchenhaft. Meine Hämorrhoiden sehen ganz besonders aus. Im Laufe der Jahre haben die sich immer mehr nach außen gestülpt. Einmal rund um die Rosette sind jetzt wolkenförmige Hautlappen, die aussehen wie die Fangarme einer Seeanemone. Dr. Fiddel nennt das Blumenkohl. Er sagt, wenn ich das weghaben will, wäre das ein rein ästhetischer Eingriff. Er macht das nur weg, wenn es die Leute wirklich belastet.«[175]

Zu den Zeiten Martin Luthers standen den Leidenden noch keine Proktologen zur Seite, gab es keine Mediziner, die sich auf die Erkrankung des Enddarms spezialisiert hatten. Heilende Zinksalbe blieb ihm auch vorenthalten. Vielleicht hätte er sie ohnehin nicht angewendet, weil er seinen Blutstuhl ja nicht »vermindert« sehen wollte. Der fast zu jeder Tages- und Nachtzeit an seinen Schriften und Briefen arbeitende und von vielen Krankheiten heimgesuchte Reformator verschied 1546 in seinem Geburtsort Eisleben im Alter von 63 Jahren. Höchstwahrscheinlich an einem Herzinfarkt.

00 7 Teutsch Unverblümtes
vom französischen Hof

Das Wappensymbol von König Ludwig XIV. (1638–1715), unter dem Frankreich kulturell und politisch die Vorherrschaft in Europa errang, war die Sonne. Ein – wie ich es in der Schule hörte – »Sonnenkönig« war er gewiss nicht; aber immerhin war er über einen längeren Zeitraum einer Liselotte aus hohem deutschem Hause gewogen, die es – nicht ganz freiwillig – an seinen Hof verschlagen hatte. Und um die geht es in diesem Kapitel aus thematisch naheliegenden Gründen. Bevor ich aber den Vorhang für Elisabeth Charlotte, Herzogin von Orléans (1652–1722), öffne, die als Liselotte von der Pfalz in die Geschichte eingegangen ist, weil sie unglaublich urwüchsig erzählen konnte, möchte ich kurz den allgemeinen Hintergrund skizzieren.

In der Mitte des 17. Jahrhunderts wurde Frankreich durch die Kardinäle Richelieu und Mazarin zu einem zentral regierten Staat ausgebaut. 1661 übernahm der damals 22-jährige König Ludwig XIV. die Regierungsgeschäfte in eigene Regie: Ich bin der Staat. Fortan stand er an der Spitze dieses bald extrem absolutistischen Gebildes. Und das über ein gutes halbes Jahrhundert bis zu seinem Tod im Jahre 1715. »Die äußeren Instrumente, durch die Ludwig der Vierzehnte seine allgegenwärtige Herrschaft ausübte und befestigte, waren Bürokratie, Polizei und stehendes Heer,« erhellt der große Kulturhistoriker Egon Friedell, »drei Elemente, die das moderne Staatswesen in hervorragendem Maße charakterisieren und unter seiner Regierung zur höchsten Ausbildung gebracht worden sind. Über das ganze Land zog sich das Netz einer sorgfältig abgestuften und organisierten Beamtenhierarchie. Die Besteuerung wurde prompt und unerbittlich gehandhabt, als eine stets offene, aber schließlich doch versiegende Quelle für die ungeheuren Ausgaben des Staatshaushalts. [...] Den selbstbewußten und selbstherrlichen Feudaladel verwandelte Ludwig der Vierzehnte in eine Hofaristokratie, die nur noch den Zweck hatte, den Glanz des Königtums zu erhöhen.«[176]

Um den Adel und Klerus als Mitglieder seines Hofes unter Kontrolle zu haben, ließ Ludwig XIV. einen gewaltigen Barockpalast vor den Toren von Paris errichten: Versailles. Im Mai 1682 nahm hier das höfische Leben Fahrt auf – und es zeigte sich, dass der »einzige Stellvertreter Gottes auf Erden« für fast alles gesorgt hatte. Mit aussagekräftigen Gemälden versehene Räume und Kabinette und mit Skulpturen aufwartende Gärten und Alleen sorgten für machtstützendes Ambiente. Versailles wurde zum Nukleus eines Hofstaates, der fast 20 000 Personen umfasste. Im Mittelpunkt stand natürlich die adelige Hofgesellschaft.

Versailles ist heute nur mehr eine touristische Hochburg. Zu den bedeutenden Persönlichkeiten, die das prachtvolle Schloss besucht haben und sich über die sonnenkönigliche Zeit ihre Gedanken machten, zählt der vielseitig begabte Harry Graf Kessler (1868–1937). Der in Paris geborene Sohn eines vermögenden deutschen Unternehmers vermerkt in seinem Tagebuch am 15. Mai 1906:

»– Barock: das Pathetische und die Noblesse, die noble Würde [...]. Der Regent gab Audienzen auf dem Nachtstuhl in ›Bleu de France‹ drapiert. Die junge Herzogin von Bourgogne (Marie Adélaide) liess sich ihr Nachtgeschirr in den Salon bringen und erregte Bewunderung durch die Grazie, mit der sie es dort zu benutzen wusste. Die Säle in Versailles erregten den Ekel fremder Besucher wie Youngs[177]; Herzoginnen und Höflinge spuckten, pissten, schissen in den Speisesaal des Königs und in die Hofkapelle ungeniert auf Parkett und Fliesen. Für die reale Seite des Lebens am

Versailler Hof giebt es nur einen Ausdruck, Schweinerei; kulturlos in einem Grade, der unter Papuanern oder Buschnegern Ekel erregt hätte. Aber die Fassade umso glänzender, weil alle Kraft ihr galt.«[178]

Nur zur Einstimmung: Das heute noch verbreitete Vorurteil, in Versailles sei hemmungslos hinter die Vorhänge gepinkelt und geschissen worden, werde ich mit spitzen Fingern anfassen. Das zunächst als Jagdschloss genutzte Versailles war schon vor Ludwig XIV. ein öffentlicher Ort. Es musste jedenfalls bei größeren Veranstaltungen und Festen den natürlichen Bedürfnissen vieler Akteurinnen und Akteure gerecht werden, und das war – wie heute bei Großveranstaltungen immer noch – keine Kleinigkeit. Spezialisten wissen, dass zum Beispiel die Anlage hilfreicher Wasserleitungen den Architekten viel Kopfzerbrechen bereitete, weil sie mangels Isoliertechniken bei Frost leicht platzen konnten. Für die Einrichtung öffentlich zugänglicher Abortanlagen in Versailles hatte im Übrigen bereits Ludwig XIII. gesorgt, wie Jean-Claude Le Guillou dokumentiert.[179]

Gewiss, Ludwig XIV., so schildern es auch viele Autoren und Kulturhistoriker wie etwa Paul Englisch an der Schwelle des 20. Jahrhunderts, versammelte bei seinen stundenlangen Leibstuhl-Sitzungen und auch bei der Klistierverabreichung gern Mitglieder des Hofs um sich. Er genierte sich offenbar nicht, seine Geschäfte auf einem edel verzierten Toiletten-Thron in einiger Öffentlichkeit zu verrichten. Wenn die Überlieferung zutrifft, wurden seine Ausscheidungen schließlich an sich ehrerbietig verneigenden Höflingen vorbei- und zum Medicus getragen, der sie dann mit allen Mitteln der zeitüblichen ärztlichen Kunst untersuchte. (Die Urin- und Kotbeschau gehört seit der Antike zum festen Arsenal ärztlicher Kunst.)

Zu denken gibt, ob dieser für heutige Begriffe sehr ungewöhnlichen Praktik der Erleichterung freilich der Zeitraum, zu dem sie mit wachsender Ekelwonne thematisiert wurden. Wenn nicht alles täuscht, wurden die vom Hof überlieferten Anekdoten nach der bürgerlichen Entsorgung des verhassten Ancien Régime schon deshalb immer drastischer, anrüchiger und auch märchenhafter, weil die Nachwelt möglichst schlecht über die höfischen Zeiten denken sollte. Von nationalistischen Überheblichkeitsgefühlen gar nicht zu reden – in Deutschland zum Beispiel kam ab dem späten 18. Jahrhundert die »Lasterhaftigkeit der französischen Hofkultur« unter dem – nun als Blender »demaskierten« Sonnenkönig – in jeder Hinsicht aufs Tableau. Und zwar nicht zuletzt, weil die Gelehrten die Briefe der Herzogin von Orléans entdeckt hatten, einer »teutschen« Stimme, die ein willkommen »getreues Bekenntnis von ihrer Denkungsart, so wie auch auf der andern Seite von den damaligen verdorbenen Sitten des französischen Hofes und seiner zum Teil höchst verachtungswürdigen Creaturen«, lieferte.[180]

Über die 1652 in Heidelberg geborene Liselotte von der Pfalz ist viel geschrieben worden. Vor allem schrieb Madame unentwegt selbst – insgesamt soll sie rund 60 000 Briefe in ihrer prägnanten Handschrift verfasst haben, von denen jedoch nur circa 6000 erhalten sind. Sie liegen seit dem späten 18. Jahrhundert in einer Fülle sehr unterschiedlich edierter, nie vollständiger, zumeist um derb formulierte Passagen bereinigte und zudem der jeweils bevorzugten Orthografie eigenwillig folgenden Zusammenstellungen vor.

Die überwiegend auf Deutsch – zum Teil aber auch im perfekten Französisch – verfassten Schreiben faszinieren mich durch ihre ungeschminkte und frische Sprache sowie durch zahlreiche plastische Schilderungen und frappierende Vergleiche. Helmuth Kiesel skizziert, was »heute bei der Lektüre von Elisabeth Charlottes Briefen interessiert und manchmal fast schmerzlich berührt«, treffend so: »das Leiden dieser entmündigten und zur Passivität verurteilten Frau in einer streng patriarchalisch geordneten und auf männliche *grandeur* versessenen Gesellschaft.«[181] Das Leiden begann 1671, als die wohl wenig geliebte Tochter des Kurfürsten Karl Ludwig von der Pfalz den Herzog Philipp I. von Orléans ehelichte. Nachdem sie als Duchesse d'Orléans an den äußerlich glänzendsten Hof Europas nach Frankreich übergesiedelt war, gehörte die 19-Jährige umgehend zum engsten Zirkel. Der Bruder ihres Gatten hieß ja Ludwig XIV.

Herzog Philipp I. erwies sich schon bald als ein lebemännischer und von Günstlingen umschwärmter Partner, dessen Homosexualität ihr nicht lange verborgen blieb. Nach der Geburt des dritten Kindes lebte das Paar getrennt; 1701 verstarb Monsieur. Mit seinem Bruder, dem »großen Mann«, verstand sich Liselotte zunächst sehr gut. Sie teilte seine Vorliebe fürs Theater, die Freude an gemeinsamen Jagdabenteuern und den Sinn für Reputation, und sie verbrachte mit ihm ausweislich ihrer Briefe viele angenehme Stunden.

Madame beherrschte ihre Rolle als führende Dame des Hofes, so viel steht fest. Die Herzogin von Orléans bekleidete nach der Königin immerhin die Rolle der zweiten Frau im absolutistischen Reich. Sie lebte gut neun Monate eines jeden Jahres eng beim König. Nachdem Liselotte sieben Jahre Erfahrung am zunächst in Saint Germain residierenden französischen Hof gesammelt hatte, drängte es die Herzogin wohl das erste Mal, ihrer hochgeschätzten Tante Sophie, der Kurfürstin von Hannover, ganz unverblümt ein kleines intimes Resümee zukommen zu lassen. Am 24. Juli 1678 berichtet sie u. a.: »Man spricht all frey genung von allerhand natürliche sachen. Ich weiß ein galand, welchen ich aber nicht nennen will noch darf, welcher mit seiner maitresse auf'n kackstuhl geht und wenn eins von ihnen seine sachen verricht hatt, dann setzt sich das andere drauf, und entreteniren [unterhalten] einander auf diese weise. Und ein ander paar kenne ich auch, die einander vertrauen, wenn sie ein clistier nehmen und von nöten haben; ich habe solches mit meinen eygenen ohren gehört und der liebhaber bekannte, daß er solches von nöten, weillen er den abend zuvor zu viel gefressen hatte, so ihm ein groß magenwehe verursachte, drum wolle er ein clistier nehmen, um desto besser wieder zu mittag zu essen, ohne desgoust [Widerwille]. Wenn das Teutsche täten, wie sollten die Frantzossen lachen, aber weillen sie es selber tun, so ist es gar höflich ...«[182]

Wohlgemerkt *einige* Mitglieder des hohen Adels hatten im Zeitalter des Barock offenbar ein reduziertes Schamempfinden beim Umgang mit der menschlichen Verrichtung. Jean-Claude Bologne spricht mit Fug von einer »sozial und historisch begrenzten Ausnahme«.[183] Die gezielt als Machtdemonstration inszenierte Klosett-Thronsitzung – von zeitgenössischen Briten angewidert als französische Eigentümlichkeit, *the French courtesy*, bezeichnet – wurde während der Barockzeit durchaus als Verstoß gegen die guten Sitten und das Peinlichkeitsempfinden gewertet. So verließ 1703 der Bischof von Parma empört das Land, als General Louis II. Joseph de Bourbon (1654–1712) – auch bekannt als *le Grand Vendôme* – ihm genau diese »Ehre« zuteilwerden ließ. Carl Düclow schildert die Szene so:

»Der Herzog von Parma sandte den Bischof zum Herzog von Vendome, der die Spanische Armee in Italien kommandirte, und mit dem er gewisse Geschäfte abzuhandeln hatte. Der Feldherr befand sich im Hemd auf seinem Nachtstuhl, als man den Bischof ankündigte. Er ließ ihn hereinkommen, und that sich nicht mehr Zwang an, indem er ihm Audienz gab, als er es bey der Armee gewohnt war. Ohne das Gespräch über die Angelegenheit zu unterbrechen, setzte er die verschiedenen Handgriffe seiner Toilette in Gegenwart des Prälaten fort, der sehr beleidigt zurückkam, und versicherte, daß er nie wieder bey einer so indecenten Audienz erscheinen würde.«[184]

Klosett-Thronsitzungen konnten ihre Wirkung im Übrigen nur deshalb entfalten, weil es für Menschen jedweder Herkunft ganz überwiegend schon immer beschämend war, auf dem Abort von anderen beobachtet zu werden oder andere beobachten zu müssen. In den 1580er Jahren bekannte zum Beispiel Michel de Montaigne (1533–1592) im Ersten Buch seiner bestechenden *Essais*, wie er es mit dem unausweichlichen Vorgang hielt, den unser Körper erzwingt. Im Abschnitt über *Unsere Gemütsbewegungen* heißt es – in der modernen Übersetzung von Hans Stilett:

»Kaiser Maximilian [...] war ein mit guten Gaben überreich begnadeter Fürst; unter anderem zeichnete ihn eine außergewöhnliche Schönheit aus. Im Unterschied zu den anderen Fürsten jedoch, die bei der Abwicklung der wichtigsten Staatsgeschäfte ihren Topfstuhl zum Thron zu machen pflegten, gehörte es zu seinen Eigenheiten, daß er auch dem vertrautesten Kammerdiener niemals erlaubt hätte, ihm bei der Verrichtung seiner Notdurft zuzusehn. Wenn er sein Wasser abschlagen wollte, stahl er sich hinweg, und schamhaft wie eine Jungfrau wies er es zurück, vor einem Arzt oder wem auch immer die Körperteile zu entblößen, die man versteckt zu halten gewohnt ist.

Selbst ich, der ich ein so unverschämtes Mundwerk habe, bin von Natur aus mit dieser Verschämtheit belastet. Entleerungsdrang oder Wollust müssen schon übermächtig sein, ehe ich irgend jemanden die Körperteile oder Verrichtungen sehen lasse, die niemanden sehn zu lassen unsre Sitte vorschreibt. Die Sache ist mir peinlicher, als es, meine ich, einem Mann zukommt, vor allem einem Mann meines soldatischen Standes.«[185]

Schon von König Ludwig XI. (1423–1483) – *le prudent*, der Vorsichtige – ist überliefert, dass er seinen Leibstuhl hinter einem Vorhang aufsuchte, damit er bei Sitzungen nicht unangenehm überrascht werden konnte. Zudem ließ er Rainfarn versprühen, um seinen Gästen unvermeidbare Ausdünstungen nicht in die Nase steigen zu lassen und um den für ihn offenbar als peinlich empfundenen Erleichterungsort hinter den Vorhängen so gut es ging in angenehmen Duft zu hüllen.

Die Peinlichkeitsschwelle in Fragen intimer Verrichtungen liegt in aller Regel seit jeher relativ hoch. Denn was meint Liselottes im Juli 1678 artikulierter Hinweis auf das am Hof praktizierte freie Reden über »allerhand natürliche sachen«? Sie spielt damit auf ihr Peinlichkeitsempfinden an, darauf, dass freies Reden über intime Dinge für sie selbst keine Selbstverständlichkeit war. Wie ihre Schriftstücke zeigen, hielt die Adelige den von ihr gepflegten schambedingten Abstand zur eigenen Entleerungspraktik auf ihre spezielle Weise hoch, indem sie durch gezielt provokante Schilderungen und eine unmissverständliche Wortwahl das Demütigende zu übertünchen versuchte. Ausschließlich in vertraulichen Briefen an ihr absolut vertraute Empfängerinnen, versteht sich.

Liselotte hat – ungewollt – für heutige Leserinnen und Leser ihrer Briefe keinen Zweifel daran gelassen, dass ihr unter normalen Umständen immer ein bequemer »Kackstuhl« zur Verfügung stand, auf dem sie sich ganz gewiss nicht in Gegenwart von Höflingen präsentierte. Sie und ihresgleichen waren folglich nicht auf einfache Nachttöpfe oder auch außen gelegene Latrinen angewiesen, sondern verfügten über einen bequemen Leib- bzw. Nachtstuhl mit Porzellanbecken – natürlich mit Samt überzogen und mit Fransen geziert, und bei Bedarf stand ein Leuchtertisch zum Lesen daneben. Diese mobile Toilette wurde von den porte-chaise d'affaires bei Bedarf in den Gemächern bereitgestellt und später wieder abgeholt und geleert. Liselotte forderte sie mindestens zweimal täglich an. Und was passierte dann? Ihrer Tante Sophie berichtet sie am 1. Mai 1704:

»Wenn ich die romans lange und an einem stück lesen müßte, würden sie mir beschwerlich fallen; ich lese aber nur ein blatt 3 oder 4, wenn ich met verlöff auf dem kackstuhl morgens und abends sitze, so amüsierts mich und ist weder mühsam noch langweilig so.«[186] Als junges Mädchen im Heidelberger Schloss ihres Vaters Karl Ludwig hatte Liselotte übrigens bereits viel praktikablere Bedingungen als am französischen Hof vorgefunden. Im 1610 fertiggestellten zweistöckigen Friedrichsbau gab es in der Nordostecke Aborte, die über einen Gang direkt von den Wohnräumen des Kurfürsten aus erreichbar waren. Unter deren hölzernen Sitzen befand sich ein Fallrohr, das unten im Fasskeller endete, von wo aus die herrschaftlichen Exkremente dann entsorgt wurden. Zur Entlüftung der Fäkaliengrube diente ein außen am repräsentativen Bau angebrachter Löwenkopf mit geöffnetem Maul.[187] Ludwig XIV. ließ erst 1700 einen Leibstuhl mit einer Art Wasserspülung in einem Wandschrank einrichten. Auch ein Hinweis darauf, dass er im höheren Alter weit weniger ungeniert mit seiner Exkretion verfuhr.

Elisabeth Charlotte von Orléans blickte auf ein gut fünfzig Jahre währendes Leben im französischen »Exil« zurück, als ihr 1722 im Schloss Saint-Cloud an der Seine das letzte Stündlein schlug. Linderung vom Leidensdruck im höfischen Alltag hatte ihr bis dahin vor allem die Korrespondenz mit ihrer Tante, der Kurfürstin Sophie von Hannover (1630–1714) und ihrer Halbschwester, der Raugräfin Louise von Degenfeld (1661–1733), verschafft. Mit Sophie, der Gattin des Kurfürsten Ernst August von Hannover und Mutter von sieben Kindern – darunter Preußens erste Königin Sophie Charlotte sowie der englische König Georg I. – pflegte Liselotte seit den Kindertagen ein großes Vertrauensverhältnis. In dem lebhaften Briefwechsel zwischen den beiden Damen gab es keine Geheimnisse, obwohl der Briefverkehr im Auftrag des französischen Polizeiministers mitgelesen, aber wohl nicht zensiert wurde. Dass Liselotte in ihren Briefen hin und wieder auch auf sanitäre Probleme und menschliche Erleichterungspraktiken zu sprechen kommt, hat sich gewiss herumgesprochen – kaum eine einschlägige Publikation verzichtet insbesondere auf eine offenherzige Schilderung aus dem Jahr 1694, in der sich Madame über den Mangel an Aborten echauffiert. Der Historiker Peter Payer etwa merkt bei der Zitation zusätzlich an: »Insgesamt kommt in dem Brief über dreißigmal das Wort ›Scheiße‹ in allen möglichen Abwandlungen vor.«[188]

Zu meiner großen Überraschung fand ich in den zahlreichen zugänglichen Briefsammlungen aus dem 19. und 20. Jahrhundert weder den legendären Brief selbst, noch eine Angabe, wer die orthografisch neumodische deutsche Fassung bewerkstelligt hatte. Da viele Publizisten in ihren Nachweisen auf den Abdruck im *Scheiß-Buch* aus den 1980er Jahren verweisen, in dem sich allerdings kein Herkunftsnachweis findet, kontaktierte ich den Herausgeber Werner Pieper, der jedoch auch nicht mehr zu sagen weiß, woher der Text stammt. Florian Werner, Verfasser des Sachbuchs *Dunkle Materie. Die Geschichte der Scheisse*, der das sprachlich modernisierte Zitat auch anführt, teilte mir freundlicherweise mit, seines Wissens sei die Quelle »wohl die *Bibliotheca Scatologica*«, ein französisches Sammelwerk aus dem Jahr 1846. Als ich es heranzog und mit fachlicher Hilfe überprüfte, wurde ich in der Tat fündig. Es verzeichnet sogar zwei Briefe »über das Scheißen« – freilich mit dem Kommentar: »Die Auflagen, die sich die Autoren für die *Bibliotheca Scatologica* auferlegt haben, verbieten es, die beiden Briefe in voller Länge abzudrucken; aber eines Tages wollen wir sie in voller Länge mit Anmerkungen, Kommentaren und Illustrationen herausgeben.«[189]

Der von den Verfassern angekündigte umfassende Abdruck mit allen Schikanen kam meines Wissens nie zustande. Immerhin, die von ihnen angegebene Quelle erwies sich als zutreffend. In den 1789 durch August Ferdinand von Veltheim zu Braunschweig

(1741–1801) veröffentlichten *Anekdoten vom Französischen Hofe vorzüglich aus den Zeiten Ludewigs des XIV.* sind sowohl der am 9. Oktober 1694 von Liselotte verfasste Brief, als auch der ihrer Tante Sophie vom 31. Oktober 1694 abgedruckt.[IV] Beide Schreiben wurden von den Damen in französischer Sprache abgefasst.

In seinen Altersaufzeichnungen *Siebzig verweht* erwähnt der Schriftsteller Ernst Jünger (1895–1998), dass er in Paris mit großem Interesse den dort zugänglichen Briefwechsel von Liselotte mit ihrer Tante Sophie einsah: »Ich fand mein Lesezeichen in der ›Correspondance‹ Liselottens von Orléans wieder und setzte die Lektüre fort. Dabei stieß ich auf zwei Briefe, die ich noch nicht gekannt hatte. [...] Eine Fäkalorgie zwei hochintelligenter, auch kultivierter Frauen, von denen die Herzogin die derberen Züge trägt. Sie ist auch die Anstifterin. Noch volles, üppiges Barock. Offenbar eine Verdrängung – ist die Vordertür verriegelt, drängt es zu der hinteren heraus.«[190]

Was der des Französischen mächtige Ernst Jünger las und ihn ziemlich berührte, möchte ich niemandem vorenthalten. Die von mir gleich dargebotenen beiden Übertragungen erstellte Reinhilt Richter-Bergmeier. Erst einmal muss ich aber hinterleuchten, unter welchen Umständen es überhaupt zu der »Fäkalorgie« kam: Die Herzogin hielt sich im Oktober 1694 nicht in Versailles, sondern im Schloss Fontainebleau áuf, dem wohl ersten Renaissancebau in Frankreich (heute Weltkulturerbe). Nun gab es in dem Appartement, das Madame bewohnte, zu ihrem großen Entsetzen keinen einzigen Leib- bzw. Kackstuhl. Warum sie dieser Umstand in Schwierigkeiten brachte, wird nachvollziehbar, wenn ihr Körperbau mit ins Spiel kommt. Sie litt, wie ihre Briefe und auch Porträts belegen, spätestens ab den frühen 1860er Jahren an einer erheblichen Fettleibigkeit, die sie 1694 bereits »so schwer« gemacht hatte,

---

IV August Ferdinand von Veltheim, Gutsherr auf Harbke und königlich preußischer Berghauptmann, wurde am 6. Juli 1798 in Berlin in den preußischen Grafenstand erhoben.

dass sie »schir keine exercitizien mehr« ohne Unbequemlichkeit ausüben konnte.«[191]

Wie fühlt sich eine Dame, die sich nicht mehr problemlos bewegen kann, wenn ihr von den Kammerfrauen bedeutet wird, sie müsse sich fürs große Geschäft nach draußen begeben? Elisabeth Charlotte beantwortete diese Frage am 9. Oktober 1694 gegenüber der Kurfürstin von Hannover wahrlich nachhallend:

»Sie sind in der sehr glücklichen Lage scheißen zu gehen, wann immer Sie wollen; scheißen Sie also, so viel Sie mögen. Für uns hier ist es nicht so; ich bin hier gezwungen, meinen Scheißhaufen bis zum Abend zu behalten; es gibt keinen Kackstuhl in den Häusern an der Waldseite. Ich habe das Pech, eines davon zu bewohnen, und folglich den Kummer, hinauszugehen um zu scheißen, was mich ärgert, weil ich gern in Ruhe scheiße, und ich scheiße nicht in Ruhe, wenn sich mein Arsch nicht auf etwas setzen kann. Und im übrigen sieht uns jeder scheißen; da laufen Männer, Frauen, Mädchen, Jungen, Pfarrer und Schweizer [Gardemitglieder] vorbei; daran sehen Sie, dass es kein Vergnügen ohne Mühe gibt und dass ich mich, wenn man nicht scheißen würde, in Fontainebleau wie der Fisch im Wasser fühlte.

Es ist sehr ärgerlich, dass meine Freuden von Scheißhaufen unterbrochen werden; ich wünschte, derjenige, der als erster das Scheißen erfunden hat, könnte nur mit Prügeln scheißen, er und seine ganze Sippe! [...] Kann es sein, dass man nicht leben kann ohne zu scheißen? Seien Sie bei Tisch in der besten Gesellschaft der Welt, wenn Sie scheißen müssen, müssen Sie scheißen gehen. Seien Sie in Gesellschaft eines hübschen Mädchens oder einer Frau, die Ihnen gefällt, wenn Sie scheißen müssen, müssen Sie scheißen gehen oder verrecken. Ach verdammtes Scheißen! Ich wüsste nichts Hässlicheres als zu scheißen.

Sehen Sie eine hübsche, sehr niedliche, sehr saubere Person, und Sie rufen aus: Ach wäre das hübsch, wenn sie nicht scheißen würde! Ich verzeihe es Lastenträgern, Gardesoldaten, Sänftenträgern und Leuten dieses Kalibers. Aber die Kaiser scheißen, die Kaiserinnen scheißen, die Könige scheißen, die Königinnen scheißen, der Papst scheißt, die Kardinäle scheißen, die Prinzen scheißen, die Erzbischöfe und die Bischöfe scheißen, die Ordensgeneräle scheißen, die Pfarrer und die Vikare scheißen. Geben Sie also zu, dass die Welt voll hässlicher Leute ist! Denn es ist schließlich so:

man scheißt in die Luft, man scheißt auf die Erde, man scheißt ins Meer, das ganze Universum ist voll von Scheißern und die Straßen von Fontainebleau von Scheiße; vor allem mit Scheiße von Schweizern, denn die machen Haufen – dick wie Sie, Madame. Wenn Sie glauben, einen schönen kleinen Mund zu küssen, mit ganz weißen Zähnen, küssen Sie eine Scheißemühle, alle Köstlichkeiten, die Biscuits, die Pasteten, die Torten, die Füllungen, die Schinken, die Rebhühner etc., alles ist nur dazu da, durchgedrehte Scheiße zu machen.«[192]

Gibt es so etwas wie ein Scheiß-Trauma? Wenn ja, dann litt für mein Dafürhalten die Herzogin von Orléans genau darunter. Offensichtlich empfand sie die Notdurftbefriedigung weniger als befriedigend, als vielmehr so peinlich wie demütigend: »Ach verdammtes Scheißen! Ich wüsste nichts Hässlicheres als zu scheißen.« Der französische Historiker Jean-Claude Bologne unterstreicht in seiner *Geschichte des Schamgefühls*, dieser Brief offenbare »mehr Schamgefühl, als die Wortwahl vermuten lässt«.[193] Scham empfand die Herzogin besonders dann, wenn sie sich in gewissen Situationen beim Rockheben den Blicken von Bediensteten, Geistlichen, Wachsoldaten und anderen Passanten mehr ausgesetzt sah. Ich kann gut nachvollziehen, dass sie dieser sie verletzenden Aufhebung der Intimität mit provokant groben Formulierungen das Demütigende nehmen wollte.

Konnte Kurfürstin Sophie diese Wortdiarrhöe über die unhaltbaren körperhygienischen Zustände in Fontainebleau verkraften?

Oh ja. Die zu jener Zeit auf 64 Lebensjahre zurückblickende Adelige war übrigens schlank und erfreute sich zeitlebens guter Gesundheit. Am 31. Oktober 1694 antwortet sie postwendend aus Hannover:

»Das ist eine vergnügliche Scheiß-Überlegung, die Sie zum Thema Scheißen machen, und es scheint wohl, dass Sie die Vergnügungen nicht wirklich kennen, da Ihnen die des Scheißens nicht bekannt ist; das ist Ihr größtes Unglück, man muss im Leben nie geschissen haben, um das Vergnügen nicht empfunden zu haben, das man hat, wenn man scheißt; denn man kann sagen, von allen Notwendigkeiten, denen die Natur uns unterworfen hat, ist die zu scheißen die angenehmste.

Man sieht kaum Leute, die scheißen, die nicht finden, dass ihr Haufen gut riecht, die meisten Krankheiten bekommen wir nur deshalb, weil wir nicht scheißen, und die Ärzte heilen uns nur dadurch, dass sie uns zum Scheißen bringen, und wer besser scheißt, wird eher gesund, man kann sogar sagen, dass man nur isst, um zu scheißen, und ebenso, dass man nur scheißt, um zu essen, und wenn das Fleisch Scheiße produziert, kann man genauso gut sagen, das die Scheiße Fleisch produziert, da die köstlichsten Schweine die sind, die am meisten Scheiße fressen.

Wird auf den köstlichsten Tischen nicht die Scheiße als Ragout serviert? Bereitet man nicht Braten aus Scheiße vor, aus Schnepfen, aus Sumpfschnepfen, aus Lerchen und anderen Vögeln, und serviert man diese Scheiße nicht als Zwischengang, um den Appetit anzuregen? Die Blutwürste, die Kuttelwürste und die Würstchen, sind das keine Ragouts in Därmen aus Scheiße?

Und die Erde, würde sie nicht steril, wenn man nicht schisse? Denn sie produziert die notwendigsten und köstlichsten Speisen nur mit Hilfe von Haufen und Scheiße; und dabei ist es doch so, dass jeder, der auf sein eigenes Feld scheißen kann, nicht zum Scheißen auf das Feld eines anderen geht. [...] Die schönsten Frauen sind die, die am besten scheißen; die, die nicht scheißen, werden trocken und mager und folglich hässlich. Die schönsten Teints bleiben nur durch häufige Einläufe, die einen zum Scheißen bringen, erhalten, wir schulden die Schönheit also der Scheiße.

Die Ärzte schreiben kaum gelehrtere Abhandlungen als über die Scheiße der Kranken. [...] Die Kinder, die am meisten in ihre Windeln scheißen, sind am hellsten und molligsten.

Stimmen Sie also zu, dass scheißen die schönste, nützlichste und angenehmste Sache der Welt ist. Wenn Sie nicht scheißen, fühlen Sie sich schwer, widerlich und schlecht gelaunt; wenn Sie scheißen, werden Sie leicht, fröhlich und hungrig. Essen und scheißen, scheißen und essen, das sind die Handlungen, die aufeinander folgen und sich gegenseitig ablösen, und man kann sagen, dass man nur isst, um zu scheißen, wie man nur scheißt, um zu essen. [...] Sie waren äußerst schlecht gelaunt, als Sie so gegen das Scheißen gewettert haben; ich kann den Grund dafür nicht erraten, außer dass Sie sicher in Ihre Hosen geschissen haben, weil Ihr Band sich verknotet hatte. Schließlich haben Sie die Freiheit, überall zu scheißen, wenn Sie dazu Lust haben, Sie brauchen auf niemanden Rücksicht zu nehmen, das Vergnügen, das man sich beim Scheißen verschafft, reizt Sie so stark, dass Sie ohne Rücksicht auf den Ort, an dem Sie sich befinden, auf den Straßen scheißen, in den Alleen scheißen, auf den öffentlichen Plätzen scheißen, vor der Tür eines anderen scheißen, ohne sich darum zu kümmern, ob der es gut findet oder nicht, und beachten Sie, dass das Vergnügen für den Scheißer weniger peinlich ist als für die, die ihn scheißen sehen, dass also in der Tat die Annehmlichkeit und das Vergnügen nur beim Scheißer liegen. Ich hoffe, dass Sie nun Ihre Absicht zurücknehmen, das Scheißen in so schlechten Ruf zu bringen, und dass Sie zustimmen, dass man ebenso gern nicht leben würde wie nicht zu scheißen.«[194]

Kurfürstin Sophie war allen einschlägigen Biografien zufolge eine außergewöhnliche und humorvolle Persönlichkeit, sie war gebildet, belesen und gebot über einen außergewöhnlich scharfen Verstand.[195] Ihr Beitrag zu der von Ernst Jünger sogenannten »Fäkalorgie« lässt daran keinen Zweifel. Er ist so klar formuliert, dass er keine Kommentierung benötigt. Hervorgehoben sei ihre kluge, ja mütterliche Analyse, Liselotte seien »die Vergnügungen« des Scheißens »nicht bekannt« – sie könne unmöglich »leicht, fröhlich und hungrig« durchs Leben kommen, wenn sie das Scheißen nicht als »die angenehmste« Notwendigkeit akzeptiere, der »die Natur uns unterworfen hat«.

Der höfische Alltag und die Lebens- und Arbeitsbedingungen der immerhin bis zu 20 000 Menschen, die zu Zeiten des Sonnenkönigs in Versailles zugegen waren, hatten gewiss viele Schattenseiten. In großen Teilen der aus gut 2000 Räumen bestehenden Schlossanlage ging es sehr unkomfortabel zu. Viele der Unterkünfte waren beengt, die meisten Räume trotz der Kamine schlicht unangenehm kühl, es gab viel Schmutz und alles andere als ideale sanitäre Verhältnisse. Viele Höflinge und zumal die Gäste konnten nur die kollektiven Latrinen außerhalb der Gebäude aufzusuchen, die aufgrund der steten Benutzung im Zweifelsfall strenge Ausdünstungen verströmten. Im Umkreis des Schlosses standen 29 Abortgruben zur Verfügung – nicht unbedingt zur Freude einiger Bewohner, die insbesondere »die großen Unannehmlichkeiten, welche die Entleerungsmaßnahmen verursachen« beklagten.[196]

Die ausschließlich auf das streng symmetrische architektonische Erscheinungsbild fixierten Architekten und Baumeister von Versailles hatten für die große Schar der Domestiken und Höflinge schlicht keine ausreichende Zahl von gut erreichbaren Aborten eingeplant. Aborterker, die für viele Burgen und Schlösser seit dem frühen Mittelalter eigentlich selbstverständlich waren, passten offenbar nicht ins ästhetische Konzept. Zur Not erleichterte sich die oder der andere denn auch in geschützten Bereichen von Höfen, Galerien und Treppen. Dennoch, die in vielen Schriften gern eingestreuten hygienischen Skandalbefunde vom Hof sind zumindest übertrieben. In den repräsentativen Räumen von Versailles pinkelten oder schissen die Leute gewiss nicht nach Kräften hinter die bodenlangen Vorhänge. Auch in den vielfrequentierten Parkanlagen des Schlosses gab es Scheißhaufen nicht auf Schritt und Tritt. Zwar beklagten viele zeitgenössische Beobachter, die Wege seien »verkotet«. Da damals mit *Kot* aber alle Arten von Dreck und Matsch bezeichnet wurden, dürfte mit dem Befund einer Verkotung nicht selten schlicht ein von Regengüssen aufgeweichter Untergrund in dem ohnehin sumpfigen Gebiet gemeint gewesen sein.

Einen – milden – Horror empfand Liselotte vor der heute touristisch so beliebten Großstadt Paris. Insbesondere an heißen Tagen war die Metropole zu jener Zeit zweifellos kein Hort des Wohlgeruchs. So berichtet sie am 20. August 1718: »Es haben etlich leutte prophezeyd, daß es bis mitwoch regnen soll. Gott gebe es! Aber so lang es nicht regnet, wird man mich gewiß nicht zu Paris sehen. [...]. Paris ist ein abscheulicher, heyßer undt stinkender ort nun, die gaßen stinken, daß mans nicht ausstehen kann. Der gestank kommt von den metzgern; denn in dieser hitze verfault viel fleisch, die fisch dann, viel fisch, daß mit den mengten leuten, so in den gassen pissen, macht einen solchen abscheuligen gestank, daß einen recht übel dabey wärn mögte ...«197

In der damals fast eine halbe Million Einwohner beherbergenden Metropole Paris gab es – wie in anderen Städten auch – noch keine geeignete Lösung für die Entsorgung menschlicher Exkremente. Es kam nicht selten vor, dass der Inhalt der Nachttöpfe aus dem Fenster gekippt wurde – jedenfalls ist die Warnung *Gare l'eau*! überliefert, die Straßenpassanten die Chance geben sollte, den üblen Güssen rechtzeitig auszuweichen. Da keine öffentlichen Bedürfnisanstalten zur Verfügung standen, dienten nicht zuletzt die Bäume und Sträucher in den zentral gelegenen Tuilerien als willkommene Anlaufpunkte der Erleichterung. Und das konnte bei entsprechender Witterung durchaus unangenehme Geruchsbelästigungen verursachen. In Paris stank es zuweilen noch Ende des 18. Jahrhunderts ziemlich gegen den Wind. Louis Sébastien Mercier (1740–1814) lässt daran in seinem bahnbrechenden Werk *Tableau de Paris* keinen Zweifel. Übrigens war er einer der ersten, der auf Keime als Krankheitserreger aufmerksam machte – ein Befund, der gesellschaftlich wirksam erst ab Mitte des 19. Jahrhunderts für Konsequenzen sorgen sollte. Mit Verweis auf die »Luftverpestung« schildert der literarische Reporter um 1780 dieses beklemmende Szenario:

»Nehmen wir zum Beispiel den Mief, der in den Häusern herrscht und für deren Bewohner eine Dauerbelästigung darstellt. Er rührt her von den Fäkaliengruben, mit denen ein jedes Gebäude ausgestattet ist. Diese unzähligen Latrinen verbreiten pestilenzialischen Gestank und verseuchen namentlich des Nachts, wenn sie geleert werden, ganze Quartiere, was schon so manchen der Unglücklichen, die – vom Elend gezwungen – solch gefährlicher und ekelhafter Arbeit nachgehen, das Leben gekostet hat. Häufig genug sind diese Gruben schlecht konstruiert und lassen ihren Inhalt in die benachbarten Brunnen sickern. Dies hindert jedoch die Bäcker nicht im geringsten daran, ihr Wasser wie seit eh und je von dort zu holen, obschon sie dadurch unser gebräuchlichstes Nahrungsmittel unvermeidlich zum Träger böser Keime machen. Auch kommt es vor, daß die Kloakenentleerer die Jauche der Einfachheit halber im Morgengrauen in den nächsten Abzugsgraben oder Rinnstein kippen, statt sie mühsam aus der Stadt zu schaffen. Langsam fließt dann die abscheuliche Soße die Straßen hinunter auf die Seine zu, an deren verseuchten Ufern dann die Wasserträger ihre Eimer wieder füllen – füllen mit dem Wasser, das die abgehärteten Pariser nun mal trinken müssen, ob sie wollen oder nicht.«[198]

P.S. Elisabeth Charlotte wie auch ihre Tante Sophie waren außergewöhnliche Persönlichkeiten. Die Kurfürstin, das sei nachgetragen, bereicherte ab 1680 das geistige Leben des Herzogtums Hannover immens durch die Berufung des Philosophen Gottfried Wilhelm Leibniz (1646–1716) an ihren Hof. Er diente Sophie bis zu ihrem Todestag am 8. Juni 1714 als guter Freund und Berater. Liselotte wiederum, die ja über alles bestens brieflich informiert war, lobte 1705 bezeichnenderweise dessen Sinn für Hygiene: »... Aus alles, was ich vom herrn Leibniz höre und sehe, muß er gar großen verstand haben und dadurch angenehm sein. Es ist rar, daß gelehrte leute sauber sein und nicht stinken, und raillerie [Spaß] verstehen.«[199] Und genau dieser große Gelehrte, der auch mit Liselotte korrespondiert hatte, verfügte über eine ganz spezielle Konstruktion, die ihm als Leibstuhl diente. Eine präzise Schilderung des Möbelstücks liefert der Technikhistoriker Franz-Maria Feldhaus (1874–1957). Er berichtet in seinem 1921 als Privatdruck erschienenen *Fröhlich Buch für stille Orte*:

»Als ich vor einigen Jahren im Kunstgewerbemuseum zu Hannover das Leibnizzimmer besuchte, fiel mir ein starkes Buch auf, das an den Sterbesessel des großen Philosophen gelehnt stand. Ich besah es mir von allen Seiten und bemerkte, daß es zwar einen schönen Einband, aber keine Blätter enthalte. Also rief ich den Diener herbei und fragte ihn, was dieses sonderbare Buch gerade in diesem Zimmer zu bedeuten habe. [...] Er nahm er den Folianten und ging damit in die Mitte des Raumes. Dort klappte er die schweren Metallschließen des Großfoliobandes auf und stellte die beiden hölzernen Einbanddecken so auf die Erde, daß sie einen rechten Winkel zueinander bildeten. Aus dem einen der Deckel klappte er dann eine Bretterwand heraus. Jetzt bildeten die Einbanddecken mit der Bretterwand diese Figur: [

Erstaunt sahen wir zu. Aus dem anderen Deckel klappte der Alte ein kürzeres Brett mit einem großen Loch heraus und legte es so, daß es die drei Wände oben bedeckte. [...] Da sagte der Alte: Dieses Buch nahm Leibniz auf allen seinen Reisen in seiner Kutsche mit und wenn er denn einmal durch einen Wald kam, baute er sich den Sitz im Grünen so auf. Das war für den alten Herrn bequem.«[200]

Und noch ein Nachtrag: Gottfried Wilhelm Leibniz bereicherte 2014, mehr als dreihundert Jahre später, in Hannover erneut das geistige Leben, wenn auch indirekt. Was war passiert? Nun, der Künstler Tobias Schreiber hatte im Rahmen eines Straßenkunstprojekts 18 »Helden der Stadt« porträtiert. Seitdem erstrahlt auch das Konterfei von Leibniz an der Marktkirche, präziser: an der dort angebauten öffentlichen Toilette. Namhafte und um den Nachruhm besorgte Anhänger des Philosophen beklagen seitdem dessen Verbindung »mit dem Fäkalbereich« merkwürdigerweise als »beschämend«.[201]

00 8 Stiller Ort ganz aufgeklärt

Im Laufe des 18. Jahrhunderts verbreitete sich die rationalistische Denkweise unter vielen Gebildeten Europas. Vertrauend auf die Kraft des Verstandes nahmen sie kritisch alle bis dahin gültigen Ansichten über Staat, Religion, Gesellschaft und Wirtschaft auseinander, forderten Toleranz für Andersdenke, Gleichheit und Gerechtigkeit für alle und Rousseau sogar die uneingeschränkte Gewalt des Volkes. Jean-Jacques Rousseau (1712–1778) war einer der Wegbereiter der Großen Französischen Revolution. Sein Werk ist unlösbarer Bestandteil der französischen und europäischen Literatur- und Geistesgeschichte und sein zu Beginn der Industrialisierung ertönender Weck- und Warnruf »Zurück zur Natur« wirkt bis heute nach.

Rousseaus Gedanken flossen ab dem späten 18. Jahrhundert nachhaltig in die Pädagogik (*Émile*) und die politische Theorie (*Du contrat social*) ein – dass er sie sich – auch – bei seinen legendären stundenlangen Nachtstuhlsitzungen durch den Kopf gingen ließ, liegt in der Natur der Sache. Besonders litt er unter »schlechter Verdauung«, vor allem aber an einer chronischen Blasenschwäche, was er mit dem Hinweis beklagte, eigentlich brauche er jede Minute einen Nachttopf. Von James Boswell (1740–1795), dem Reiseschriftsteller und legendären Biografen des englischen Gelehrten Dr. Samuel Johnson (1709–1784), ist anlässlich eines Besuchs bei Jean-Jacques 1764 überliefert, der »Klausner« säße infolge eines Harnleidens ständig »wie auf Nadeln«.[202]

Rousseaus letzte Lebensjahre waren überschattet – er litt zunehmend an nervlicher Anspannung und Wahnvorstellungen. Einige Jahre nach seinem Tod am 2. Juli 1778 veröffentlichte der

»Königlich Großbritannische Hofrath und Leibarzt in Hannover«, Johann Georg Zimmermann, ein Buch *Ueber die Einsamkeit*. Da heißt es mit Anspielung auf den Philosophen: »Ein feines Nervengewebe, eine große Empfindlichkeit der Imagination, vernichtet alle Kraft des Geistes, wenn die Nerven heftig angegriffen sind. Ach wie stille würde alle Scheelsucht und aller Neid gegen Menschen, die durch irgend eine Geschicklichkeit ihr Glück in der Welt gemacht haben, wenn man wüßte, daß Schmerz oft Jahre lang ihr Hirn zusammenpreßt, ihr Gedächtniß zerdrücket, und ihnen in den meisten Stunden des Tages alle Gedanken benimmt; oder wenn man auch nur wüßte, wie diesen vermeinten Glücklichen zu Muthe ist, wenn sie Stundenlang vergeblich auf ihrem Nachtstuhl sitzen.«[203]

Vergebliches Sitzen auf dem Nachtstuhl plagte auch den großen deutschen Aufklärer Immanuel Kant (1724–1804). Der Philosoph, der zeitlebens nie aus Königsberg herauskam, litt in seinen letzten Lebensjahren unter Verstopfung, Schwierigkeiten beim Urinieren und einem schwindenden Geruchs- und Geschmackssinn. Auch bereiteten ihm seine abgemagerten Gesäßbacken eine große Unbehaglichkeit beim Sitzen – und Sitzen war aufgrund seiner nicht mehr ausreichenden Muskelmasse das Einzige, was ihm noch gelang.[204] In seinen moralphilosophischen Ausführungen findet sich die wohl kaum zufällig auf die Ratschläge von Ärzten bezogene Überlegung: »Es ist keine Wissenschaft mit tautologischen Sätzen so angefüllt als die Moral [...], z. B. wenn Jemand Verstopfung hat, und der Medicus sollte sagen: Mache, daß deine Gedärme schlüpfrig seyn, dunste gut, und verdaue gut, so ist dies, was er gesagt, das, was er eben wissen wollte. Das sind die tautologischen Regeln der Dijudication [Unterscheidungsfähigkeit].«[205]

Im Mittelpunkt dieses Kapitels steht mit Jonathan Swift (1667–1745) der Verfasser von *Gullivers Reisen*. Das als Kinderbuchklassiker gerühmte Buch wäre in der ursprünglichen Fassung allerdings nie und nimmer auf die Gabentische der lieben Kleinen gekommen. Schließlich pinkelt Gulliver auf ein Schloss, werden Exkremente beschrieben, Brüste entblößt, geile Krakeeler vorgeführt und vieles mehr. Schon der Verleger der Erstausgabe hatte 1726 politisch als »staatsfeindlich« gewertete Stellen gestrichen; in den folgenden Auflagen wurden insbesondere im prüden 19. Jahrhundert sämtliche irgendwie anrüchigen Passagen eliminiert. Kapitän Gullivers originale Abenteuer im Umfeld von Riesen, Liliputanern, sprechenden Pferden, korrupten Beamten und Kriegstreibern richteten sich nicht an Kinder, sondern an die erwachsenen Zeitgenossen, deren Moralvorstellungen dem Urheber Swift entschieden gegen den Strich gingen. Er betrachtete Englands Verstrickung in den Spanischen Erbfolgekrieg, die Weltmachtpläne, und den von ihm erlebten heftigen innenpolitischen Parteienstreit zwischen Whigs und Tories mit Grausen.

In der 1982 von Anselm Schlösser herausgegebenen, neu übersetzten Fassung von *Gullivers Reisen* werden die Intentionen des Verfassers wieder nachvollziehbar. Ich beschränke mich auf einen Auszug aus dem zweiten Buch, wo es den Helden nach Brobdingnag verschlägt und wo er sich »in einem ungeheuren Zimmer«, das »zwei- bis dreihundert Fuß breit und über zweihundert hoch war«, in einem »zwanzig Ellen breiten Bett« wiederfindet. Eingeschlossen von einer Herrin, die nach einem von ihm blutig abgewehrten Rattenangriff plötzlich ins Zimmer kommt:

»Sie rief die Magd, um die tote Ratte mit einer Zange aufzuheben und aus dem Fenster zu werfen. Dann setzte sie mich auf einen Tisch, wo ich ihr meinen blutigen Hirschfänger zeigte, den ich an meinem Rockschoß abwischte und wieder in die Scheide steckte. Ich war in der Bedrängnis, mehr als nur ein Geschäft zu verrichten, das kein anderer für mich tun konnte, und deshalb bemühte ich mich, meiner Herrin zu verstehen zu geben, daß ich auf den Fußboden niedergesetzt zu werden wünschte. Nachdem sie das getan hatte, erlaubte mir meine Schamhaftigkeit nicht, mich weiter auszudrücken, als daß ich auf die Tür zeigte und mich mehrere Male verbeugte. Mit großer Schwierigkeit begriff die Frau endlich, was ich tun wollte, und nahm mich wieder in die Hand und ging in den Garten, wo sie mich auf den Boden setzte. Ich ging ungefähr zweihundert Ellen auf die Seite und gab ihr ein Zeichen, nicht herzusehen oder mir zu folgen, versteckte mich zwischen zwei Sauerampferblättern und kam dort den Bedürfnissen der Natur nach.« Und der Erzähler fügt noch hinzu:

»Ich hoffe, der geneigte Leser wird entschuldigen, daß ich auf diese und ähnliche Einzelheiten eingehe; denn wie belanglos sie gewöhnlichen und niedrigdenkenden Seelen auch immer erscheinen mögen, so werden sie einem Philosophen doch sicherlich helfen, sein Denken und seine Einbildungskraft zu erweitern und diese zum Vorteil für das öffentliche und private Leben anzuwenden.«[206]

Hoffen wir es. Der Dubliner Ehrenbürger Jonathan Swift verbrachte seine Kinderjahre in England. Seine Ausbildung erhielt er an der Universität seiner Heimatstadt. Als Schriftsteller machte er sich ab den 1690ern einen Namen, seine politische Karriere in London – erst für die Whigs, ab 1710 ernüchtert für die Tories – blieb eine lehrreich kurze Episode. Sie verhalf ihm bei der Rückkehr nach Irland immerhin zur Dekanatsstellung von St. Patrick in Dublin. Vor allem aber verschärfte sich Swifts literarischer Ton, produzierte der als reizbar, unhöflich und exzentrisch verschriene Mann am laufenden Band scharfzüngig politische Satiren, in denen er nicht zuletzt die Ausbeutung der mittellosen Iren durch englische Gutsbesitzer anprangerte. (Allein seine Prosa füllt eine englische Werkausgabe von vierzehn Bänden, die gesammelten Gedichte füllen ein Buch von knapp tausend Seiten.)

Reverend Dr. Jonathan Swift war journalistisch fast unübertroffen zupackend und als Poet und Romanautor grandios. Auch als Verfasser von Ratgeberbüchern erlangte er Aufsehen. Er publizierte 1721 eins für junge Poeten und eins für junge Gentlemen, 1731 folgten seine *Directions to Servants in General* (vom Butler bis hin zum Milchmädchen). Das Büchlein traf offenbar auch den deutschen Geschmack – bereits 1748 lag es in einer anonymen Übertragung vor. *Des Herrn Dr. Jonathan Swifts wo nicht unverbesserlicher doch wohlgemeynter Unterricht für alle Arten unerfahrner Bedienten, aus vieljähriger sorgfältiger Aufmerksamkeit u. Erfahrung zusammengetragen* liefert im zehnten Kapitel einen Unterricht für die Hausmagd, der auch all die Fragen beantwortet, die zu jener Zeit rund um die Nachttopf- und Leibstuhlnutzung der Herrschaft einfach aufkommen mussten:

»Leeret die Kammergeschirre nicht eher aus, als bis sie ganz voll sind. Sollte sich dieses bey Abend zutragen; so giesset sie auf die Straße hinaus, des Morgens aber giesset sie in den Garten. Denn es würde eine unendliche Arbeit seyn, bey jedem solchen Vorfalle, von dem obersten Boden des Hauses und dem höchsten Zimmer, unten in das Hinterhaus hinunter zu steigen. [...] Waschet dieselben aber niemahls mit anderm Wasser, als eurem eigenen. Welches reinliches Mädgen wollte wohl in andrer Leute Urin herumstöhren? [...] Lasset eurer Frauen Nachtgeschirr den ganzen Tag in ihrem Kammerfenster stehen, damit es ausgewittert werde. [...] Wenn ihr das Bette eurer Frau gemacht habt: so setzt den Kammertopf darunter, aber auf solche Art, daß ihr den Bettvorhang zugleich mit hinunter schiebet, damit er hübsch in die Augen falle, und eure Frau ihn bey dringender Nothwendigkeit sogleich finden könne.«[207]

Jonathan Swift kam bis zu seinem 63. Lebensjahr gesundheitlich relativ gut über die Runden. Ab 1731 verschlechterte sich sein Zustand dann erheblich, er litt unter Taubheit und Schwindel, vor allem aber häuften sich Gedächtnisschwächen und Verwirrungszustände. Er verschied am 19. Oktober 1745 und fand in der St.

Patrick's Cathedral in Dublin seine Ruhestätte. War der lebemännische Ire so etwas wie ein »dirty old man«? Nach Auffassung einiger Literaturwissenschaftler schon, nach meinem Empfinden nicht. Sein Verhältnis zur Frauenwelt war sicherlich ein gespaltenes – nicht zuletzt, weil er dekadente Frauen in Londons Gesellschaft wie auch im einschlägigen Straßengewerbe (street nymphs) ausreichend kennengelernt hatte. Nicht wenige von ihnen litten unter der Syphilis, oder, wie Swifts überwiegend nicht ins Deutsche übertragene Gedichte nahelegen, unter der vorherrschenden Doppelmoral. In seinem Poem *The Lady's Dressing Room* etwa lässt er die überraschend animalische Celia sozusagen keinen Moment aus dem Blick, und dazu gehört auch die erstaunliche Erkenntnis: »Oh! Celia, Celia, Celia shits!«[208]

Schon weil Swift ein Meister der Ironie und zumal skatologischer Fingerzeige war, werden mit ihm seit seinem Tod zahlreiche Schriften in Verbindung gebracht, deren Urheberschaft allerdings nicht verlässlich belegt werden kann. Das gilt – ich meine: leider – auch für die 1733 in Dublin und London unter Pseudonym publizierte Broschüre: *Human ordure botanically considered: the first essay of the kind, ever published in the world / by Dr. S-----t.*

Diese Schrift über *den menschlichen Stuhlgang aus botanischer Sicht* ist laut der *Bibliotheca scatologica* von 1850 eines der amüsantesten Produkte überhaupt. Ich kann dem nur beipflichten. Sie enthält zwei Abschnitte. Im ersten findet sich eine ironische Einleitung an den Gelehrten »Dr. W... d«, im zweiten folgen unverblümte philosophische und praktische Betrachtungen zu dem lebenswichtigen Thema. Ob die von »Dr. S-----t« verantwortete Abhandlung gleichsam auf dem Mist von Jonathan Swift gewachsen ist, muss hier literaturwissenschaftlich und faktisch offen bleiben. Aber damit ist der dubiose Fall noch nicht vom Tisch, denn 1731, also zwei Jahre vor dem Erscheinen von *Human Ordure*, war in der Hansestadt Hamburg – »auf Kosten guter Freunde« – die mit einem so langen, wie wahrlich vielversprechenden Titel versehene Schrift erschienen:

Das im Menschen-Koth gefundene Gold / Oder das grosse Geheimniß / Aus des Menschen Unflath und Urin, desselben Temperament, Gedancken, Thun und Lassen, Glück und Unglück zu erkennen, wobey allerhand curieuse, historische, politische, moralische und ernsthafte Anmerckungen mit vorkommen, auch das Alter dieser Wissenschafft, und desselben Gebrauch bey verschiedenen Nationen, gezeiget wird, nebst einem curieusen Entwurff, wie die Secreter bequem und nützlich anzulegen. Aus dem Englischen des sinnreichen D. Swifts übersetzt, und mit einigen Zusätzen vermehret von J. R.[209]

Nun wird auf dem Umschlagblatt mit dem »sinnreichen D. Swift« – das D steht für Dean bzw. Dekan – zwar der irische Schriftsteller ausgewiesen; es spricht jedoch einiges dafür, dass der französische Literat Abbé Pierre François Guyot Desfontaines (1685–1745) für den vorliegenden Urheberfall als üblicher Verdächtiger in Frage kommt. Er kannte sich als Swift-Übersetzer (*Voyages de Gulliver*, Paris 1727) bestens mit dessen Stil aus. Wie dem auch sei, das kleine feine Werk beginnt mit einer Widmung für den »hochgelahrten Herrn Doctor Woodward«, wobei die Fußnote bekräftigt: »Dieser Woodward ist ein berühmter Medicus zu London gewesen ...« Stimmt. John Woodward (1665–1728) hatte in Cambridge Medizin studiert und sich ab 1707 als Arzt in London niedergelassen. In der Widmung finden sich u. a. diese erleuchtenden Zeilen:

»Die Materie mag eine Form haben, welche sie will, [...] die in dem menschlichen Leibe vorgehende Verwandelung eines Puddings oder Wurst in Menschen-Koth, verdienet ebenso wohl untersucht zu werden, als die nährende Kraft des Korns, von welchem das Mehl zu dem Pudding genommen wird. [...] Die heimlichen Gemächer sind allezeit als ein zu moralischen Betrachtungen und ernsthaftigen Studien bequemer Ort betrachtet worden.«[V]

Die kuriosen *Betrachtungen über den Menschenkot und die heimlichen Gemächer* haben Erstaunliches zu bieten. Das erhellt bereits folgender Auszug aus dem einleitenden Kapitel, in dem das Thema ganz natürlich aufgerollt wird: »Nichts ist, worinnen der gemeine Mann die falschen Ideen, die er sich von denen Dingen machet, mehr an den Tag leget, als in dieser Materie. Man spricht, zum Exempel, zu einem Menschen, wenn man ihm seine Verachtung bezeigen will: Gehet scheissen; oder: Scheiß, Scheiß. Was aber könnten wir wohl unsern besten Freunden bessers wünschen, als daß sie ihr Eingeweide von einer solchen Last befreyen möchten, welche erschreckliche Folgen nach sich ziehen kann, und uns in beständiger Angst hält, so lange wir derselbigen nicht los sind. [...]

Die Erfahrung in der Anatomie des menschlichen Cörpers ist das wenigste, was zum gründlichen Verstand dieser Materie gehöret [...]; man muss aus dem Kot Schlüsse ziehen und Ursachen von seiner verschiedenen Beschaffenheit, Farben und Geruch zu geben wissen. So soll man zum Exempel im Stande seyn zu sagen, warum der Unflath einer zarten Dame dünne wie Wasser, dahingegen dasjenige, was ein starker Bauer-Knecht hintern Zaun hinsetzet, so hart ist, wie ein Stein. [...] Wie man denn auch aus der gelehrten Historie weiß, daß einige Medici des Patienten Unflath gekostet, und daraus von dessen Krankheit desto sicherer nach dem Geschmack geurteilet; zu geschweigen, daß andere den Menschen- und andern Kot als ein Medicament betrachten, und nach dessen

---

V Dieses und die folgenden Zitate aus dem Geheimniß habe ich orthografisch behutsam modernisiert; beibehalten sind Schreibweisen, die in der originalen Form einfach unersetzlich sind – z. B. Nothdurfft.

verschiedener Art gegen unterschiedene Krankheiten verordnen, wie die von Paullini herausgegebene *heylsame Dreck-Apotheke* zeiget. [...] Es ist genug, daß man von dem großen Geheimniß der Scheisserey dasjenige weiß, was davon mit unserm Lebenswandel übereinkommet, oder uns dienen kann, unsern Leib und Gemüt in Ordnung zu halten, und uns in der Erkenntnis unser selbst und anderer Menschen vollkommen zu machen.«[210]

In der Tat spielen Exkremente seit der Antike in der Medizin eine gewisse Rolle; in Anlehnung an Hippokrates galten lange und irrigerweise vor allem stark stinkende Fäkalien als ideales Vertreibungsmittel von Krankheitserregern. Hervorheben möchte ich insbesondere die erwähnte *Heylsame Dreck-Apotheke*. Das 1696 publizierte und mehrfach neu aufgelegte Werk des Eisenacher »Herzoglichen Stadtphysicus« Christian Franz Paullini (1683–1712) ist aller Ehren wert, weil der Arzt vor allem armen Leuten eine preiswerte Medizin verschaffen wollte. Zwei Beispiele:

»*Vom Durchfall*. Eines Tagelöhners Sohn von vierzehn Jahren hatte einen beschwerlichen Durchfall, so schon zehen Tage gewährt hatte, und dawider alle angewandte Haußmittel gar nichts helffen wollten. Endlich gab ihm ein Nachbar verbrandten Pferdekoth in Wegbreitwasser ein. Da stillte sich alles. Wer die Ruhr oder sonst einen langwürigen Bauchfluß hat, dem gebe man frischen Roßmist, mit etwas Mußkatnuß und St. Joannesträubleinsafft vermischt, unwissend ein, so legt er sich. Eine andere nahm verbrandten Kuhmist, machte mit saurem Bier einen Brey drauß, und schmierte ihn dem Mann über den Leib.«[211]

»*Vom Ohrenweh und Geschwären*. Jenes mag von einem Geschwär oder Würmen seyn, so dient Knabenurin, warm in die Ohren getröpffelt. Dann durch seine salßichte Eigenschafft verzehret er die Feuchtigkeiten und tödtet die Würme. Krafft dieser Tugend wird er von vielen auch gerühmt im Ohrengeschwär, bevorab, so man eines erwachsenen Menschen Urin dazu nimmt.«[212] Dem Urin wird gegenwärtig wieder einige Aufmerksamkeit als potenzielles Heilmittel zuteil.[213] Wenn mir ein Arzt des Vertrauens meinen eigenen als wirksame Medizin für welches Leiden auch immer empfehlen würde, hätte ich wohl keine Hemmungen, zum Glas zu greifen.

Zurück zur Schrift über *des Menschen Kot*. In ihr geht es so frank und frei *zur Sache*, dass das »Fummeln« mit dem *Schätzchen* der 1968er Filmkomödie von May Spils als nachgerade schickliches Spielchen erscheint.[214] Der Reihe nach. Der »Sinnreiche D. Swift« legt zunächst einmal zielgenau dar, was passiert, wenn Wissenschaftler aus den menschlichen Exkrementen Rückschlüsse auf den Charakter der jeweiligen sie ausscheidenden Person ziehen: »Sie können [...] Farbe und Natur des Unflaths, so aus dem menschlichen Leibe kommt, von der Beschaffenheit des politischen Cörpers, oder des Volks, nach beurteilen, und dadurch der Regierung Nachricht von den heimlichen Verschwörungen, die von unruhigen und ehrgeizigen Leuten angesponnen werden, erteilen. [...] Daß ein Mittel vorhanden sey, dergleichen Dinge, durch eine sinnreiche Untersuchung des Menschen-Kots, zu entdecken, kann man nicht läugnen, dafern man sich anders nur ein wenig in der Historie umgesehen, oder weiß, was zu unserer Zeit in der Welt vorgehet. Denn wenn man dieses inne hat, so kann einem nicht unbekannt seyn, wie viel erschreckliche Verschwörungen und vorgehabte Mordtaten durch eine zu rechter Zeit angestellte Besichtigung der Nachtstühle und Privete sind offenbaret worden.«[215]

Was mich für den Verfasser der Schrift über *des Menschen Kot* besonders einnimmt, ist nicht nur sein Werben für eine sinnvollvergnügliche »Scheissery«, sondern vor allem seine bahnbrechende Erkenntnis, es bedürfe der Gründung von Lehranstalten, in denen die Kunst der würdevollen Entleerung praktisch demonstriert, gelehrt und gelernt werden kann. Jedenfalls kannte er nur

»wenige Leute, welche die rechte Manier, ihre Nothdurfft zu tun, verstehen«:

»Die meisten verrichten solches entweder in Eyl, und gleichsam, als wenn sie es ungern täten, oder kaltsinnig, als wenn es eine gar geringe Sache wäre. [...] Die gemeine Art seine Hosen abzuziehen, die ungeschickte Positur auf dem Privet, die wunderliche Geberden und das häßliche Stöhnen, so man dabey von sich sehen und hören lässet, sind alles Sachen, welche einer Verbesserung vonnöten haben. Es würde also nicht unnützlich seyn, wenn man gewisse Academien oder hohe Schulen anlegte, in welchen junge Leute unter Anführung manierlicher und verständiger Personen lerneten, wie man dasjenige, was niemand an unserer Statt verrichten kann, auf eine galante und edle Art tun solle, und woselbst man auch gemeine Mädchens, wie vornehme Damen, ihren Behuf zu tun lehrete. Man könnte beyden zeigen, wie sie mit einer artigen Miene auf das Privet gehen, die Röcke aufheben, oder geschickt ihre Hosen abziehen, und als denn mit einer besonderen Annehmlichkeit, welche den Zuschauern Appetit verursacht, sich auf den Nachtstuhl setzen müssen. Man könnte sie ferner unterrichten, was sie für angenehme Mienen machen, und was für wohlklingende und nachdrücklich-lautende Töne, zur Ausdrückung ihrer Affecten, sie von sich hören lassen sollen. Endlich könnte man ihnen auch die Kunst lehren, sich sauber den Hintern zu wischen ...«[216]

Wie weit der Verfasser der Denkschrift in die Zukunft zu sehen vermochte, belegt sein praktischer Rat, doch so etwas wie eine mobile Toilettenpapierrolle einzuführen. Um »den Unordnungen, welche oft in den Fällen, da man nicht Zeit hat«, zuvorzukommen, schlug er »gewisse Rollen« vor, »welche die Manns-Personen an ihren Hosen, und die Frauens-Leute an ihren Unter-Röcken anmachen könnten«. Eine rundheraus tolle Idee, oder?

Die in den kuriosen *Betrachtungen über den Menschenkot* des frühen 18. Jahrhunderts thematisierten wissenschaftlichen Methoden und Lehrinhalte haben im 20. Jahrhundert einen würdigen, quasi praktisch-literarischen Niederschlag gefunden – im 1971 erschienenen Roman *Gruppenbild mit Dame.* Die Protagonistin Leni Pfeiffer, geb. Gruyten, wird von Heinrich Böll (1917–1985) als eine achtundvierzig Jahre alte deutsche Frau vorgestellt, die als Jugendliche während der Nazi-Zeit ein von Nonnen geleitetes Internat-Pensionat von innen kennengelernt hatte:

»Entscheidend für Lenis Lebensbahn [...] wurde Schwester Rahel, die (1936!) nicht zum Unterricht zugelassen war, nur die als sehr niedrig angesehenen Dienste einer, wie die Mädchen es nannten, Flurschwester ausübte, sich ungefähr im sozialen Status einer nicht einmal gehobenen Putzfrau befand. Ihr oblag es, die Mädchen rechtzeitig zu wecken, ihr morgendliches Reinigungsritual zu überwachen, ihnen – was zu tun die Biologieschwester sich standhaft weigerte – zu erklären, was da mit und an ihnen geschah, wenn es ihnen plötzlich nach Art der Frauen erging; außerdem hatte sie eine Pflicht, die von allen anderen Schwestern als ekelhaft, als unzumutbar empfunden, von Schwester Rahel aber geradezu mit Begeisterung, mit liebevoller Aufmerksamkeit ausgeübt wurde: die Begutachtung der jugendlichen Verdauung in fester wie in flüssiger Form. Die Mädchen waren verpflichtet, ihre Verdauungsprodukte nicht ins Unsichtbare hinein abzuziehen, bevor Rahel sie begutachtet hatte. Sie tat das bei den vierzehnjährigen Mädchen, die ihrer Obhut unterstanden, mit einer ruhigen diagnostischen Sicherheit, die die Mädchen verblüffte. Muß hier darauf hingewiesen werden, daß Leni, deren Interesse für ihre Verdauung bis dato nicht befriedigt worden war, eine geradezu begeisterte Adeptin von Rahel wurde? In den meisten Fällen genügte Rahel ein Blick, und sie wußte die physische und psychische Kondition der Betroffenen exakt anzugeben, und da sie sogar schulische Leistungen aus den Exkrementen voraussagte, wurde sie vor Klassenarbeiten geradezu umlagert und hatte von Jahrgang zu Jahrgang (von 1933 ab) den Spitznamen Haruspica geerbt [...].«[217]

Heinrich Böll, der 1972 den Nobelpreis für Literatur erhielt, schildert eine Szene, bei der offenbar nicht nur die Scham durch eine vertrauenswürdige Person ausgehebelt wird. Unbedingt hervorgehoben gehört die von ihm »Haruspica« verliehene Lehrkunst über die »rechte Manier« die »Nothdurfft zu tun«:

»Großen Wert legte sie darauf, den Mädchen schon am ersten Tag einen kleinen Vortrag über die Reinigungsmethoden nach jeglicher Art von Stuhlgang zu halten. Unter Hinweis auf die Wichtigkeit, alle Muskeln, besonders die des Unterleibs, stets elastisch und funktionsfähig zu halten, wozu sie Leichtathletik und Gymnastik empfahl, kam sie dann rasch auf ihr Lieblingsthema: daß es einem gesunden und, wie sie betonte, intelligenten Menschen möglich sei, ohne auch nur einen Fetzen Papier diese Vorrichtung zu vollziehen. Da aber dieser Idealzustand nie erreicht würde, oder nur selten, erklärte sie detailliert, wie, wenn Papier, dies angewendet werden müsse. [...] Es muß hier [...] gesagt werden, daß Schwester Rahel beim Anblick des ersten Stuhlgangs von Leni, den sie zu begutachten hatte, in eine Art Verzückung verfiel. Zu Leni, die an derlei Konfrontationen nicht gewöhnt war, sagte sie: ›Mädchen, du bist ein Günstling des Schicksals – wie ich.‹ Als Leni dann einige Tage später den Status der ›Papierlosen‹ erreichte, einfach weil ihr die ›Muskelsache‹ Spaß machte [...], war eine unverbrüchliche Sympathie geschaffen, die Leni über alle Bildungsrückschläge, die ihr noch bevorstanden, schon im voraus hinwegtröstete.«[218]

Der Abort, so legen die von Böll mit formaler und fantastischer Raffinesse geschilderten Klosterschuljahre der Heldin Leni nahe, kann prinzipiell auch ein Ort des überraschend offenen Umgangs mit Exkrementen und der Reinigungspraktik sein.

Doch zurück ins Jahr 1731. Nicht von schlechtern Eltern ist allemal die Forderung des als D. Swift ausgewiesenen Urhebers, es wäre höchste Zeit für den Bau öffentlicher Bedürfnisanstalten. Vor allem in Großstädten wie der britischen Metropole, die um jene Zeit bereits um die 700 000 Einwohner zählte und massive Probleme mit der Abfallentsorgung hatte:

»London, welches heutiges Tages eine von den größten Städten in der Welt ist, würde auch zugleich die schönste seyn, wenn die gemeinen Gebäude mit den Häusern der Privat-Personen überein stimmeten, und wenn wir den edlen Ehrgeiz bey uns hegten, kostbare und prächtige Häuser zum allgemeinen Gebrauch anzulegen. [...] Es wird, glaube ich, niemand seyn, dem nicht einmal auf der Straße eine plötzliche und heftige Begierde seine Nothdurfft zu tun angekommen seyn solle. In was für Angst befindet man sich nicht als dann? Unser ganzer Leib gerät in Unordnung, und die Unruhe und Furcht siehet uns aus den Augen. Die Frauens-Personen laufen in einen Laden, bedingen daselbst einige Waaren, die sie nicht nötig haben, bloß um sich die Leute im Hause günstig zu machen, und den Zutritt zu ihren Secretern zu erlangen. [...] Uns Manns-Personen gehet es nicht besser. Wir arme Teuffel lauffen gemeiniglich in ein liederliches und finsteres Wirths- oder Caffee-Haus, allwo, ehe wir ein Licht haben können in den Keller zu gehen, der grausame Feind, der uns ganz unbarmherzig verfolget, sich ein Loch machet, und in unserm Hemde, zu unserm Schimpf und Schande, Posto fasset. Ich gestehe, daß diejenigen, welche in Kutschen fahren, ihre Sachen unter dem Sitze verrichten können; allein man wird auch zugleich bekennen müssen, daß es den selbigen noch lieber wäre, wenn sie in jedem Quartier der Stadt bequeme und prächtige Secreter anträfen.«[219]

Unter den ungewöhnlich detaillierten Vorschlägen des Verfassers zur Problematik, wie *öffentliche Secreter erbauet und unterhalten werden können*, greife ich nur einige heraus. Weil er sehr wohl wusste, dass mit öffentlichen Bedürfnisanstalten hohe Kosten verbunden sind, plädierte er für die Gründung einer Aktiengesellschaft (um an das Geld reicher Leute zu kommen). Über die ihm vorschwebende Ausstattung erfahren wir zum Beispiel: »Besagte Privete sollen ins Gevierdte von Portländischen Steinen aufgeführet werden. Die Galerien und Zierraten der Vordergebäude sollen von Marmor seyn, und die Statuen, das Schnitzwerk, die Cränze und Capitäle der Säulen und Pfeiler sollen lauter dergleichen Posituren, so bey Verrichtung der Nothdurfft gebräuchlich sind, vorstellen. [...] Besagte Secreter sollen auf frischen Grund, mit mancherley wunderlichen Sinn-Bildern und Figuren angestrichen und bemalet seyn, die Sitze aber sollen mit feinem Tuche beschlagen, und mit Baumwolle gefüttert werden. Im Winter soll man den Boden mit Türkischen Tapeten belegen, und im Sommer mit Blumen und Gras bestreuen. Die Mannes-Personen sollen die Secreter zur rechten Hand des Eingangs durch die große Pforte, und die Frauens-Leute die zur linken Hand innehaben. Diese letztern müssen nur durch eine halbe Manns hohe Mauer unterschieden seyn, damit die darin sich befinden Personen desto leichter miteinander Unterredung pflegen können, weil doch das Frauenzimmer insgemein lieber als die Manns-Personen plaudert.«[220]

Nicht zu vergessen: »Weil es auch viel gelehrte Leute giebet, die keine andere Zeit zum Lesen haben, als wenn sie sich auf dem Secret befinden, und welche die Bücher zu einem doppelten Nutzen anwenden, indem sie solche erstlich durchlesen, und hernach dieselbe ihren Hintern zu wischen gebrauchen, so soll in jedem Secret eine Bibliothec seyn, aus welcher man denjenigen, die es verlangen, statt weißen Papiers, zwey aus hierzu bequemen Büchern gerissene Blätter reichen soll.« An die Mitmenschen, die auf öffentlichen Toiletten gern Graffiti hinterlassen, wurde 1731 auch gedacht – die Überlieferungen aus der römischen Latrinenwelt waren offenbar unvergessen: »Wann etwa ein Liebhaber der

Zeichnungs-Kunst sich die Freyheit nehme, die Wände mit Scheiße zu bemalen, so soll er eine Strafe von 5 Pfund Sterling bezahlen, es wäre dann, daß er die häßlichen Figuren die er gezeichnet, mit der Zunge abwischen wollte.«[221]

Diese so zweckdienlichen wie weitsichtigen Vorschläge – ob Jonathan Swift sie ausheckte, ist wie gesagt zweifelhaft – fielen in den 1830er Jahren weder in Hamburg noch in London auf den damals noch stark latrinengetränkten Boden. Als wohl erste europäische Großstadt, die den Bau solcher Anstalten gezielt in Angriff nahm, lief schließlich Paris allen anderen den Rang ab. Ganz revolutionär nachgerade, und den Anstoß dazu hatte ab 1781 wiederum ein Schriftsteller gegeben: Louis Sébastian Mercier: »Man ist in großer Verlegenheit in diesen belebten Straßen, wenn sich das Bedürfnis meldet; man muß aufs Geratewohl eine Privatperson in einem unbekannten Haus aufsuchen. [...] Das ist die Folge einer unmäßig großen Bevölkerung. Jeder Gang zu Tisch verlangt einen zum stillen Örtchen, und da es öffentliche Gastwirtschaften gibt, warum gibt es nicht auch öffentliche Toiletten?«[222]

Als in Paris die umwälzenden Julitage von 1789 anhoben, zählte die Stadt rund zwei Millionen Einwohner. Mercier begrüßte den Ausbruch der Revolution. Eine seiner ersten Handlungen gipfelte in dem Antrag an den Gemeinderat, den Städtern die Verrichtung der Notdurft zu erleichtern. Der Historiker Peter Payer bringt in seinem Werk *Unentbehrliche Requisiten der Großstadt* die weiteren Ereignisse so auf den Punkt: »Nach vier Tagen Diskussion und detaillierter Erörterung der Problemlage faßte man den Beschluß, mehrere öffentliche Bedürfnisanstalten und sogenannte ›Pissoirs‹ zu errichten. Die in der Folge in verschiedensten Modellen ausgeführten Anlagen sollten, wenn auch zunächst von so manchen Zeitgenossen verspottet, zum Vorbild für die zum Teil erst Jahrzehnte später in den übrigen europäischen Ländern errichteten Anstalten werden.«[223] In der Tat – noch 1850 gab in der

Millionenmetropole London nur zwei öffentliche Rotunden zur Befriedigung kleinerer Bedürfnisse.[224] Übrigens mit der Hinweistafel: »You are requested to adjust your dresses before leaving ...«

00 9 Wir beleidigen doch nicht Gott ...

Diese Überschrift scheint nicht nur unvollständig – sie ist es auch. Wolfgang Amadeus Mozart (1756–1791), von dem ich den Halbsatz abgekupfert habe, formulierte 1778 in einem für seine Mutter Anna Maria geschriebenen Gedicht die vollständige Zeile so: »Wir beleidigen doch nicht Gott mit unserem Scheißen.« Das tun wir nach wie vor nicht, und weil das so ist und Mozart noch viel mehr über die Vorgänge rund um die Erleichterung zu tönen wusste, geht es nun um ihn.

Wolferl, wie er gerufen wurde, oder auch Wolfgang Amadé, wie er sich selbst gern nannte, erhielt bereits als Vierjähriger mit seiner fünf Jahre älteren Schwester »Nannerl«[VI] vom Vater Leopold Mozart Unterricht, lernte Klavier- und Violinspiel sowie Komposition. Erste Konzertreisen des Geschwisterpaars wurden vom Vater bereits 1762 arrangiert, um dem Adel die beiden Wunderkinder vorzuführen. Im Juni 1763 brach die Familie zu einer dreieinhalbjährigen Tournee auf, die keinen bedeutenden Hof und keine namhafte Akademie ausließ. Während dieser zu jener Zeit gewiss strapaziösen Reisen durch europäische Lande entstanden Mozarts ersten Sonaten für Klavier und Violine und eine Sinfonie.

Unzählige weitere Reisen – häufig nach Italien – und Auftritte folgten. Von 1772 bis '77 wirkte Mozart als Konzertmeister der Salzburger Hofkapelle; ab 1779 als Hoforganist. Nach heftigen Auseinandersetzungen mit dem Erzbischof, der ihm die Mitwirkung an einträglichen Konzerten in Wien untersagt hatte, kündigte Mozart den Salzburger Dienst wieder auf und ging als freischaf-

---

VI Maria Anna Walburga Ignatia Mozart (1751–1829) trat in ihrer Jugend mit Wolfgang europaweit als Pianistin in Konzerten auf. Im Alter von elf Jahren spielte sie bereits schwierige Sonaten in absoluter Perfektion.

fender Komponist nach Wien. Dort ehelichte er 1782 Constanze, geb. Weber. Von den sechs Kindern des Paars überlebten nur zwei Jungen die Kinderzeit. Während der Wiener Jahre schuf Mozart bis zu seinem Todestag am 5. Dezember 1791 seine berühmten Opern wie *Die Zauberflöte*. Soweit die grobe Skizze des biografischen Hintergrunds.

Von den 35 Jahren seines Lebens war das Salzburger Wolferl rund zehn Jahre fast ununterbrochen auf Achse, um die mehr als 200 Veranstaltungsorte zu erreichen, die die Tourneepläne vorgaben. Die meisten Straßen waren zu jener Zeit holprig und morastig, die Kutschen mit ihren mit Eisen ummantelten Holzrädern schlecht gefedert, zugig und im Winter wahrlich arschkalt. In den – orthografisch gewöhnungsbedürftigen – Briefen an seinen Vater kommt entsprechend häufig die Rede auf Reisestrapazen aller Art. Ein Beispiel: Am 8. Dezember 1780 berichtet er u. a. aus München: »Glücklich und vergnügt war meine Ankunft! – glücklich [...] wegen der obwohl kurzen doch sehr beschwerlichen Reise; – denn, ich versichere Sie, daß keinem von uns möglich war nur eine Minute die Nacht durch zu schlafen – Dieser Wagen stößt einem doch die Seele heraus! – und die Sitze! – hart wie stein! – Von Wasserburg aus glaubte ich in der that meinen Hintern nicht ganz nach München bringen zu können! – er war ganz schwierig – und vermuthlich feuer Roth – Zwey ganze Posten fuhr ich die Hände auf dem Polster gestützt, und den Hintern in lüften haltend – doch genug davon, das ist nun schon vorbey! – aber zur Regel wird es mir seyn, lieber zu sus [Fuß] zu gehen, als in einem Postwagen zu fahren.«[225]

Die Antwort von Vater Leopold kam prompt – er verzichte lieber auf derlei Beförderung, schrieb er, der Schutz seiner »zween zwetschenkern«, sprich Hoden, wäre ihm lieber. Auf langen Fahrten wollen Hintern nun nicht nur stoßvermeidend in den Lüften gehalten werden, sondern müssen auch die Ausscheidungsorgane hin und wieder zu ihrem Recht kommen. Bei einer der Postwagenreisen nach Prag, so will es eine Legende, soll Mozart 1787 in Raschala bei Hollabrunn seinen Harndrang befriedigt haben. Einem Buch über *Österreichs skurrilste Orte* entnehme ich die Mutmaßung: »So könnte es dazu gekommen sein, dass Mozart auf dem Weg nach Prag seinen Kutscher bat, kurz anzuhalten, um an einem Stein unter der Linde seine Blase zu entleeren. Ein heute in der Nacht beleuchteter Gedenkstein, besser bekannt als *Mozarts Pinkelstein*, markiert in der Raschalaer Kellergasse genau jene Stelle, die dem Musiker Erleichterung verschaffte, um danach wieder unbeschwert in der Kutsche sitzen zu können.«[226]

Der seit 1976 Touristen lockende Pinkelstein in Form eines unübersehbar großen Granitblocks mit Gedenktafel verdankt seine Existenz geschäftstüchtigen Inhabern aus den umliegenden Weinkellern, die ihn allerdings extra heranschaffen ließen. Zwar verlief die historische Poststraße Wien – Prag tatsächlich via Hollabrunn (Raschala); ob aber der Wundermusikus am Poststeig der Kellergasse leibhaftig gepinkelt hat, weiß niemand, weil es schlicht keinen Beleg dafür gibt. (Pinkelpausen großer Komponisten sind auch heutzutage offenbar schlagzeilenträchtig: 2010 titelte z. B. der *Nordbayerische Kurier*: »Bayreuth. Was für eine Entdeckung im Chopin-Jahr! Der polnische Komponist hat vor 174 Jahren in Bayreuth Pinkelpause gemacht.«[227])

Im 18. Jahrhundert stieg sowohl die Zahl der Postkutschenverbindungen wie – für den Pferdewechsel notwendigerweise – auch die der Relaisstationen und Gasthöfe. Als Wolfgang Amadeus Mozart reiste, gab es in den deutschen Landen bereits mehr als 80 000. Für das Aufsuchen eines Abtritts gab es während einer längeren Reise mit der »Schneckenpost« (so Ludwig Börne) offenbar ausreichend Möglichkeiten, jedenfalls wird in den vielen überlieferten literarischen und persönlichen Berichten so gut wie nie über einschlägige Problemsituationen berichtet. Lang und breit geschildert werden hingegen die Qualität von Speisen, Getränken und Schlafstätten, die überhöhten Preise, verdreckten Betten etc. Was aber passierte, wenn ein Reisender auf dem Wagen einem sich ankündigenden Durchfall ausgesetzt war?

In der 1789 vorgelegten Autobiografie des Tirolers Peter Prosch (1744–1804), einem gelernten Handschuhmacher, der im deutschsprachigen Raum als Hofnarr den Adel kennenlernte, wird – seltene Ausnahme – genau das außerordentlich eindrücklich geschildert. Die Malaise nimmt Fahrt auf, als dem einfachen Bauernsohn am Münchener Hof statt eines Likörs ein Abführmittel lustvoll eingetrichtert wird, und bald darauf eine Ausfahrt des Fürsten und der Hofdamen auf dem Programm steht. Bald, nachdem Prosch in der Kutsche die ersten Meilen zurückgelegt hat, fängt es in seinem Bauch so »desperat zu rumpeln« an, dass er es »nicht mehr aushalten« kann:

»In einer Stunde, als wir gegen Freymann kamen, mußte ich absteigen. Neben der Straße in einem Graben ging ein Spritzer, wie ein Brunn. Sie fuhren fort, und ich mußte nachlaufen, holte sie ein, stieg auf, aber durch das Nachlaufen hat es sich in meinem Leibe recht durcheinander geschüttelt. Es rumpelte wieder im Bauche, ich mußte absteigen, auf die Seite, fortfahren, nachlaufen, aufsteigen; rumpeln, absteigen, fortfahren, nachlaufen, aufsteigen; rumpeln, absteigen, auf die Seite, fortfahren, nachlaufen, aufsteigen; rumpeln, absteigen, auf die Seite, fortfahren, nachlaufen, aufsteigen; rumpeln, und so bei zwanzigmal in vier Stund: den halben Weg gelaufen, den halben gefahren, den Hintern und die Hosen schier zerrissen, stramazed und gallad kam ich zu Freysing an und sah aus, wie ein weißes Tuch. Ob die Herrschaft unterwegs gelacht oder geweint habe, weiß ich nicht.«[228]

Wenn auch nicht überliefert ist, wie es Wolfgang Amadeus Mozart auf den vielen Reisen bei seinen Erleichterungsbedürfnissen erging, und damit nehme ich wieder den eigentlichen Faden auf, so ist das Genie sehr wohl – auch – durch seinen freimütigen Gebrauch unflätiger Worte und Anspielungen auf Entleerungspraktiken legendär geworden. Ironische Grüße vom »Scheishäusl« verschickte Mozart noch in seinem Todesjahr. Einige seiner Kanons, vor allem aber seine zahlreichen überlieferten Briefe – insbesondere die an »das Bäsle« – liefern denn auch Musikologen, Psychologen, Psycholinguisten, Volkskundlern und Wissenschaftlern anderer Provenienz willkommenes Material für gewichtige Hypothesen. Die Experten unterstellen z. B. eine Koprolalie, sprich die starke Neigung zum Aussprechen unanständiger, obszöner Worte, meist aus dem analen Bereich. Sie diagnostizieren zudem eine Tendenz zur Echolalie, sprich dem sinnlos-mechanischen Plappern, und zur Palilalie, der Wiederholung kurzer eigener Äußerungen. Einige Neuropsychologen gehen davon aus, der Musiker hätte wahrscheinlich am Tourette-Syndrom gelitten.[229] Ich werde auf die vielfältigen und fachspezifischen Gutachten aus den vergangenen 200 Jahren, die sich methodisch ausschließlich auf Mozarts überlieferte Schriften beziehen, nicht weiter eingehen.[230]

Wolfgang Hildesheimers Einschätzung, dass »Mozarts innere Größe sich nicht in äußerer Würde offenbaren konnte, sondern, gleichsam in ungebändigter Reaktion auf sich selbst, Außenstehende peinlich berühren mußte«, umschreibt hinreichend den irritierenden Widerspruch: Zwar war Wolfgang Amadeus zeitlebens eine eigenwillige und eigenartige Persönlichkeit, zugleich aber eben auch ein genialer Auftrittskünstler und genialer Komponist.[231] Um Mozarts sprachliche Kapriolen und indirekt auch seine Stuhlgangsgewohnheiten ins Blickfeld zu rücken, sind die »Bäsle-Briefe« sozusagen das Mittel der Wahl. Das Bäsle hieß Maria Anna Thekla Mozart (1759–1841) und wuchs in Augsburg auf. Wolfgang knüpfte mit der drei Jahre jüngeren Cousine engere Bande, als er sich im Oktober 1777 mit seiner Mutter einige Tage in Augsburg aufhielt, um am Fürstenhof eine Anstellung zu finden. Da das nicht klappte, reiste er mit seiner Mutter weiter über Mannheim bis nach Paris (wiederum ohne Anstellungserfolg).

Mit dem Bäsle hielt der junge Komponist und Pianist den Kontakt bis Ende 1781 durch einen Briefwechsel aufrecht. (Ihre Korrespondenz ist nicht überliefert.) Was er Maria Anna im Einzelnen mitzuteilen hatte, blieb der Öffentlichkeit lange vorenthalten, weil seine Witwe Constanze den Abdruck der »geschmacklosen« Schreiben untersagt hatte, und sich bis ins 20. Jahrhundert hinein die Herausgeber und Biografen daran hielten. Mozart liebte beim Verfassen seiner Briefe – vor allem an das Bäsle, aber auch an andere Familienmitglieder und Bekannte – zuweilen das alberne Spiel mit einem heftig derben Wortschatz, ganz so, wie er nicht selten seltsame Laute ausstieß, hektische Unruhe verbreitete und Purzelbäume schlug. Ich werde seine in den neun Bäsle-Briefen formulierten herrlich absurden und lautmalerischen Sprachspielereien nur insoweit präsentieren, als sie genau die derben »Stellen« aufweisen, die schon fast sprichwörtlich geworden sind – und im Übrigen teils aus Sprichwörtern hergeleitet sind.

Ausweislich Mozarts Ankündigung im ersten Schreiben ist jedenfalls offenbar, dass der Briefaustausch für ihn eine Art humoristische Fingerübung werden sollte, nicht mehr und nicht weniger. Die nun folgenden Kostproben gebe ich so wieder, wie Wolfgang Amadé sie niedergeschrieben hat, schließlich spricht schon seine Rechtschreibung ein Kompositionswörtchen mit.[232]

Mannheim, den 5.11.1777

»Allerliebstes bäsle häsle!

[...] sie verlangen, sie begehren, sie wünschen, sie wollen, sie mögen, sie befehlen, daß Ich ihnen auch mein Portrait schicken soll schroll. Eh bien, ich werde es ihnen gewis schicken schlicken. Oui, par ma la foi, ich scheiss dir auf d' nasen, so, rinds dir auf d'koi. appropós. haben sie den spuni cuni fait auch? - - - was? -- ob sie mich noch immer lieb haben -- das glaub ich! desto besser, besser desto! Ja, so geht es auf dieser welt, der eine hat den beutel, der andere hat das geld; mit wem halten sie es? -- mit mir, nicht wahr? -- das glaub ich iezt ists noch ärger. [...] Es leben alle die, die - die - die --- wie heist es weiter? -- iezt wünsch ich eine gute nacht, scheissen sie ins beet daß es kracht; schlafens gesund, reckens den arsch zum mund, ich gehe izt nach schlaraffen, und thue ein wenig schlaffen. Morgen werden wir uns gescheüt sprechen brechen. [...] leben sie wohl unterdessen, ach Mein *arsch* brennt mich wie feüer! was muß das nicht bedeüten! -- vielleicht will *dreck* heraus? - ja ja, *dreck*, ich kenne dich, sehe dich, und schmecke dich -- und -- was ist das? -- ists möglich! -- ihr götter! -- [...] aber ich schmecke so was angebrandtes -- wo ich hingehe, so stinckt es. wenn ich zum fenster hinaus sehe so verliert sich der geruch, sehe ich wieder herein, so nimmt der geruch wieder zu - - endlich sagt Meine Mama zu mir: was wette ich, du hast einen gehen lassen? [...] Nun leben sie recht wohl, ich küsse sie 10000mahl und bin wie allzeit der alte junge Sauschwanz Wolfgang Amadé Rosenkranz. [...].«[233]

Was würde wohl eine junge Frau, die heute solche Zeilen von ihrem Cousin erhält, dazu sagen? Würde ihr der lautmalerische Tonfall mit den sich wiederholenden Echoklängen verzückt in den Ohren klingen? Mozarts Wortrausch wirkt vertraulich und werbend, keine Frage. Und komisch nicht minder. Das Bäsle ließ er über seinen Spaß an sprachmusikalischen Variationen aller Art gewiss nicht im Zweifel, wie sie darüber dachte oder lachte – wer weiß. Die heute noch geläufige Redensart »einen gehen/fahren lassen« war Mozart nur zu vertraut, sie trieb gleichsam seine Schreibfeder schweinisch an, was ihm wiederum nur zu bewusst war, denn sonst hätte er sich zu guter Letzt nicht selbstironisch als »Sauschwanz« tituliert.

Mannheim, den 13.11.1777

»iezt schreib ihr einmahl einen gescheiden brief, du kannst dessentwegen doch spass darein schreiben [...]. Verzeihen sie mir meine schlechte schrift, die feder ist schon alt, ich scheisse schon wircklich bald 22 jahr aus den nemlichen loch, und ist doch noch nicht verissen! - und hab schon so oft geschissen -- und mit den Zähnen den dreck ab-bissen. [...].«[234]

Muss ich das kommentieren? Der Stuhlgang scheint dem gescheit schreibenden Mozart wohl keine großen Probleme bereitet haben. Das Bäsle wiederum scheint in ihren Reaktionen auf seine humoristisch skatologischen Schreibkompositionen nicht den leisesten Versuch unternommen zu haben, dem jungen Genie in die Parade zu fahren.

Mannheim, den 3.12.1777

»Ma très chère Cousine!

Bevor ich Ihnen schreibe, muß ich aufs Häusel gehen --- ietzt ist's vorbei! ach! -- nun ist mir wieder leichter ums Herz! - jetzt ist mir ein Stein vom Herzen - nun kann ich doch wieder schmausen! - nu, nu, wenn man sich halt ausgeleert hat, ist's noch so gut leben. [...] Neulich war ich übels Humors, da schrieb ich schön, gerade und ernsthaft; heute bin ich gut aufgereimt, da schreib ich wild, krumm und lustig; ietzt kommts nur darauf an was Ihnen lieber ist, [...] ich erwarte Ihren Entschluß im nächsten Brief. Mein Entschluß ist gefaßt; wenn mir noth ist, so gehe ich, doch nach dem die Umstände sind wenn ich das laxiren [abführen] habe, so lauf ich und wenn ich gar nicht mehr halten kann, so scheiß ich in die Hosen. [...] addieu, mon Dieu, ich küsse Sie tausendmal und bin knall und fall Mannheim ohne Schleim [...] Ma très chère Cousine waren Sie nie zu Berlin? Der aufrichtige wahre Vetter bei schönen und wilden Wetter

W. A. Mozart

Sch: scheißen: das ist hart.«[235]

Der »aufrichtige wahre« Vetter erhoffte sich von seinem Bäsle zweifellos ein stimmungsvoll aufgeräumtes Goutieren seiner Hosenscheißereien. Mozart als volkssprachlicher und poetischer Hanswurst-Meister
stiftet nun nicht nur scherzhafte Verwirrung an, er bringt es sogar
spielend leicht fertig, auf tausend Küsse noch einmal das Scheißen zu
setzen, und ja, »das ist hart« – liegt aber irgendwie auch in der Natur
der Sache.

Den letzten der neun meistens einige Seiten langen Bäsle-Briefe
schrieb Wolfgang Amadé Mozart am 23. Oktober 1781 aus Wien. Er ist
vergleichsweise nüchtern geraten und lässt keinen Zweifel daran, dass
das wortspielerische Band gerissen und das ausufernd spaßhafte Ju-
gendverhältnis endgültig ein Ende gefunden hatte. Er endet mit den die
Erinnerung beschwörenden Zeilen: »Nun leben sie wohl, liebste, beste
baase! und erhalten sie mich in ihrer mir so schätzbaren Freundschaft
[...].«[236] Warum der Spaß in Ernst umgeschlagen war, ist kein Geheimnis. Mozarts Oper *Die Entführung aus dem Serail*, an der er 1781 arbei-
tete, hat als Hauptperson kaum zufällig eine Constanze ... Constanze
Weber (1762–1848), die er aus den Mannheimer Tagen kannte und in
Wien wiedertraf und dann heiratete, erwies sich in musikalischen Dingen als außerordentlich empfindsam und wurde für Wolfgang Amadeus eine maßgebliche Ratgeberin. Seine Briefe an »Mademoiselle Marie
Constance de Weber« enthalten bemerkenswerterweise keine Fäkalko-
mik oder fiktive Hosenscheißereien.

Deutlich artikulierte Anspielungen auf die Funktion oder Fehlfunk-
tion der Ausscheidungsorgane waren in der Familie Mozart üblich.
Mozarts Mutter Anna Maria war in dieser Hinsicht sozusagen Vorbild.
So heißt es zum Beispiel in ihrer Nachschrift zu Wolfgangs Brief an den
Vater vom 26. September 1777: »[...] adio ben mio leb gesund, Reck
den arsch zum mund. Ich winsch ein guete nacht, scheiss ins beth das
Kracht, es ist schon über oas iezt kanst selber Reime.«237 Was Anna
Maria ihrem Leopold hier zu verstehen gibt: »iezt kanst selber Reime«,
zielte übrigens auf einen vielen geläufigen volksmundlichen Vers mit

der Zeile »Scheiß ins Bett« ab. Wolfgang wiederum verewigte ihn im Kanon *Bona nox bist a rechta ox* (KV 561) von 1788.

Mit seiner Mutter, einer laut Wolfgang Hildesheimer »guten« und »warmherzig, gemütvollen Frau«, die ihn auf vielen Reisen begleitete, sprach Wolfgang offenbar regelmäßig über alle Vorgänge rund um die Verdauung. Ihr schickte er am 31. Januar 1778 auch das Gedicht, in der die unnachahmliche Zeile glänzt: »Wir beleidigen doch nicht Gott mit unserm Scheißen.« Ich gebe es nur zu gern in voller Länge zur Kenntnis – die in jenem Jahr am 3. Juli in Paris verstorbene Anna Maria Mozart hat es sicherlich erfreut:

Madame Mutter!
Ich esse gerne Butter.
Wir sind Gottlob und Dank
Gesund und gar nicht krank.
Wir fahren durch die Welt,
Haben aber nit viel Geld;
Doch sind wir aufgeräumt
Und keins von uns verschleimt.
Ich bin bei Leuten auch
die tragen den Dreck im Bauch,
doch lassen sie ihn auch hinaus
So wohl vor, als nach dem Schmaus.
Gefurzt wird allzeit auf die Nacht
Und immer so, daß es brav kracht.
Doch gestern war der fürze König,
deßen Fürze riechen wie Hönig,
Nicht gar zu wohl in der Stimme,
Er war auch selbsten voller Grimme.
Wir sind jetzt über 8 Täge weck
Und haben schon geschißen vielen Dreck.

Herr Wendling wird wohl böse seyn,
Daß ich kaum nichts geschrieben fein,
Doch wenn ich komm' über d' Rheinbrücke
So kom ich ganz gewiß zurücke
Und schreib die 4 Quartetti ganz
Damit er mich nicht heißt ein Schwantz.

Und das Concert spar ich mir nach Paris,
Dort schmier ichs her gleich auf den ersten Schiß.
Die Wahrheit zu gestehen, so möcht ich mit den Leuten
Viel lieber in die Welt hinaus und in die große Weiten,
Als mit der Tac=gesellschaft, die ich vor meiner seh,
So oft ich drauf gedenke, so thut mir der Bauch weh;
Doch muß es noch geschehen, wir müssen noch zusamm –
Der Arsch vom Weber ist mehr werth als der Kopf vom Ramm
Und auch von diesem Arsch ein Pfifferling
Ist mir lieber als der Mons: Wendling.
Wir beleidigen doch nicht Gott mit unserem Scheißen
Auch noch weniger, wenn wir in dreck nein beißen.
Wir sind ehrliche Leute die zusammen taugen,
Wir haben summa summarum 8 Augen
Ohne dem wo wir drauf sitzen.
Nun will ich mich nit mehr erhitzen
Mit meiner Poesie; nur will ich Ihnen sagen
Daß ich Montag die Ehre hab, ohne viel zu fragen,
Sie zu embrassiren und dero Händ zu küssen,
Doch werd ich schon vorhero haben in die Hosen geschißen.
à dieu Mamma

Worms den 1778ten Jenner   Dero getreues Kind
       Anno 31.   ich hab' den Grind[VII]
                    Trazom.[238]

VII Mit Grind meint Mozart einen Hautausschlag; die Unterschrift »Trazom« entspringt der Vorliebe des Komponisten, seinen Namen rückwärts zu schreiben.

Ich komme zum Schluss der Mozart-Hanswursteleien. Das Wort Arsch floss ihm ebenso leicht aus der Feder wie die von Goethe sprichwörtlich gemachte und in aller Regel an Männer gerichtete Aufforderung: Leck mich im Arsch. In gleich mehreren seiner Kanontexte (KV 231, 233, 559 und 560b) taucht das geflügelte Wort – zur Erheiterung der zeitgenössischen Sänger und Zuhörer – auf. Um Analerotik ging es Wolfgang Amadé Mozart offenbar nicht. Eher um das kecke poetisch-tönende Spiel mit einem der natürlichsten Bedürfnisse der menschlichen Welt.

Beim gemeinsamen Essen entspinnen sich zuweilen herrlich anregende Gespräche, werden Reden gehalten oder auch Texte verlesen. Wozu es dabei kommen kann, wissen wir von keinem Geringeren als Friedrich Schiller. Er vermerkte im Januar 1787 in einem längeren Brief an seinen Freund (und Herausgeber seiner Werke) Christian Gottfried Körner: »Ueber Tische wurde eine Blaumauerische Ode an den Nachtstuhl gelesen welche ganz charmant war. Es ärgert mich daß ichs nicht abschrieb, um es euch zu dem nämlichen Gebrauch zu schikken.«[239] Das feierliche Gedicht, das Schiller so gut gefiel, dass er es gern für seinen Freund notiert hätte, hat bis heute nichts von seinem Charme verloren (wenn sich auch die Nacht- bzw. Leibstühle inzwischen in keramische Spülklosetts verwandelt haben). Es stammt aus der Feder des bedeutenden deutschsprachigen Parodisten Aloys Blumauer (1759–1798), der durch sein Werk *Virgils Aeneis*, travestiert einst weithin bekannt wurde.

Ode an den Leibstuhl
Du kleiner Sitz, von dessen eig'nem Namen
Man mit Respekt nur spricht,
Den täglich doch die ekelste der Damen
Besieht und fühlt und riecht.

Du bist der größte aller Opferherde,
Auf deinem Altar nur
Zollt täglich der galant're Theil der Erde
Sein Opfer der Natur.

Du bist der Götze, der selbst Majestäten
Ihr Hinterhaupt entblößt,
Der Freund, vor dem sogar sich ohn' Erröthen
Die Nonne sehen läßt.

Erhaben setzt, wie auf den Sitz der Götter,
Der Weise sich auf dich,
Sieht stolz herab, und läßt das Donnerwetter
Laut krachen unter sich.

Du bist das wahre Ebenbild der Thronen
Auf diesem Erdrevier;
Denn immer sitzt von vielen Millionen
Ein Einziger auf dir.

Du bist's allein, den Prunk und Etikette
Selbst mehr als Thronen ziert,
Denn sag', bei welchem Thron wird so zur Wette,
Als wie bei dir hofirt?

Worin jedoch aus allen Sorgestühlen
Kein einziger dir gleicht,
Ist dies: auf Thronen sitzt man oft sich Schwülen,
Auf dir sitzt man sich leicht.

Du beutst als Freund den Menschen hier auf Erden
Gefällig deinen Schoß,
Und machest von den drückendsten Beschwerden
Der Menschlichkeit sie los.

Zu dir wallfahrten groß' und kleine Geister,
Wenn sie die Milzsucht quält,
Du nimmst von ihnen weg den Seelenkleister,
Der sie umnebelt hält.

Man sieht dich täglich viele Wunder wirken,
Du bist der Ort, wohin
(So wie nach Mekka die bedrängten Türken)
Die armen Kranken zieh'n.

Du bist der Heilthumstuhl, an dem der Kranke
Nie fruchtlos Opfer zollt,
Weil er dafür gewiß mit regem Danke
Sich die Genesung holt.

Du bist der Chef, für den auf seinem Stuhle
So mancher H** schwitzt,
Der Gott, für den so manche Federspule
Des Autors ab sich nützt;

Der Richterstuhl, wo über die Gehirne
Man streng Gerichte hält,
Der Schlund, worein, gebrandmarkt an der Stirne,
So manches Wischchen fällt.

D'rum, daß du mich dereinst nicht auch als Richter
Verschlingst mit Haut und Haar,

So bring' ich dir, du Erbfeind aller Dichter,
Dies Lied zum Opfer dar.[240]

Aloys Blumauer ist außerhalb der germanistischen Welt längst vergessen. Der Zeitgenosse Johann Wolfgang von Goethe gewiss nicht. Er schätzte – anders als sein Freund Schiller – den Wiener Parodisten nicht, weil der seinen Briefroman *Die Leiden des jungen Werther* (1774) verspottet hatte. Zu der zunächst wenig freundlichen Aufnahme des heute zu den Klassikern zählenden *Werther* trug 1775 vor allem der Kritiker Friedrich Nicolai (1733–1811) mit seiner Satire *Freuden des jungen Werther* bei. Goethe revanchierte sich umgehend mit dem von ihm in Briefen verbreiteten, nicht gerade scheißfreundlichen Gedicht *Nicolai auf Werthers Grabe*:

Ein junger Mensch, ich weiß nicht wie,
Starb einst an der Hypochondrie
Und ward denn auch begraben.
Da kam ein schöner Geist herbei,
Der hatte seinen Stuhlgang frei,
Wie's denn so Leute haben.
Der setzt' notdürftig sich aufs Grab
Und legte da sein Häuflein ab,
Beschaute freundlich seinen Dreck,
Ging wohl eratmet wieder weg
Und sprach zu sich bedächtiglich:
Der gute Mensch, wie hat er sich verdorben!
Hätt' er geschissen so wie ich,
Er wäre nicht gestorben![241]

Und wie gestaltete sich der Stuhlgang von Johann Wolfgang von Goethe? Erleichterte er seinen Leib möglichst frühmorgens und abends, wie es die Ärzte empfahlen? Wer weiß. Ausweislich der im

18. Jahrhundert »boomenden« Publikationen zur Gesundheitsvorsorge waren Verdauungsprobleme, Verstopfung und Blähungen eine Tatsache des Lebens der Eliten. Die übliche fettreiche Kost bei mangelnder körperlicher Bewegung und das nicht seltene »Überessen« bei festlichen Gelagen forderten ihren Tribut. Ob Goethe das 1758 vom Schweizer Arzt und Gelehrten Johann Georg Zimmermann (1728–1775) vorgelegte, bald darauf weithin bekannte Buch *Vom Nationalstolze* kannte? Darin fand sich nicht zuletzt die für Universalgenies provokante Leib-Seele-Frage: »Warum ist man auf seinen Verstand stolz, da auch bey dem grösten Geiste ein dicker Klumpe Koth im Unterleibe oder nur ein von Winden aufgetriebener Darm der Seele göttliches Licht auslöscht?«[242]

Fest steht: Der junge Goethe war kein Anhänger von beschönigenden Umschreibungen, wenn es um allzu menschliche Bedürfnisse ging. Das nicht zuletzt von Mozart geschätzte geflügelte Wort des *Götz von Berlichingen* kommt nicht von ungefähr: »Vor Ihro Kaiserliche Majestät hab ich, wie immer, schuldigen Respekt. Er aber, sag's ihm, er kann mich im Arsche lecken!« Als ein wahrlich starkes Stück entpuppt sich Goethes *Mikrokosmisches Drama: Hanswursts Hochzeit oder der Lauf der Welt* (um 1775).[243] Der nur als Fragment überlieferte Text erschien erst nach des Großmeisters Tod – zu seinen Lebzeiten hätte eine Veröffentlichung oder gar Aufführung dieses sexual- und fäkalsprachlich gesättigten Stücks gewiss einen Riesenskandal ausgelöst. Schon das Personenverzeichnis lässt daran wenig Zweifel: Neben Hanswurst, dem Bräutigam, und Urselblandine, der Braut, treten auf: Hans Arsch von Rippach, Reckärschchen, Peter Sauschwanz, Scheißmatz, Hundsfutt, Quirinus Schweinigel, Thomas Stinkloch, Blackscheißer, Hungerdarm, Magister Sausack, Stinkwitz, Leckarsch, Hosenscheißer, Spritzbüchse, Dr. Bonefurz, Eulenspiegel, Dreckfinke, Piphan und andere mehr.

Während die Mitglieder der höheren Kreise sich nach überstandenen Verstopfungen auf der Retirade erleichterten, wo Leibstühle den nötigen Komfort für die ungestörte Verrichtung gewährten und Diener für die diskrete Entsorgung der herrschaftlichen Hinterlassenschaften sorgten, ging das »Geschäftemachen« weiter unten in der Gesellschaft nicht so unkompliziert vonstatten. Ausweislich diverser zeitgenössischer Berichte aus dem 18. und 19. Jahrhundert stießen die von Erleichterungszwängen heimgesuchten Wandergesellen und Reisenden häufig auf unzulängliche Abortvorrichtungen. Ein Beispiel: In den 1790er Jahren besuchte der aus Gotha gebürtige Johann Christoph Sachse (1762–1824) Hamburg. Der des Lesens und Schreibens kundige Mann, der sich zu jener Zeit mit Gelegenheitsdiensten über Wasser hielt (bald darauf erhielt er durch Goethe die Stelle als Bibliotheksdiener in Weimar), berichtet über ein sehr ungewöhnliches »Naturalienkabinett«, nachdem er von einer Magd »gegen zwei Uhr des Morgens« in ein Gästezimmer geleitet worden war:

»Kaum eine Stunde lang mocht' ich geschlafen haben, als mich das heftigste Bauchgrimmen aus dem Bette trieb. Ich tappte im Zimmer herum, suchte und suchte, aber – o Himmel, das Nachtgeschirr war nirgends zu finden. Wie sollt ich mir helfen? Meine Bedrängnis wurde immer heftiger, und so ergriff ich in höchster Not meinen Stiefel und – machte ihn zu einem Naturalienkabinett. Zufrieden legt ich mich wieder nieder und schlief ruhig ein. Am Morgen hörte ich, hoch halb im Schlummer, ein Gespräch [...]. Darüber wurd' ich völlig munter, worauf eine betagte Magd mich mit folgenden Worten anredete: ›Hei is mi die rechte Gast, dat mut ick säggen; wer heft ihm leert, wie man die Stiefeln schmiert? Dat hef ich nirgends sehn noch hört [...]. Ik kam ganz ut mi sülvst, als ick dat Kackhus uteleert! En Trinkgeld mir mit Recht gebührt; vor Ärger beevt mi alle Knochen.‹ [...] Ich ließ mich nicht lumpen, sondern gab ihr nach Vermögen unter der Bedingung, zu schweigen, aber sie hatte doch geplaudert, und dieses Vorfalls wegen nahmen mich fast alle Hausgenossen und Gäste zur Zielscheibe ihres Witzes, dem ich mich nicht anders zu entziehen wußte, als daß ich mich fast den ganzen Tag über vor dem Hause aufhielt und mich über die Vorübergehenden belustigte.«[244]

Und was erstaunte den wahrlich ausgeschlafenen Zeitgenossen Sachse, als er in das hanseatische Straßenleben eintauchte? »Bald kamen eine Menge aufgeschürzter Weiber mit Körben auf den Köpfen, in schwarzer altenburgischer Tracht, roten Hosen (oder Strümpfen) und langen Zöpfen, wie die Tiroler, und riefen ihre Waren aus [...]. Eben als die Hausmagd aus der Türe trat, kam eine Frau in einem Mantel und rief: ›Will gi wat maken?‹ – ›Hören Sie, die Frau ruft Sie‹, sagte das Mädchen. – Ich glaubte, es wäre wahr, und ging auf die Frau zu. Eh ich mich's versah, schlug sie ihren Mantel um mich, unter welchem sie einen Eimer verborgen hatte, dessen Duft mir seine Anwendung verriet. Wie der Blitz wickelt' ich mich aus dem Mantel heraus und sprang mit drei Sätzen in das Haus, wo das Mädchen eben der Frau Ipsen erzählte, wie sie mich angeführt hätte. Alle lachten, und ich lachte mit, als ich erfuhr, daß dergleichen Weiber und auch Männer expreß in Hamburg herumgingen, um für eine beliebige Abfindung Notdürftige auf freier Straße ihrer Bürde entledigen zu lassen.«[245]

Johann Christoph Sachse, der vor dem Antritt der festen Stelle in Weimar immer knapp bei Kasse war, drehte lieber jeden Pfennig zehnmal um, bevor er ihn ausgab. Für die Dienste einer Abtrittsanbieterin war er ihm offenbar zu wertvoll. Die Chance, sich als Abtrittsanbieterin oder -anbieter ein Zubrot zu verdienen, verringerte sich in den nachgerade von einer Bevölkerungsexplosion geprägten Großstädten in dem Maße, wie die jeweiligen Verwaltungen bereit waren, durch die kostenträchtige Errichtung öffentlicher »Humanitäts- und Sanitätsanstalten« der menschlichen Bedürfniserfüllung mehr geschützte Örtlichkeiten zu bieten.

Insbesondere in den viel frequentierten Messe- und Hanse-städten, in denen öffentliche Toilettenanlagen im heutigen Sinne fehlten, konnten die Besucher ab dem späten 18. Jahrhundert auf Dienstleister hoffen, die als ambulante Abtrittsanbieter ihre Existenz zu sichern versuchten. Sie gingen mit zwei an Ketten vom Schulterjoch hängenden und mit Deckeln versehenen Eimern durch die Straßen und sprachen die Passanten an. Wer sich erleichtern wollte, konnte das dann gegen ein Entgelt und geschützt von einem weiten Umhang tun.

Der rheinische Gerbergeselle Johann Eberhard Dewald (1812–1883) berichtet um 1830 über eines seiner Erlebnisse auf der Frankfurter Messe: »Im Gedräng der vielen Menschen waren mir besonders merkwürdig einige Frauen, die unter einem weitläufigen Umhang aus Leder oder dergleichen – ich konnte es nit erkunden – ein Schulterholz trugen, darauf auf beiden Seiten eine Bütt herunterhing. Ihr aufmunterndes Rufen ›Möcht mol aaner? Möcht mol aaner?‹ erinnerte die Besucher der Budenmärkte an ihre vollen Bäuch und wohl sonst noch was, und wirklich bemerkte ich mehrere Male etwelche unter dem Umhang verschwinden, um dort einem Geschäft zu obliegen, dem die menschliche Natur sich zuzeiten durchaus nit entziehen kann.«[246]

»Fahrende Toilettenunternehmer«, meint der Historiker Peter Payer, »markieren den Beginn einer zivilisationshistorischen Entwicklung. Für den modernen Menschen wurde es seit der Aufklärung zunehmend inakzeptabel, sich mehr oder weniger sichtbar an einer Hausecke oder Mauerwand zu erleichtern.«[247]

Markierte das Auftreten von Abtrittsanbieterinnen und -anbietern den »Beginn einer zivilisationshistorischen Entwicklung«? Ich halte diese Bewertung für übertrieben. Dafür waren es – angesichts der wachsenden Städte – erstens zu wenige, und zweitens hatten die überwiegend darbenden Einwohner der unteren Stände andere Nöte, als das ohnehin extrem knappe Kleingeld ausgerechnet für die Befriedigung ihrer Notdurft den Besitzer wechseln zu lassen. Zwar waren bereits Ende des 18. Jahrhunderts aus bürgerlichen Kreisen die Forderungen unüberhörbar, die Hausecken, Notwinkel, Grünanlagen etc. dürften nicht mehr als »öffentliche Abtritte« missbraucht werden. Die von Medizinern wie Johann Peter Frank, Gottlieb Hebenstreit und anderen mehr angemahnten städtebaulichen Maßnahmen, »an schicklichen Orten und in gehörigen Entfernungen öffentliche Abtritte anzulegen«, unterblieben jedoch.[248] Die kostenträchtige Linderung der Notdurft-Not erschien den herrschenden Akteuren mit ihrer Doppelmoral schlicht als Zumutung. Erst ab der Mitte des 19. Jahrhunderts sorgten die aus dem Bürgertum rekrutierten Stadtväter für die Errichtung funktionaler Bedürfnisanstalten – freilich sehr zaghaft.

Zur Geschichte der im späten 19. Jahrhundert – sprich im Zuge der neuen sanitären und seuchenhygienischen Erkenntnisse sowie dem Kanalausbau in den Städten – in größerer Zahl eingerichteten öffentlichen Pissoirs und Bedürfnisanstalten, ihrer Bauweise und ihres Zubehörs, liegen aussagekräftige Studien vor.[249] Sie verdeutlichen zumal, dass es in der Bevölkerung auch Gegner dieser als »Stinkbuden« verunglimpften historischen Errungenschaft gab. Die Furcht vor Krankheitserregern und dem Aufeinandertreffen mit Kriminellen und Außenseitern der Gesellschaft hielt lange an. Inzwischen dienen denkmalgeschützte Anlagen wie die Café Achteck genannten grün-gusseisernen Pissoirs in Berlin als Anlaufpunkte touristischer »Toilettentouren«.[250]

Obwohl das hygienisch aufgeklärte Stadtbürgertum den Bau öffentlicher Bedürfnisanstalten befürwortete und politisch durchsetzte, sorgte es zugleich zunehmend dafür, diese möglichst nicht in unmittelbarer Nähe ihrer Wohnhäuser und bevorzugten städtischen Erlebniszonen antreffen zu müssen. Eben deshalb verschwanden immer mehr dieser Lokalitäten aus dem Blick und Sinn – unter die Erde zum Beispiel.[251]

Neben der im ausgehenden 19. Jahrhundert vorangetriebenen Anlage öffentlicher Toiletten stießen die gründerzeitlichen Architekten und Bauherren auf eine historisch mindestens ebenso dringliche neue Herausforderung – die Austattung der immer mehr Beschäftigte einhausenden Fabriken und Verwaltungszentralen sowie der erheblich mehr Soldaten fassenden neuen Kasernenbauten mit Aborten. Sie wurden zumeist mit einer größeren Anzahl kleiner hölzerner Kabinen versehen, die über ein Sitzbrett mit kreisrunder Öffnung verfügten. Zunächst wurde dieses übrigens schräg angeordnet, um eine größere Verschmutzung, die »durch das Aufstellen auf den Sitz, das von Vielen infolge eines an sich ganz natürlichen Widerwillens gegen die Benutzung solcher allgemeiner Aborte beliebt wird«, zu unterbinden.[252]

Den Abtrittsanbieterinnen, so viel steht fest, ging im späten 19. Jahrhundert die Kundschaft flöten.[VIII] Die Betreiber der entstehenden öffentlichen und semiöffentlichen Aborte und Pissoirs vermittelten jedoch einen »Jobersatz« – die unter prekären Bedingungen wahrzunehmende Tätigkeit als Toilettenwärterin.[IX] Ihre Arbeitsbedingungen und -vertragsregelungen waren schlicht skandalös. Sie durften die Anstalten während der bis zu sechzehn Stunden langen Arbeitszeiten nicht verlassen, mussten die Benutzungsgebühren kassieren, im Winter heizen, stets putzen usw. In München zum Beispiel hatten die Wärterinnen bis 1902 keinen Anspruch auf einen freien Tag und konnten ohne Anlass fristlos entlassen werden. Das ist lange her? Nun, ausweislich vieler Presseberichte sind die Arbeitsbedingungen und Verdienstmöglichkei-

---

VIII Über die Hamburger Abtrittsanbieterinnen liegt eine lesenswerte Erzählung vor: Bittrich, Dietmar: Hamburger Liebschaften. Drei Erzählungen, Hamburg 2000, S. 67 ff.
IX Bereits 1906 erschien in Leipzig ein Buch (im Wiener Dialekt), das so sehr für Furore sorgte, wie es auf die harten Berufsbedingungen der Damen verwies: Leben, Meinungen und Wirken der Witwe Wetti Himmlisch, die ihre Laufbahn als Malermodell angefangen, geheiratet hat, langjährige Toilettefrau gewesen, und jetzt von ihren Zinsen zehrt. Von ihr selber eigenhändig niedergeschrieben. Neuausgabe: Payer, Peter (Hg.): Leben, Meinungen und Wirken der Witwe Wetti Himmlisch, Wien 2001.

ten für die Beschäftigten unserer Tage kaum wesentlich besser. Bemerkenswert finde ich die Aussage einer langjährigen Kölner Frau vom Fach: »Von 100 Männern nehmen 99 die Bürste. Von 100 Frauen höchstens 10.«[253]

WC 1   Die Erleichterung der Erleichterung

Zu den fast schon unwiderstehlichen Schilderungen eines Toilettengangs im anbrechenden 20. Jahrhundert, und jetzt mache ich einen Tagesausflug nach Dublin, gehört die von James Joyce (1882–1941). Sie ist im vierten Kapitel seines Jahrhundertromans *Ulysses* ausformuliert, der an einem einzigen Tag spielt: am 16. Juni 1904. Im Mittelpunkt des Geschehens steht Leopold Bloom, seines Zeichens Anzeigenakquisiteur bei einer Dubliner Tageszeitung. Nachdem er in seinem Haus in der Eccles Street für seine Frau Molly das Frühstück bereitet und ihr ans Bett gebracht hat, begibt sich Bloom zum Häusl im Garten.

»Will raus. [...] Er hatte ein Gefühl der Schwere, Fülle: dann spürte er, wie sich seine Eingeweide sanft lösten. Er stand auf und öffnete den Gurt seiner Hose. [...] Eine Zeitung. Er las gern beim Stuhlgang. Hoffentlich kommt nicht irgendwo so ein Affe vorbei und klopft, wenn ich grad. In der Tischschublade fand er eine alte Nummer der *Titbits*. Er faltete sie unter die Achsel, ging zur Tür und öffnete sie. [...] Er ging durch die Hintertür hinaus in den Garten: blieb stehen dort, zum Nachbargarten hinüberzulauschen. Kein Laut. [...] Er ging weiter. Wo ist übrigens mein Hut geblieben? Muß ihn doch wieder auf den Haken getan haben. [...] Er stieß die gebrechliche Tür des Abtritts auf. Bloß achtgeben, daß mir die Hose hier nicht dreckig wird, für die Beerdigung. Er ging hinein, beugte den Kopf unter den niedrigen Oberbalken. Die Tür halb offen lassend, löste er inmitten des Gestanks von modriger Kalktünche und schalen Spinnweben seine Hosenträger. Bevor er sich niederließ, spähte er durch eine Ritze zum Fenster des Nachbarhauses hinauf. [...]

Auf dem Kackstuhl hockend, entfaltete er seine Zeitung und schlug auf den entblößten Knien die Seiten um. Irgendwas Neues und Leichtes. Keine große Eile. Ruhig noch ein bißchen zurückhalten. Unser Preisausschreiben, der Leckerbissen der Woche. [...] In Ruhe las er, seinen Drang noch unterdrückend, die erste Spalte und begann, schon nachgebend, doch mit Widerstreben noch, die zweite. Auf ihrer Mitte angelangt, gab er seinen letzten Widerstand auf und erlaubte seinen Eingeweiden, sich zu erleichtern, ganz so gemächlich, wie er las, und immer noch geduldig lesend, die leichte Verstopfung von gestern ganz verschwunden. [...] Er riß scharf die halbe Preisgeschichte ab und wischte sich damit. Dann gürtete er sich die Hosen hoch, legte die Träger über und knöpfte sich zu. Er zog die ruckige wacklige Tür des Abtritts auf und trat aus dem Dunkel hinaus an die Luft.«[254]

Bis zum Beginn des 20. Jahrhunderts gehörte in Mitteleuropa das Plumpsklosett zu den alternativlosen Stätten der Erleichterung. Draußen zumeist in Verschlägen, drinnen in Form von Nachtgeschirren und -stühlen. Der approbierte Apotheker und Romancier Theodor Fontane (1819–1898) berichtete im Juli 1887 während eines Erholungsaufenthalts im Seebad Rüdersdorf seiner Frau, der »Locus« läge mitten im Garten, »unter zahllosen Levkojen-Beeten«: »Es ist ein durch eine Holzwand geteiltes Häuschen, dessen eine Hälfte für Erwachsene, die andre für Kinder ist. Letztere mit sehr niedrig gehaltenem Sitzapparat. Nun trifft es sich so unglücklich, daß für mich – der ich ja regelmäßig zu spät komme – immer nur der für Kindermaß berechnete frei ist, was mir Attitüden aufzwingt, die ich meinem bittersten Feind nicht wünsche.«[255]

Neben dem aushäusigen Plumpsklosett waren um die Wende zum 20. Jahrhundert auch die Nachtgeschirre weiterhin ein Nonplusultra. Eine beliebte Anekdote aus jener Zeit erinnert daran:

Ein Lehrer erklärt den Kindern das Morgengebet. Um deutlich zu machen, wann es verrichtet werde, fragt er einen Schüler: »Hans! Was macht denn Dein Vater, wenn er in der Früh aufsteht?« Der Junge denkt lange nach, dann sagte er: »Er nimmt den Nachttopf und prunzt.« Für die Abc-Schützen standen auf den Schulhöfen Aborthäuschen parat, die mit gern verschleiernden Formulierungen wie zum Beispiel »Tante Meier« tituliert wurden. Die Museumspädagogin Renate Schäfer beschreibt die damaligen Umstände so: »Im Winter eiskalt, im Sommer durch Fliegen kaum erträglich, denn der menschliche Mist, der in einen Eimer unter dem Holzloch fiel, zog die Insekten an, selbst wenn nach dem Gebrauch der Deckel aufgesetzt wurde. Als Toilettenpapier dienten Zeitungsabschnitte, die an einem Drahthaken aufgespießt wurden. War der Eimer voll, traten die großen Schuljungen in Aktion. Der Eimer wurde abgedeckt und mit einer Schubkarre in den Schulgarten gebracht. Sein Inhalt beflügelte das Wachstum der Erdbeeren, Möhren und Bohnen. Der Schulgarten wurde übrigens vom Lehrer genutzt. So ging's im 19. Jahrhundert zu. Später wurden die Eimer durch Gruben ersetzt, die von einem Fäkalienunternehmer regelmäßig geleert wurden.«[256]

Im Laufe des 19. Jahrhunderts hatten in der Tat die größeren Gemeinden und die Städte kommunal organisierte Fäkalienentsorgungssysteme mittels Kübeln und Tonnen eingeführt. In Gießen zum Beispiel kamen nachts die Schlamp-Eiser, die mit einer langen Stange die zwischen den Häusern stehenden Kübel heranzogen, deren Inhalt auf Holzkarren schütteten und aus der Stadt beförderten. Zur Bindung des Geruchs dienten Torfmull oder Asche – allerdings wirkte dies nur bedingt. Denn dass die von den Bürgern abends zur Abfuhr bereitgestellten »Schmutzkübel« durchaus einige Düfte verströmten, legt eine 1852 im *Kladderadatsch* gedruckte Zeichnung mehr als nahe:

»Woraus zu ersehen, daß der Senat doch noch für den Fortschritt und das Fortkommen der Bürger sorgt.«

Erst ab 1893 wurden geschlossene Abortkübel in der Hansestadt und andernorts Vorschrift. Das Aufkommen der zentralisierten Schwemmkanalisation machte kurz darauf der Tonnenabfuhr gleichsam den Garaus. Die Entscheidung für die Schwemmkanalisation fiel damals den Politikern, Medizinern und Bauindustriellen schon deshalb »leicht«, weil ab den 1880er Jahren die Düngemittelfabriken neben Phosphat auch massenhaft den Pflanzennährstoff Kali produzierten. Die Tage der Fäkaliensammler, die die gefüllten Eimer der Bürger abholten und aufs Land oder in eine Düngerfabrik (Poudrettenanstalt) transportierten, endeten zur Jahrhundertwende, und ein bei der Jugend beliebtes Rätsel verlor zugleich den Hauptakteur: »Wer ist das? Er naht mit Glockengeläute. Die Jungfrauen bringen ihm ihre Gaben. Er hüllt sie in eine Wolke und fährt davon.«[257]

Über die ab den 1880er Jahren Fahrt aufnehmende Geschichte der städtischen Kanalisation und Entwässerung liegen nicht zuletzt von vielen Kommunen (auch im Internet abrufbare) Schriften vor, ich gehe deshalb auf diese Thematik nicht weiter ein. Fest steht, um 1900 hatten die Tiefbauunternehmen alle Hände voll zu tun, die städtischen Ballungsräume mit genau den gigantischen Kanalisationssystemen zu untertunneln, die gegenwärtig erhebliche Gebührengelder verschlingen, um repariert und in Schuss gehalten zu werden.

Die sogenannte Industrielle Revolution blieb auch im Hinblick auf das menschliche Erleichterungsbedürfnis nicht folgenlos. Sie trieb immer mehr Menschen vom Lande in die Städte und neuen Industrreviere oder als Auswanderer nach Amerika, wo sie auf eine bessere Zukunft hofften. (Zu den ersten Auswanderern, die bei der Seereise in die Neue Welt keinen Donnerbalken oder Eimer, sondern zu ihrer Verblüffung ein Trichterklosett mit Wasserspülung vorfanden, gehörten 1887 die Passagiere auf dem Dampfer »Lahn«.[258]) Der massenhafte Zuzug in die Ballungsräume zeitigte aufgrund politischer Untätigkeit drastische Folgen. Hungerlöhne und bei weitem nicht ausreichender Wohnraum führten zu extrem menschenunwürdigen Zuständen. Insbesondere die mangelnde Anzahl seuchenhygienisch einwandfreier Abtritte erwies sich als kaum mehr steuerbares Problem.

Im deutschen Kaiserreich des Jahres 1910 zählten bereits gut fünfzig Städte mehr als 100 000 Einwohner. Zu jener Zeit umfasste die Arbeiterklasse zwar schon dreißig Prozent der Beschäftigten. Sie musste jedoch mit der bürgerlichen Verunglimpfung leben, eine so neue wie »stinkenden Dunst« erzeugende Klasse zu sein, denn die ihr politisch zugemuteten sanitärhygienischen Bedingungen stanken so gewaltig zum Himmel wie die Schlote der Fabrikherren. Und nicht nur das – sie waren tödlich. So forderte noch 1901 die Typhusepidemie im Ruhrgebiet mindestens 500 Menschenopfer. Wie grauenvoll elend beispielsweise die Zustände im Hamburger Gängeviertel während der Choleraepidemie von 1892 waren, schilderte ein Lehrer so:

»Ein enger, abschüssiger Torweg führt in einen dunklen, dumpfen Hof. [...] Auf der Treppe, die in das Haus hinaufführt, darf man sich nicht aufrichten, man würde sich unfehlbar den Schädel einstoßen. Man sieht die Hand nicht vor Augen. [...] Für zwanzig Familien gibt es nur zwei Anstandsorte, die aber von den wenigsten benutzt werden, da das Passieren der Treppen lebensgefährlich ist. So wird der Unrat durch die Abflußröhren für Schmutzwasser hinuntergegossen. Da es aber hier keine Wasserleitung gibt, und infolgedessen nicht nachgespült werden kann, so ist die Luft eine entsetzliche.«[259]

In vielen toilettengeschichtlichen Abhandlungen gerät schlicht aus dem Fokus, dass die industriekapitalistische Klassengesellschaft des deutschen Kaiserreichs für die große Masse der Bevölkerung keine angemessenen sanitären Bedingungen sicherstellte. Die Errichtung von Bedürfnisanstalten und die Einbauvorschriften für das neue Produkt Spülklosett erleichterten zunächst einmal nur die Bedürfnisbefriedigung der besser gestellten Gesellschaftsmitglieder. Insbesondere in den vielen Elends- und Arbeiterquartieren der Städte waren die Bedingungen zu Beginn des 20. Jahrhunderts eher schlechter als jene des späten 18. Jahrhunderts, über die Johann Peter Frank (1745–1821) ab 1779 in seinem hygienegeschichtlich bedeutenden Werk *System einer vollständigen medicinischen Polizey* bestürzt berichtet hatte:

»In sehr vielen Häusern fehlet es an Abtritten gänzlich, und man bedienet sich gewisser Behältnisse für jede Familie, solange als möglich ist, um sich der Beschwerlichkeiten einer öfteren Reinigung zu überheben. [...] Dieser, obschon ekelhafte, Gegenstand verdienet also gewiß überall eine bessere Vorsorge der Polizey, sowohl in Anordnung: daß kein Gebäude, ohne hinlängliche Abtritte aufgeführet, als daß diese am rechten Orte angelegt, nach vernünftigen Regeln gebauet und reinlich unterhalten werden sollen.«[260]

Johann Peter Frank gehörte zu den ersten Vorkämpfern, die dem Staat die Verantwortung für den Gesundheitsschutz und die Gesunderhaltung der Bevölkerung zuwiesen. Die sich im Laufe des 19. Jahrhunderts entfaltende bürgerliche Hygienebewegung nahm dieses Gedankengut durchaus auf und propagierte zum Beispiel die Notwendigkeit einer gründlichen Körperreinigung. An den sanitären Unzulänglichkeiten der in die Verelendung getriebenen neuen Arbeiterklasse änderte sich jedoch nichts. In den vielen Einzimmerwohnungen, die nur zu häufig von fünf- und mehrköpfigen Arbeiterfamilien bewohnt wurden, von denen nicht wenige zusätzlich noch alleinstehende Männer als Schlaf- bzw. Kostgänger aufnahmen, war an Körperhygiene im bürgerlichen Sinne selbst um 1920 nicht zu denken. Trotz zahlreicher neu angelegter Werkssiedlungen und Mietskasernen blieb das Wohnungsproblem virulent. Insbesondere im Umfeld von Zechen und Industriebetrieben lebten die Familien extrem beengt, teilten sich immer mehrere einen einzigen Abort.

Selbst nach der Anlage städtischer Wasser- und Abwassersysteme erhielten die Haushalte in den sozial benachteiligten Wohngebieten bestenfalls rudimentär ausgestattete Anschlüsse im Keller oder Hof, von Badezimmern konnten die Menschen, die schon aufgrund ihrer harten Arbeitsbedingungen dringend auf sie angewesen waren, bestenfalls träumen.[261] 1910 waren zum Beispiel in Kiel zwar um die sechzig Prozent der Wohnungen in den wohlhabenderen Vierteln mit Badezimmern ausgestattet, in den Arbeiterquartieren hingegen lediglich 2,5 Prozent.[262] Noch 1950 gab es den Statistikern zufolge in Schleswig Holstein in mehr als vier Fünftel der Wohnungen kein Bad, blieb der krasse Gegensatz zwischen sanitär großzügig ausgestatteten Bürgerhäusern und den Wohnungen von Arbeitern und Kleinbürgern offenbar.

Vom stinkenden Dunst, der extrem steigenden Menge von Abfall und »Unrat« und von »im Sumpf versinkenden Städten« war ausgangs des 19. Jahrhunderts in allen europäischen Metropolen die naserümpfende bürgerliche Rede. Schuld daran sollten ausgerechnet die massenhaft armen und unterbezahlten, in extrem unzureichende Behausungen gezwängten Menschen sein, die den Wohlstand der oberen Schichten sicherten. Die zu jener Zeit rudimentär eingeführten städtischen Sozialhygienemaßnahmen (u. a. sogenannte »Volksbrausebäder«, deren Nutzung allerdings nicht kostenfrei war) änderten an ihrer bedrückenden Lage jedenfalls so gut wie nichts.

Während sich das mitteleuropäische Bürgertum vom Lärm und Gestank der Fabriken und Slums in ruhige und immer prächtiger bebaute Viertel absetzte und sich damit nachhaltig sozial und stadträumlich abgrenzte, kamen zugleich die ersten industriell produzierten keramischen Wasserklosetts auf den Markt und in häusliche Funktion. In der Großstadt Bremen zum Beispiel wurde ab 1900 für Neubauten die Anlage von Spülklosetts verpflichtend und ab 1903 auch für alle schon bestehenden Gebäude, die im Bereich des Abwasserkanalisationsnetzes lagen. Fortan gehörte zum kulturellen Kapital der Oberschicht und der um den sozialen Aufstieg bemühten Mittelschicht nicht nur das Netzwerken und der Bildungsabschluss, sondern auch das Verlangen nach einem Badezimmer mit Spülklosett.

In großen Büros und bürgerlichen Wohnhäusern war das WC im frühen 20. Jahrhundert zumindest keine Seltenheit mehr. Franz Kafka (1883–1924), der in Prag seinem »Brotberuf« nachging, notierte am 25.12.1915 in sein Tagebuch: »Auf dem Klosett darf man nicht an die Thora denken, daher darf man dort weltliche Bücher lesen. Ein sehr frommer Prager, ein gewisser K., wusste viel Weltliches, er hat alles auf dem Klosett studiert.«[263] Und der kritische Zeitgenosse Kurt Tucholsky (1890–1935) verwies 1927 in einem Rundfunkvortrag über *Des Deutschen Volkes Liederschatz* auf »schlichtweg idiotische Texte« wie diesen: »Wer hat die liebe Großmama / verkehrt rum aufs Klosett gesetzt? / Das war bei Tante Trullala / in Düsseldorf am Rhein, / da haben wir die Nacht verbracht / voll Seligkeit beim Wein –.«[264]

Da das WC eine komplexe Infrastruktur aus Wasserleitungen, Abwasserkanälen und anderem mehr benötigt, erfolgte der Einbau in bereits bestehende Wohngebäude und vor allem die Mietskasernen hierzulande nur sehr allmählich. So behauptete in der deutschen Metropole Berlin das ab der Gründerzeit zunehmend auf halber Treppe angelegte »Außenklo« noch bis ins letzte Jahrzehnt des 20. Jahrhunderts den Ruf, charakteristisch für ein Mietshaus zu sein. Zu Ehren kam es, weil die Bau-Polizei-Ordnung seit 1887 vorschrieb, Aborte dürften nur in Räumen angelegt werden, die Licht und Luft unmittelbar von der Straße, einem Hof oder einem nach oben offenen Lichtschacht erhielten. Eben deshalb planten sie die Architekten platzsparend auf den Zwischenpodesten der Treppenhäuser ein. Zudem schrieb die Bauordnung nicht vor, eine jede Wohnung mit einer Toilette auszurüsten. Und so kam es, wie es kommen musste: für jede Etage wurde ein Podest-WC eingebaut, das sich dann bis zu vier Mietparteien zu teilen hatten. Es benötigte zur Freude der Bauspekulanten und Miethaie nur einen einzigen Quadratmeter Grundfläche.

»Die Berliner haben sich gut mit dem Außenklo arrangiert«, kommentiert Jens Sethmann. »Ein außen steckender Schlüssel bedeutete ›besetzt‹. Bei Frost erwiesen sich Grablichter als ein geeignetes Mittel, um die Wasserrohre vor dem Einfrieren zu bewahren. In West-Berlin gab es im Jahr 1968 noch genau 110.785 Wohnungen ohne eigene Toilette. Das entsprach etwa 12 Prozent des damaligen Wohnungsbestandes und rund 24 Prozent der vor 1918 gebauten Wohnungen. Im Ostteil der Stadt waren solche Größenordnungen bis nach der Wende normal.«[265] Alois Gmeiner vermerkt in seiner *Tour de Toilette* über die noch in den 1960er Jahren auch in vielen Wiener Mietshäusern außerhalb der Wohnungen gelegenen Spülklosetts:

»Wer jemals in einer eiskalten Winternacht den Weg auf den Gang seiner Altbauwohnung auf sich genommen hat, weiß, wovon ich spreche. Meine erste Studentenbude in Wien war eine Wohnung ohne fließendes Wasser [...] und natürlich nur mit einer Gemeinschaftstoilette pro Stockwerk. Eine Dame jenseits der 80, die damals ebenfalls unter gleichen Bedingungen, aber bereits seit ihrer Jugend in diesem Haus wohnte, meinte einmal zu mir am Gang: ›[...] a Klo kammat ma nie nicht in die Wohnung – des is ja grauslich und unhygienisch!‹«[266]

Selbstverständlich wurde das private Spülklosett in der ersten Hälfte des 20. Jahrhunderts vor allem in gutbürgerlichen Haushalten. Der zu Lebzeiten sozialpolitisch engagierte Familienrichter

Helmut Ostermeyer (1928–1984) schildert in seiner Autobiografie ungemein plastisch die Verhältnisse seiner Jugendzeit in einem typischen mehrstöckigen »Bremer Haus« der 1930er Jahre. In diesen gründerzeitlichen Bauten lagen zu jener Zeit im Keller die Hauswirtschaftsräume und unterm Dach die Schlafzimmer des Personals:

»Zwischen den Waschküchen war ein ungeheiztes Klo. Das Familienklo stand zwei Treppen höher im Badezimmer. Die Dienst- und Kindermädchen wohnten drei Treppen hoch. Sie mußten hier unten aufs Klo gehen, sie durften unseres nicht benutzen. [...] Das Bad hatte kein Fenster, dafür ein Glasdach. Darin hoben sich zwei Klappen, wenn man an einem Drahtseil zog; weiterführende Seile öffneten ein Stockwerk höher zwei Klappen am Oberlicht auf dem Dach. Mit einem Zug öffneten sich also vier Klappen in zwei Etagen; wir mußten vorsichtig ziehen, damit nichts riß. Gestank zog nur langsam ab, wir sollten sofort ziehen, wenn wir was gemacht hatten.

Ich saß gern auf dem Klo. Ich zählte die Fliesen auf dem Fußboden oder die Kacheln an der Wand. Ich genoß es zu fühlen, wie der Sitz warm wurde. Das warme Holz am Po schenkte Zuhause und Sicherheit wie das Eingemachte im Keller. Da reichte kein fremdes Klo heran, und wenn ich nach einer Reise auf dem Klo saß, hatte die Heimat mich wieder. [...] Angenehm war nur eigene Wärme, fremde war mir zuwider, vor allem die meines Vaters. Ich wartete, bis der Sitz sich abgekühlt hatte. Nur wenn es eilig war, setzte ich mich auf den angewärmten. [...] Mein Vater lehrte mich Abputzen. Ich sollte zwei Blatt nehmen, damit die Finger sauber blieben. Er verschwendete Papier, wo er sonst so geizig war. Manchmal war der Scheißhaufen so mächtig, daß die Spülung ihn nicht wegbrachte oder nur bis zur Kante. Ich mußte ihn mit einem Stück Papier schieben.«[267]

Der von Helmut Ostermeyer gewährte Einblick in ein an die Kanalisation angeschlossenes Haus mit funktionierender Leitungswasserversorgung und Zentralheizung führt bereits zwei WCs vor – eins für die da oben und eins für die da unten. Nun sind zwar die Zeiten, in denen das Bürgertum ein gleich mehrköpfiges Heer von Bediensteten beschäftigte, vorbei. Eva Heller pointierte unlängst in *Erst die Rache, dann das Vergnügen*, dass in gewissen Kreisen auch die haushaltsnahen Dienstleister der Gegenwart mit auf soziale Distanz pochenden Regeln konfrontiert sein können. Die von »Frau Doktor« als Putzfrau verdingte Romanheldin berichtet über die Instruktionsrunde am ersten Arbeitstag: »Ihr Luxusbadezimmer hatte sogar ein Bidet. Boden, Wände, Wanne, alles aus weißem Marmor mit grauen Strukturen. Die Handtücher in Blaßblau mit graumelierten Kanten. Was sonst herumstand, war silbern, silberne Zahnputzbecher – auf denen sieht man jeden Fingerabdruck, dachte ich putzfrauenmäßig –, eine silberne Kleenex-Box, silberner Klopapierhalter. ›Wir haben übrigens eine Gästetoilette‹, sagte sie. Ihr ›übrigens‹ bedeutete, daß ich im Bedarfsfall diese aufzusuchen hätte.«[268]

Ostermeyers Schilderung der kurz vor dem Beginn des Zweiten Weltkriegs im Elternhaus gegebenen toilettenkulturellen Umstände und Rituale verdeutlicht die Vorteile eines tagsüber und nachts schnell erreichbaren Klosetts im Haus; ganz zu schweigen von der gleichsam heimatliche Gefühle auslösenden Vertrautheit. Warum die zu jener Zeit üblichen Flachspüler inzwischen überwiegend durch Tiefspüler abgelöst worden sind, vermittelt sein Bericht in gewisser Hinsicht auch. Das von ihm ins Geschehen einbezogene – sparsam zu verwendende – Toilettenpapier kam wohl schon von der Rolle. Seit 1928 produzierte dieses zum Markenartikel erkorene analhygienische Produkt die von Hans Klenk begründete deutsche Firma Hakle. »Verlangen Sie eine Rolle Hakle, dann brauchen Sie nicht Toilettenpapier zu sagen«, lautete einer der Werbeslogans für die 1000-Blatt-Rollen, weil das diesbezügliche Peinlichkeitsempfinden gerade Hochkonjunktur hatte und es noch keine Selbstbedienungsläden gab, die die Nach-Frage quasi erleichterten.

Was Charles Dickens (1812–1870) in seinem Roman *Aus zwei Städten* unübertrefflich über das 18. Jahrhundert formulierte, gilt auch für das vergangene 20.: »Es war die beste und die schlimmste Zeit, ein Jahrhundert der Weisheit und des Unsinns, eine Epoche des Glaubens und des Unglaubens, eine Periode des Lichts und der Finsternis: es war der Frühling der Hoffnung und der Winter der Verzweiflung; wir hatten alles, wir hatten nichts vor uns; wir steuerten alle unmittelbar dem Himmel zu und auch alle unmittelbar in die entgegengesetzte Richtung – mit einem Wort, diese Zeit war der unsrigen so ähnlich, dass ihre geräuschvollsten Vertreter im guten wie im bösen nur den Superlativ auf sie angewendet wissen wollten.«[269]

In Amsterdams Prinsengracht erinnert ein vielfrequentiertes Museum an die Familie Frank und ihre Freunde, die sich ab 1942 im Hinterhaus dieses Gebäudekomplexes vor den Nazischergen verstecken konnten, bis sie 1944 von der Gestapo aufgespürt, verhaftet und deportiert wurden. Die am 12. Juni 1929 als Tochter jüdischer Eltern in Frankfurt am Main geborene Anne Frank, die 1933 mit ihren Eltern nach Amsterdam flüchten musste, hat in ihren aufwühlenden Tagebucheinträgen auch den Umgang mit ihren Körperausscheidungen thematisiert. Das Versteck im Hinterhofgebäude hatte bereits ein WC bzw. ein in einer »Kammer ohne Fenster« gelegenes »abgeschlossenes Klo«.[X] Welche Rolle dieser

---

X In den Niederlanden, England und Skandinavien wurden schon in den 1920er Jahren viele innenliegende WCs eingebaut, weil die dortigen Bauverordnungen auch eine künstliche Belüftung und Beleuchtung zuließen. In Deutschland änderten sich diesbezügliche Vorschriften erst nach dem Zweiten Weltkrieg.

kleinflächige stille Ort angesichts der extrem beengten und zermürbenden Bedingungen spielte, unter denen die Familie Frank und fünf weitere Personen hausen mussten, überliefert die schriftstellerisch frühbegabte Anne in ihrem beim Einzug in das Versteck begonnenen Tagebuch, bei dem es sich eigentlich um »Briefe an eine Freundin-in-der-Einbildung« handelt, an Kitty. Die nun folgenden Auszüge sprechen, denke ich, für sich:

29. September 1942: »Am Mittwoch war der Installateur im Haus, um unten die Rohre der Wasserleitung von der Bürotoilette auf den Flur zu verlegen. Diese Veränderung ist in Hinblick auf einen eventuellen kalten Winter gemacht worden, damit die Rohre nicht einfrieren. Der Installateurbesuch war für uns alles andere als angenehm. Nicht nur, dass wir tagsüber kein Wasser laufen lassen durften, wir durften natürlich auch nicht aufs Klo. Es ist wohl sehr unfein, wenn ich dir erzähle, was wir getan haben, um dem Übel abzuhelfen. Aber ich bin nicht so prüde, über solche Dinge nicht zu sprechen. Vater und ich haben uns zu Beginn unseres Untertauchens einen improvisierten Nachttopf angeschafft, das bedeutet, wir haben aus Mangel an einem Topf ein Weckglas geopfert. Diese Weckgläser haben wir während des Installateurbesuchs ins Zimmer gestellt und unsere Bedürfnisse tagsüber aufbewahrt. Das fand ich lange nicht so eklig wie die Tatsache, dass ich den ganzen Tag stillsitzen musste und auch nicht reden durfte.«[270]

4. August 1943 (abends): »Halb zwölf. Die Zimmertür quietscht. Ein dünner Lichtstreifen fällt ins Zimmer. Das Knarren von Schuhen, ein großer Mantel, noch größer als der Mann, der in ihm steckt ... Dussel kommt von seiner nächtlichen Arbeit in Kuglers Büro zurück. Zehn Minuten lang Schlurfen [...]. Dann verschwindet die Gestalt wieder, und man hört nur von Zeit zu Zeit aus der Toilette ein verdächtiges Geräusch. Ungefähr drei Uhr: Ich muss aufstehen, um ein kleines Geschäft in die Blechdose unter meinem Bett zu verrichten, unter die vorsichtshalber noch eine Gummi-

matte gelegt worden ist, falls das Ding leckt. Wenn das nötig ist, halte ich immer die Luft an, denn es plätschert in die Dose wie ein Bach von einem Berg. Dann kommt die Dose wieder an ihren Platz [...].«[271]

T4. April 1944: »Beste Kitty! Die Stimmung hier ist noch sehr gespannt. [...] Wir haben im Augenblick kein Glück. Das Klo ist undicht, der Hahn überdreht. Dank der vielen Beziehungen wird sowohl das eine als auch das andere schnell repariert sein. [...] ›Wäre es nur schon vorbei!‹ Das hört man jeden Tag. Meine Würde, meine Hoffnung, meine Liebe, mein Mut, das alles hält mich aufrecht ...«[272]

Am 1. August 1944 verfasste Anne Frank ihren letzten Eintrag in das Tagebuch, in den Rettungsanker ihres jungen Lebens. Am 4. August wurde sie mit den sieben anderen Untergetauchten verhaftet, einen Monat später pferchten die Nazischergen sie in einen Viehwaggon ohne Nahrungsmittel und ohne Abtritt, der nach Auschwitz rollte. Anne Frank, die ins KZ Bergen-Belsen verlegt wurde, starb wohl im Februar 1945 an Typhus.

Zu den ewig beschämenden menschenverachtenden Bedingungen des Holocaust gehörte das Fehlen von Toiletten und Waschgelegenheiten. Der im Sommer 1942 ins KZ Dachau verschleppte Pfarrer Kurt Habich (1912–1997) berichtete über die ihn dort erwartenden Umstände: »Zunächst wurde ich mit jungen Russen und polnischen Priestern in einem Raum hineingepfercht. Dort litten die meisten Häftlinge an Ruhr und mußten am Tage bis zu dreißigmal zum Abort rennen. Medizin gab es für niemand. Dafür haben die SS-Leute einem sterbenden Russenjungen den Kot ins Gesicht geschmiert. Die meisten Häftlinge magerten ab bis zum Skelett. Ihr Hunger war fürchterlich. Alles schoben sie in den Mund: Blätter, Würmer, Kot; sie tranken den eigenen Urin. Es gab Fälle von Kannibalismus an Häftlingsleichen. Tagsüber mußten wir schwerste körperliche Arbeit lèisten, oder wir wurden irgendwo hineingesperrt, mußten stundenlang in ein Loch hineinstieren und erdulden, wie unsere Peiniger wahllos auf uns einschlugen.«[273]

Der unvergessene Literaturkritiker Marcel Reich-Ranicki (1920–2013) leitete 2002 einen seiner Artikel mit dem Zitat ein: »Über stinkendem Graben / Papier voll Blut und Urin, / umschwirrt von funkelnden Fliegen, / hocke ich in den Knien.« Und er fährt fort: »So beginnt ein deutsches Gedicht, ein großes und erschreckendes Gedicht, geschrieben kurz nach dem Zweiten Weltkrieg. Der es verfaßt hat, Günter Eich, den wir auf keinen Fall vergessen sollten und der es wagte, hier Urin auf Hölderlin zu reimen, wußte wohl kaum, daß jene deutschen Soldaten, die in einer Latrine über einem stinkendem Graben hockten und den versteinten Kot in den ›Schlamm der Verwesung‹ klatschen hörten, daß sie unter den Zeitgenossen noch zu den Privilegierten gehörten. Denn den Elendsten der Elenden war auch eine Latrine verwehrt. [...] Ja, es war alles viel schlimmer: In der Latrine einer Wehrmacht-Einheit konnte man noch an Hölderlin denken. Doch woran haben jene gedacht, denen der Gestank im überfüllten Viehwaggon den Atem raubte und die sich, als deutsches Gas ihr Leben beendete, in ihrem Kot wälzen mußten?«[274]

Günter Eich | *Latrine*
Über stinkendem Graben,
Papier voll Blut und Urin,
umschwirrt von funkelnden Fliegen,
hocke ich in den Knien,
den Blick auf bewaldete Ufer,
Gärten, gestrandetes Boot.
In den Schlamm der Verwesung
klatscht der versteinte Kot.
Irr mir im Ohre schallen
Verse von Hölderlin.

In schneeiger Reinheit spiegeln
Wolken sich im Urin.
Geh aber nun und grüße
die schöne Garonne
Unter den schwankenden Füßen
schwimmen die Wolken davon.[275]

Als in der Nachkriegszeit der Wiederaufbau der zertrümmerten Städte begann, wurden die neu erbauten Wohnungen wie selbstverständlich mit innenliegenden Spültoiletten ausgestattet. Dennoch: Noch 1954 verfügte in der Bundesrepublik lediglich ein gutes Viertel aller Haushalte über ein innen liegendes WC. In den Anzeigen des Wohnungsmarkts galt der Hinweis auf diese Errungenschaft als zugkräftiges Merkmal. Der Abort befand sich überwiegend immer noch im Hof oder Garten, im Keller oder – in den ländlichen Regionen – in einem Verschlag im Stall.

Plumpsaborte blieben auf dem Land und in Parzellen bzw. Datschen noch lange eine Tatsache des Lebens. Rund zwei Jahrhunderte, nachdem Goethe, ein mit Nachtgeschirren wie auch Plumpsklosetts täglich konfrontierter Meister, 1774 seinen *Werther* in die Welt entlassen hatte, mit dem er der festgefahrenen Ständegesellschaft einen Spiegel vorhielt, verfasste der in der einstigen DDR lebende Literat Ulrich Plenzdorf einen nicht minder gesellschaftskritischen Text. Er erschien 1972 unter dem Titel *Die neuen Leiden des jungen W.* Plenzdorfs Held ist der Lehrling Edgar Wibeau, Außenseiter einer Anstreicherbrigade. Eines Tages entdeckt der Neunzehnjährige im Häusl von Willis Laube ein altes Reclamheft – »Ich kann nicht mal sagen, wie es hieß. Das olle Titelblatt ging flöten auf dem ollen Klo« – und das aus einem einleuchtend befreienden Grund:

»Ich fing an, Willis Laube nach was Lesbarem durchzukramen. Du Scheiße! [...] Überhaupt kein Papier. Auch nicht in dem Loch von Küche. Eine komplette Einrichtung, aber kein Buch. [...] In dem Moment fühlte ich mich unwohl. Der Garten war dunkel wie ein Loch. Ich rannte mir fast überhaupt nicht meine olle Birne an der Pumpe und an den Bäumen da ein, bis ich das Plumpsklo fand. An sich wollte ich mich bloß verflüssigen, aber wie immer breitete sich das Gerücht davon in meinen gesamten Därmen aus. Das war ein echtes Leiden von mir. Zeitlebens konnte ich die beiden Geschichten nicht auseinanderhalten. Wenn ich mich verflüssigen mußte, mußte ich auch immer ein Ei legen, da half nichts. Und kein Papier, Leute. Ich fummelte wie ein Irrer in dem ganzen Klo rum. Und dabei kriegte ich dann dieses berühmte Buch oder Heft in die Klauen. Um irgendwas zu erkennen, war es zu dunkel. Ich opferte also zunächst die Deckel, dann die Titelseite und dann die letzten Seiten, wo erfahrungsgemäß das Nachwort steht, das sowieso kein Aas liest. Bei Licht stellte ich fest, daß ich tatsächlich völlig exakt gearbeitet hatte. [...] Nach zwei Seiten schoß ich den Vogel in die Ecke. Leute, das konnte wirklich kein Schwein lesen. Beim besten Willen nicht. Fünf Minuten später hatte ich den Vogel wieder in der Hand. Entweder ich wollte bis früh lesen oder nicht. Das war meine Art. Drei Stunden später hatte ich es hinter mir. Ich war fast gar nicht sauer! Der Kerl in dem Buch, dieser Werther, wie er hieß, macht am Schluß Selbstmord. Gibt einfach den Löffel ab.«[276]

Wie die Geschichte ausgeht, liegt auf der Hand: Auch Edgar erlebt eine unglückliche Liebe und stirbt am Ende – allerdings aufgrund eines tragischen Zufalls. Apropos Tod: So gut wie ausgestorben ist in Mitteleuropa das den Menschen viele Jahrhunderte lang dienende Nachtgeschirr. Vollständig in der historischen Versenkung ist es nicht verschwunden – es bereichert in Form kleinerer und größerer Sammlungen diverse Museen.

Mit dem Einzug von immer mehr privat nutzbaren WCs in die Haushalte vollzog sich ein historischer Prozess, den der Soziologe Peter Reinhart Gleichmann (1932–2006) in Anlehnung an Norbert Elias als einen Aspekt der *Verhäuslichung körperlicher Verrichtungen* bezeichnete.[277] Nun lässt sich mit dem Konzept der Verhäuslichung nicht nur das von Gleichmann thematisierte Verbergen körperlich intimer Verrichtungen beschreiben, sondern – wie der Erziehungswissenschaftler Jürgen Zinnecker (1941–2011) hervorhebt – »ein gesellschaftliches Gestaltungsprinzip, das darauf basiert, soziale Handlungen mit Hilfe dauerhafter Befestigungen voneinander zu isolieren und auf diese Weise stabile und berechenbare Handlungsräume zu schaffen«.[278] Die vielen Auswirkungen der historisch hergestellten »Bindung an das Haus als geschlossenen sozialen Handlungsraum«[279] kann ich hier nicht weiter vertiefen.[280] Die zunehmende Verhäuslichung des mit einem Geruchsverschluss ausgestatteten WCs in Badezimmern und öffentlichen Anstalten ab dem späten 19. Jahrhundert gehörte zweifellos dazu, wobei ich der von Peter R. Gleichmann vertretenen Auffassung nicht zustimme, zuvor wäre die Verrichtung der Notdurft eine noch von keinen künstlichen Abtrennungen geprägte, gemeinschaftlich und ohne Peinlichkeitsanwandlungen durchgeführte Praktik gewesen.[281] Nach meiner Quellenkenntnis spielte das Handhaben des Schamgefühls und das entsprechende Haushalten mit den menschlichen Affekten bei der Erleichterung spätestens seit dem Mittelalter eine Rolle.

Ein noch größeres Unbehagen bereiten mir von Gleichmanns Thesen gespeiste Veröffentlichungen, in denen von der »Verabortung« der Mietshäuser und von »künstlicher Abgeschiedenheit« in den Kabinen öffentlicher Toiletten die Rede ist.[282] Mich stört konkret der abwertende Unterton vor allem des Begriffs »Verabortung«. Fest steht, dass die im (sozialen) Wohnungsbau ab den 1950er Jahren zunehmend auch den unteren Schichten zugänglich gemachten eigenen Badezimmer und innenliegenden Toiletten von den Familien ausweislich vieler Berichte freudig begrüßt wurden.[283] Zudem gibt es meines Erachtens keinen Grund, nachgerade den Zeiten nachzutrauern, zu denen all die Individuen, die keinen Zugang zu einem schon seit dem Mittelalter möglichst abgeschiedenen heimlichen Gemach, einer Retirade, wärmenden Stall oder einem Abortschuppen hatten, sich alternativlos bzw. notgedrungen in der Öffentlichkeit erleichtern mussten. Jedenfalls glaube ich nicht, dass sich unsere Vorfahren in aller Regel lieber gemeinschaftlich entleerten bzw. keine Scham- und Peinlichkeitsgefühle empfanden. (Ausnahmen bestätigen seit jeher die Regel.)

Für mich spricht nichts gegen ausreichend dimensionierte, allen Passanten offen stehende und ihre Intimität schützende Bedürfnisanstalten. Ein großes Problem der Gegenwart besteht hierzulande darin, dass die seit einigen Jahrzehnten zunehmend aus Kostengründen geschlossenen öffentlichen Toilettenanlagen und Pissoirs nicht adäquat ersetzt werden. Es gibt viel zu wenige von ihnen. Selbst in den touristischen Hochburgen etwa an der Nord- und Ostsee sind zahlreiche der wenigen Anlagen darüber hinaus alles andere als eine »Visitenkarte«. Kommentare wie: »Da war alles versifft und die Brillen beschmiert«, »zwei der drei Pissoirs sind defekt, auch fehlt auf einer Toilette das Klopapier«, sind keine Seltenheit.[284] Die soziale Ächtung des Urinierens und Defäkierens außer Haus ist jedenfalls dann völlig akzeptabel, wenn es an hygienisch einwandfreien und möglichst gebührenfrei nutzbaren Erleichterungsmöglichkeiten nicht mangelt. Dass es das und wie sehr es das tut, ist offenbar. Ich zitiere einen bezeichnenden Zeitungsbericht von März 2015:

»Den Anwohnern von Hamburgs Partymeile St. Pauli stinkt es: Weil Betrunkene in dem legendären Stadtteil überall hinpinkeln und Verbote oder Bußgelder nichts nutzen, hat die Interessengemeinschaft St. Pauli e. V. eine ungewöhnliche Aktion gestartet. Dabei wurden Wände, an die in dem Viertel oft gepinkelt wird, mit superhydrophobem Lack beschichtet [...]. Dieser ist so wasserabweisend, dass der Urin abprallt und zurückgespritzt wird. So sollen Wildpinkler gestoppt werden.«[285]

Mit der in unseren Breitengraden während des 20. Jahrhunderts allmählich immer mehr Menschen ermöglichten Verhäuslichung ihrer Notdurft kam eine Erleichterung der Erleichterung in die historischen Gänge, die zu schätzen mir nicht schwerfällt. Und Peter Handke fragt sich trefflich in seinem unnachahmlichen *Versuch über den Stillen Ort*:

»War mein Aufsuchen der Stillen Orte, im Lauf des Lebens gleichsam weltweit, immer wieder auch ohne spezielle Notwendigkeit, vielleicht ein Ausdruck, wenn nicht von Gesellschaftsflucht, so doch von Gesellschaftswiderwillen, von Gesellschaftsüberdruß? Indem ich inmitten der anderen abrupt aufstand und von ihnen wegging, möglichst um mehrere Ecken und über neunmalneununddreißig Stufen: ein asozialer – ein antisozialer Akt? Ja, das war, und ist, zeitweise unabstreitbar der Fall. Aber selbst da traf das in der Regel nur für die ersten Momente zu, das wortlos brüske Aufstehen und Sichentfernen. Schon während der Passage, möglichst mit Umwegen, hin, zugleich: ›Nichts wie hin!‹, zu dem Stillen Ort, konnte das anders werden; konnte sich die Eindeutigkeit in eine Mehrdeutigkeit verwandeln. Und es stimmte auch, daß das Verriegeln der Toilettentür in eins ging mit einem großen Aufatmen: ›Endlich allein!‹«[286]

WC 2 Im Zeitalter des Welttoilettentags

Seit dem Beginn des 21. Jahrhunderts bereichert am 19. November der *World Toilet Day* den gut gefüllten Kalender der Be-Denk-Tage.[287] Und das aus lebenswichtigem Grund. Gegenwärtig haben nach Angaben der Weltgesundheitsorganisation weltweit circa 2,5 Milliarden Menschen keinen Zugang zu einer hygienisch einwandfreien Toilette.[288] Das Fehlen geeigneter Sanitäranlagen trägt dazu bei, dass jährlich nach wie vor um die fünfzehn Millionen Menschen an epidemischen Seuchen wie Cholera, Ruhr und Typhus zugrunde gehen. Nun ist es nicht so, dass es keine Ideen und Konzepte für eine baldige Verbesserung der in vielen Gegenden dieser Welt schlicht katastrophalen sanitären Verhältnisse gäbe. Ökologische Zukunftstoiletten, die ohne Wasser-, Abwasser- und Stromanschluss funktionieren und effektiv Krankheitskeime aus den Fäkalien entfernen, sind längst erfunden. Ein schwedisches Unternehmen etwa hat für Slumbewohner eine geruchsfreie und keimtötende Tütentoilette namens »Peepoo« entwickelt, die nach dem Gebrauch als Dünger zum Einsatz kommen kann. Im Internet sind die laufenden Projekte gut nachvollziehbar.[289]

Aber zurück in unsere Breitengrade: »Wir machen uns einen falschen Begriff über unseren Abfall. Jedesmal, wenn wir die Wasserspülung betätigen, im Glauben, eine hygienische Handlung zu vollziehen, verstoßen wir gegen kosmische Gesetze«, ließ Friedensreich Hundertwasser (1928–2000) wissen. Der ökologisch engagierte Künstler warb ab den 1970er Jahren auf seinen Ausstellungen für die Einführung der Humustoilette und erregte mit seinem – mir ideologisch nicht so behagenden – Manifest *Scheiß-kultur – die heilige Scheiße* einiges Aufsehen.[290]

Ein Rückzugsraum mit WC ist in Wohnungen inzwischen so gut wie durchgängig Standard. Gepflegt oder weniger gepflegt, mit Wasserspartasten oder noch ohne, mit Brillen aus allen möglichen Materialien, in allen denkbaren Farben und auf Wunsch auch temperiert. Wenn eine 2015 vorgelegte repräsentative Studie nicht irrt, ist vielen Menschen hierzulande ein zusätzliches Gäste-WC sogar wichtiger als ein Balkon, eine Terrasse oder Garage.[291] Fehlt eigentlich nur noch das in Japan seit Langem erfolgreiche Dusch-WC, und schon ist selbst das vor Ort noch übliche Toilettenpapier nur mehr eine ferne Erinnerung.

Auch die Erleichterungsbedürfnisse der lieben Kleinen bleiben bei der Entwicklung längst nicht mehr außen vor. Ein neuartiger »Alltagshelfer« wird unter dem Namen »Intelligent Potty« vermarktet und wartet mit digitalweltlich verspielten Funktionen auf.[292] Ich jedoch würde mir anvertraute Kleinkinder gezielt von diesem Töpfchen fernhalten, weil es die klassische Konditionierungsmethode nach Pawlow exerziert. Wie das? Nun, durch das integrierte automatisches Motivations- und Belohnungssystem mittels aufgenommener Sprüche der Erziehungsberechtigten. Lieber ist mir da allemal das Kinderbuch vom *kleinen Maulwurf, der wissen wollte, wer ihm auf den Kopf gemacht hat.*[293]

Die Gesellschaft altert, heißt es fast schon klagend in den Massenmedien. Die Zahl älterer und hochbetagter Menschen, die von Bewegungsstörungen, Demenz, Inkontinenz und anderen Störungen betroffen sind, nimmt zweifellos zu. Und das bleibt nicht ohne Folgen für die individuellen Verhaltensroutinen in großen und kleinen Geschäftsangelegenheiten. Ausgerechnet der Gang auf die Toilette birgt für ältere Menschen inzwischen die größte Sturzgefahr. Mangelnde Beleuchtung spielt generell eine Rolle;

die Anschaffung von Bewegungsmeldern und beleuchteten Brillen wird empfohlen.[294]

Nicht zu vergessen: Toiletten sind einer der vielen Umfragen zufolge längst kein so gern beschworener stiller Ort mehr – faktisch sind sie der Ersatz für die aus dem öffentlichen Raum entschwundenen Telefonzellen. Immerhin jeder sechste Erwachsene nimmt hierzulande auf dem Klosett Gespräche an oder führt welche.[295] Merkwürdig nur, dass dabei jedes fünfte Gerät ins Klosettbecken fällt.[296]

Der täglich mehrmals nötige Gang zur Toilette unterliegt selbst im reichen zentraleuropäischen Kulturraum noch längst nicht dem Prinzip »Freiheit, Gleichheit, Brüderlichkeit«. Gleiche Bedingungen für alle gibt es nicht entfernt – so besteht zwischen den in edlen Eigentumswohnungen und Hotels installierten Sanitäreinrichtungen und denen in Containerunterkünften für Leiharbeiter und Asylanten sowie in so mancher Schule ein durchaus skandalöser Unterschied. Zudem sind öffentliche Toiletten – soweit es sich nicht um die klaustrophoben und gebührenpflichtigen vollautomatischen Containertoiletten handelt – nicht selten schwer zu finden. An Apps, die Wegweiser zur nächsten öffentlichen oder »netten«[XI] Toilette anbieten, mangelt es bezeichnenderweise nicht. Dumm nur, dass Apps keinen Abort ersetzen. Und wo bleibt das Positive? Nun, für Cineasten gibt es inzwischen die App *RunPee*. Die Presse berichtet: »Wer kennt das Problem nicht: Man sitzt im Kino, der Film ist mega spannend – und auf einmal drückt die Blase. Jetzt wirklich aufstehen, den Kinosaal verlassen, um seinen Bedürfnissen nachzugehen? Das Risiko in Kauf nehmen, die wichtigste Szene des Films zu verpassen? [...] *RunPee* möchte helfen, dass sich Kino-Besucher nicht mehr mit derlei lästigen Gedankenspielen beschäftigen müssen. Die App liefert eine Übersicht an Pinkelpausen. Die Idee: Sie verpassen während ihres Toiletten-

XI Alles Nähere unter http://www.die-nette-toilette.de/

Gangs garantiert keine Schlüsselszene.«[297] Für Mitmenschen, die bei Städtereisen auf Nummer sicher gehen wollen, gewährt das auch über Smartphones erreichbare *AirPnP* hilfreiche Dienste. Der Entwickler Max Gaudin erläutert: »Auf unserem Internetportal bieten Leute ihre privaten Klos an. Touristen oder Spaziergänger oder vor allem die Besucher von großen Straßenfesten können die nutzen. Dafür zahlen sie eine Gebühr.«[298]

Übrigens erweist sich bei einem Aufenthalt in Wien der schon legendäre Verriss der dort herrschenden Toilettenkultur von Thomas Bernhard (1931–1989) in *Alte Meister* als haltlos. Von wegen: »Wien ist ein einziger Toilettenskandal, selbst in den berühmtesten Hotels der Stadt befinden sich skandalöse Toiletten, die scheußlichsten Aborte finden Sie in Wien« ...[299] Unbedingt einen Besuch wert ist die öffentliche Bedürfnisanstalt am Graben im 1. Wiener Gemeindebezirk. Diese erste unterirdische Anlage der Metropole steht mit guten Gründen unter Denkmalschutz, ist sie doch die letzte erhalten gebliebene öffentliche Jugendstiltoilette.

In der pseudowissenschaftlichen Studie *Körperbewusstsein und Hygiene im Wandel* liefern die Autoren für das voranschreitende Zeitalter der Digitalisierung und Individualisierung dem auftraggebenden Sanitärhersteller eine umsatzverheißende Vision: »Die Grenzen zwischen Fun und Funktion lösen sich im Badezimmer der Zukunft zunehmend auf. Denn wenn Körperpflege und Hygiene auch noch Spaß machen, trägt dies zusätzlich zur Gesunderhaltung bei. Diese fruchtbare Symbiose zeigt sich in den Ergebnissen unserer Umfrage sehr deutlich. Für 80 Prozent der Befragten ist Körperhygiene ein elementarer Bestandteil ihrer Gesundheit. Beinahe ebenso viele, nämlich 70 Prozent, sagen, Körperpflege muss Spaß machen. In diesen Ansprüchen unterscheiden sich die Frauen deutlich von den Männern. Vor allem, was das Bedürfnis betrifft, dass Körperpflege Spaß machen soll. Dies ist 78 Prozent der Frauen wichtig, im Vergleich zu 62 Prozent der Männer. Je stärker Wohlfühl- und Vergnügungsaspekte in die Gesundheitspflege einfließen, desto größer werden der Raum und die Akzeptanz für Innovationen im Badezimmer.«[300]

Nun ist laut dem Soziologen Andreas Reckwitz die Erfahrung bzw. Wahrnehmung eines Raums – also auch eines Badezimmers oder Gäste-WCs – »selbst eine Praktik, die die Inkorporierung entsprechender kultureller Schemata und sinnlicher Sensibilitäten auf Seiten des Subjekts zur Voraussetzung hat: Artefakte können erst im Rahmen von Praktiken als Affektgeneratoren wirken.«[301] Worauf das hinausläuft, hat der britische Autor David Lodge in seinem Roman *Saubere Arbeit* beschrieben. In den Blick rückt nun ein neumodisches Badezimmer der 1980er Jahre, das die vom Zukunftsinstitut beschworenen »Wohlfühl- und Vergnügungsaspekte« bereits hinlänglich ermöglicht. Wohlan:

Vic Wilcox, seines Zeichens leitender Direktor einer englischen Maschinenfabrik, kriecht eines Morgens nach dem Piepsen des Weckers aus den Federn, ohne dabei seine Frau Marjorie zu wecken: »Vic [...] stapft durch den hohen Flor des Schlafzimmerteppichs zu dem *en suite*-Badezimmer, in dem er erst Licht macht, nachdem er die Verbindungstür geschlossen hat. Vic pinkelt, was erhebliche Umsicht und Zielsicherheit erfordert, da die WC-Schüssel in geringer Höhe angebracht und konisch geformt ist. Er kann sich für die in dunklem Purpurton gehaltene Sanitäreinrichtung des Badezimmers (Pflaume hatte der Makler die Farbe genannt) nicht so recht begeistern, aber für Marjorie war eben dies eine der Attraktionen gewesen, als sie vor zwei Jahren das Haus gekauft hatten – dieses Badezimmer mit den nierenförmigen Waschbecken und den vergoldeten Hähnen und der in den Boden eingelassenen Wanne, dem stromlinienförmigen Klo und Bidet. Und vor allem, daß es direkt vom Schlafzimmer abging. *Ich habe mir schon immer ein ›en suite‹-Badezimmer gewünscht*, sagt sie zu Besuchern und zu ihren Freundinnen am Telefon [...]. Vic schüttelt die letzten

225

Tropfen von seinem Penis, bemüht, nicht die zottige Badezimmergarnitur aus rosa Nylon zu besprenkeln, und spült.«[302]

Auch den hygienischen Praktiken wie der Erzeugung von Atmosphäre dienlichen häusliche Badezimmer, daran lässt David Lodge keinen Zweifel, haben ihre Tücken. Schließlich gibt es einen kleinen Unterschied zwischen Frau und Mann: bei der Entleerung der Blase. Zwar keinen zwangsläufig anatomisch bedingten, schließlich fällt es beiden Geschlechtern schwer, den Urinstrahl insbesondere gegen Ende der Miktion hinreichend zu kontrollieren. Rein gewohnheitsmäßig aber schon. Frauen pinkeln in aller Regel in der Hocke oder im Sitzen und Männer – so sie nicht umerzogen worden sind – im Stehen. Und warum? Weil die Kinder gewisse geschlechtsspezifische Verhaltensroutinen vermittelt bekommen und körperlich verankern. Die Forscherin Bettina Möllring erläutert: »Damit bei der Miktion im Stehen der Urin nicht an den Beinen entlang nach unten fließt bzw. vom Boden auf Füße und Beine zurückspritzt, muss der Körper so berührt werden, dass der Austritt der Harnröhre in eine bestimmte Richtung zeigt. Kleine Jungen lernen deshalb, ihren Penis mit den Fingern zu halten und dadurch den Harnstrahl auf einen gewählten Punkt zu richten. Mädchen werden in der Regel dazu angehalten, die Hock- oder Sitzposition einzunehmen und lernen, die Richtung des Urinstrahls durch Kippbewegungen des Beckens zu verändern. [...] Sie lernen nicht, im Stehen zu urinieren, und die dazu notwendigen Handgriffe – mit ihren Fingern ihre Schamlippen auseinanderzuhalten und dadurch die Öffnung der Harnröhre freizulegen – sind keine tägliche Erfahrung für sie.«[303]

Die unterschiedlichen Miktionsvorgänge sind aller Rede wert (wobei ich um die ideologisch aufgeladenen Beiträge dazu einen Bogen mache).[304] Bettina Möllring verdanke ich die Erkenntnis, dass die seit über hundert Jahren kaum veränderten Sitztoiletten wahrlich nicht das Nonplusultra sind. Im privaten Bereich wird das nur zu deutlich: Sitztoiletten sind für im Stehen urinierende Männer schlicht zu niedrig – eben deshalb kommt es zu Spritzern. Selbst wenn sie sich setzen, sorgt die Dimensionierung der Brillen nur zu häufig für unangenehme Beckenberührungen. Für kleine Jungen ist das Standard-WC schon aufgrund der Höhe ohnehin alles andere als ergonomisch sinnvoll.

Mir scheint, die traditionellen Sitztoiletten sind nur für Frauen akzeptabel. Freilich ausschließlich im privaten Ambiente, denn auf öffentlichen Toiletten neigen Frauen aus hygienischen Gründen zur Hockstellung, zum aufwendigen Nestbau mit Toilettenpapier und anderem. Darüber hinaus stehen ihnen beim Aufsuchen der Damentoiletten in aller Regel nur wenige Kabinen zur Verfügung, und das, obwohl das Entkleiden viel aufwendiger als bei urinierenden Männern ist, und sie viel mehr Zeit benötigen. Was das wiederum für andere Benutzerinnen bedeutet, ist alles andere als angenehm: Schlange und sich die Beine in den Leib stehen ...

Meiner Erfahrung nach haben Männer auf öffentlich zugänglichen Herrentoiletten ein leichteres Spiel, weil für sie zumeist eine größere Anzahl von Urinalen parat hängt. Allerdings ist das Aufsuchen dieser Orte mit einem individuell kleineren oder größeren Problem verbunden. Denn, so bedeutet Walter Schmidt in seinem Werk *Warum Männer nicht nebeneinander pinkeln wollen*: »Das Männchen der weltbeherrschenden Primatenart zieht es vor, wenn es beim Einnässen eines Pinkelbeckens mutterseelenallein ist. Am liebsten hat der Menschenmann die freie Auswahl und bleibt dann eine Weile ungestört. Unwillig, aber noch immer souverän meistert er seine drängende Aufgabe, wenn eines der drei aufgehängten Urinale besetzt ist, denn dieses ist mit an Sicherheit grenzender Wahrscheinlichkeit nicht das mittlere, sodass sich ein weiterer Außenplatz bietet. Wenn aber für den Hinzutretenden nur der Mittelplatz übrig bleibt, könnten unsichtbare Sozialpsychologen immer wieder Ausweichverhalten verschiedenster Ausprägung beobachten. So werden manche Männer so tun, als hätten sie sich in der Tür geirrt, und den Toilettenraum schnurstracks unter dem Ausruf ›Na, so was!‹ wieder verlassen. [...] Und ja, dann sind da auch noch jene Männer, denen es noch nie etwas ausgemacht hat, sich zwischen zwei Geschlechtsgenossen zu erleichtern. Und wenn doch, lassen sie sich nichts anmerken.«[305]

Allen Geschlechtern, die eine ihren jeweiligen Erleichterungs-bedürfnissen entsprechende, körper- und situationsgerechte Sanitärlösung vorfinden möchten, kann im Prinzip natürlich geholfen werden. In den häuslichen Badezimmern und Gäste-WCs bietet sich, wenn möglich, die Nachrüstung der für das männliche Geschlecht sinnvollen Urinale an. Jüngere Frauen könnten nachdrücklicher auf die im Internet leicht abrufbaren Tipps zur Umstellung der tradierten Praktik der Miktion im Sitzen aufmerksam gemacht werden.[306] Darüber gilt es, die bereits entwickelten Frauen-Urinale als gute Alternative nachhaltiger in Erprobung zu bringen. (Ein Versuch mit zwei Frauen-Urinalen an der Frankfurter Hauptwache kam übrigens »bei den Frauen nicht an«.)[307] Dass in öffentlichen Gebäuden eine angemessene Anzahl von Unisex-Toiletten für Trans- und Intersex-Menschen einfach dazugehören, versteht sich in einer dem Leitbild der Vielfalt verpflichteten Gesellschaft mittlerweile fast von selbst.

Die Qualität öffentlicher und privater Toilettenarrangements lässt zumal aus ergonomischen Gründen zu wünschen übrig. Was aber hindert uns Notdurft-Bedürftige im zentraleuropäischen Kulturraum daran, vernehmlich sowohl politisch wie produktentwicklungstechnisch darauf zu dringen, dass das uns täglich mehrmals zur Erleichterung drängende menschliche Grundbedürfnis in jeder Hinsicht und an jedem gut frequentierten Ort problemlos, intimitätswahrend und hygienisch vorbildlich vonstattengehen kann? Ausgerechnet der toilettenkulturelle Fortschritt kommt nach wie vor nur im Schneckentempo voran.

Auch das kulturhistorische Große Geschäft hat einmal ein Ende. Die legendäre Brigitta Mira (1910–2005) stimmt nun zum Abschied das Lied an: »Die alte Clofrau putzt zum letzten Mal die Brille und heimlich eine kleine bittre Träne fort. Die alte Clofrau sagt: Es ist mein letzter Wille. Zu bleiben hier an diesem dunklen stillen Ort.«[308]

Literaturhinweise

Dieses Verzeichnis listet viele der in den Nachweisen angegebenen Quellen nicht noch einmal auf. Es enthält – schon der Übersichtlichkeit wegen – nur die von mir thematisch als grundlegend und weiterführend betrachteten Publikationen.

Berger, Wolfgang/Lorenz-Ladener (Hg.): Kompost-Toiletten. Sanitärtechnik ohne Wasser, Staufen 2008.

Beutelspacher, Martin: Kultivierung bei lebendigem Leib. Alltägliche Körpererfahrungen in der Aufklärung, Weingarten 1986.

Blumenberg, Hans: Beschreibung des Menschen, Frankfurt/M. 2006/2014.

Bologne, Jean-Claude: Nacktheit und Prüderie. Eine Geschichte des Schamgefühls. Aus d. Franz. v. Rainer von Savigny u. Thorsten Schmidt, Weimar 2001.

Bourke, John Gregory: Der Unrat in Sitte, Brauch, Glauben und Gewohnheitsrecht der Völker. Unveränd. Nachdr. der dt. Erstausg. v. 1913, Frankfurt/M. 1996.

Canetti, Elias: Masse und Macht, Frankfurt/M. 1980.

Corbin, Alain: Pesthauch und Blütenduft. Eine Geschichte des Geruchs. Aus d. Franz. v. Grete Osterwald, Berlin 1984.

Coturnix: Erbauliche Enzy-Clo-Pädie. Kulturgeschichte des verschwiegenen Örtchens, München/Wien 1979.

Duerr, Hans Peter: Der Mythos vom Zivilisationsprozeß, 5 Bde., Frankfurt/M. 1988–2005.

Elias, Norbert: Über den Prozeß der Zivilisation. Soziogenetische und psychogenetische Untersuchungen, 2 Bde., Frankfurt/M. 1976.

Englisch, Paul: Das skatologische Element in Literatur, Kunst und Volksleben, Stuttgart 1928.

Enzensberger, Christian: Größerer Versuch über den Schmutz, München 1968/2011.

Faber, Rene: Von Donnerbalken, Nachtvasen und Kunstfurzern. Eine vergnügliche Kulturgeschichte, Frankfurt/M. 1994.

Feldhaus, Franz Maria: Ka-Pi-Fu und andere verschämte Dinge. Ein fröhlich Buch für stille Orte mit Bildern (Privatdruck), Berlin-Friedenau 1921.

Fischer, Katrin: Laute Wände an stillen Orten. Klo-Graffiti als Kommunikationsphänomen, Baden-Baden 2009.

Frey, Manuel: Der reinliche Bürger. Entstehung und Verbreitung bürgerlicher Tugenden in Deutschland 1760–1860, Göttingen 1997.

Furrer, Daniel: Wasserthron und Donnerbalken. Eine kleine Kulturgeschichte des stillen Örtchens, Darmstadt 2004.

Gainsbourg, Serge: Das heroische Leben des Evgenij Sokolov. Aus dem Französischen von Hartmut Zahn, Berlin 2010.

Gerken, Rosemarie: La Toilette. Die Inszenierung eines Raumes im 18. Jahrhundert in Frankreich. Mit einem Vorwort von Ekkehard Eggs, Hildesheim 2007.

Gleichmann, Peter u. a. (Hg.): Materialien zu Norbert Elias Zivilisationstheorie, Frankfurt/M. 1979.

Gmeiner, Alois: Der stillste Ort. Eine Tour de Toilette durch Österreich, Wien u. a. 2009.

Grafetstätter, Andrea (Hg.): Nahrung, Notdurft und Obszönität in Mittelalter und Früher Neuzeit, Bamberg 2013.

Gregory, Morna E./James, Sian: Stille Örtchen. Ein Besuch auf den Toiletten der Welt, München 2006.

Hesse, Anja u. a. (Hg.): Tabu. Über den gesellschaftlichen Umgang mit Ekel und Scham, Berlin 2009.

Hoesel, Gottfried: Unser Abfall aller Zeiten. Eine Kulturgeschichte der Städtereinigung, 2. Aufl., München 1990.

Illi, Martin/Steiner, Hansruedi: Von der Schîssgruob zur modernen Stadtentwässerung, 2. Aufl., Zürich 1992.

Junker, Thomas: Die Evolution des Menschen, 2. Aufl., München 2008.

Kiechle-Klemt, Erika/Sünwoldt, Sabine: Anrüchig. Bedürfnis-Anstalten in der Großstadt, München 1990.

Knapp, Robert: Invisible Romans, Prostitutes, Outlaws, Slaves, Gladiators, Ordinary Man and Woman. The Romans that History forgot, London 2013.

Laporte, Dominique: Eine gelehrte Geschichte der Scheiße. Aus dem Franz. v. Gabriele Ricke und Ronald Voullié, Frankfurt/M. 1994.

Margalit, Avishai: Politik der Würde. Über Achtung und Verachtung, Berlin 2012.

Möllring, Bettina: Toiletten und Urinale für Frauen und Männer. Die Gestaltung von Sanitärobjekten und ihre Verwendung in öffentlichen und privaten Bereichen. Dissertationsschrift, Berlin 2003 (im Internet als PDF verfügbar: http://d-nb.info/971090645/34).

Münch, Peter: Stadthygiene im 19. und 20. Jahrhundert: Die Wasserversorgung, Abwasser- und Abfallbeseitigung unter besonderer Berücksichtigung Münchens, Göttingen 1993.

Neudecker, Richard: Die Pracht der Latrine. Zum Wandel öffentlicher Bedürfnisanstalten in der kaiserzeitlichen Stadt, München 1994.

Palmer, Roy: Auch das WC hat seine Geschichte. Aus d. Engl. v. Charles Glanzmann u. Rudolf Kulzer, München 1977.

Payer, Peter: Unentbehrliche Requisiten der Großstadt. Eine Kulturgeschichte der öffentlichen Bedürfnisanstalten von Wien, Wien 2000.

Payer, Peter (Hg.): Leben, Meinungen und Wirken der Witwe Wetti Himmlisch, Wien 2001.

Pfriemer, Udo/Bedürftig, Friedemann: Aus erster Quelle. Eine Sanitärchronik vom Ursprung bis zum Beginn des 20. Jahrhunderts, Schiltach 2001.

Piper, Werner: Das Scheiß-Buch. Entstehung, Nutzung, Entsorgung menschlicher Fäkalien, Roßdorf 1987.

Platt, Mary & Richard: Nicht spülen. Eine Expedition ins Klo, Hamburg 2013.

Raab, Jürgen: Soziologie des Geruchs. Über die soziale Konstruktion olfaktorischer Wahrnehmung, Konstanz 2001.

Siegl, Norbert: Graffiti von Frauen und Männern. Das Basiswerk der Klo-Graffiti-Forschung, Wien 2000.

Schidrowitz, Leo: Sittengeschichte des Intimen. Bett-Korsett-Hemd-Hose-Bad-Abtritt. Die Geschichte und Entwicklung der intimen Gebrauchsgegenstände, Wien o. J. (1929).

Schrader, Mila: Plumpsklo, Abort, stilles Örtchen. Die menschliche Notdurft: Was es vor dem WC gab, Suderburg 2003.

Schubert, Ernst: Essen und Trinken im Mittelalter, Darmstadt 2006.

Schwerma, Klaus: Stehpinkeln. Die letzte Bastion der Männlichkeit? Identität und Macht einer männlichen Alltagshandlung, Bielefeld 2000.

Sommer, Rike: Lokuspokus. Alles, was man über das stille Örtchen wissen muss, Köln 2008.

Tschirbs, Philipp Alexander: Das Klo im Kino, Münster 2006.

Vigarello, Georges: Wasser und Seife, Puder und Parfüm. Geschichte der Körperhygiene seit dem Mittelalter, Frankfurt 1988.

Wagener, Olaf (Hg.): Aborte im Mittelalter und der Frühen Neuzeit: Bauforschung – Archäologie und Kulturgeschichte, Petersberg 2014.

Werner, Florian: Dunkle Materie. Die Geschichte der Scheiße, München 2011.

Wiese, Wolfgang/Schröck-Schmidt, Wolfgang: Das Stille Örtchen. Tabu und Reinlichkeit bey Hofe, Berlin/München 2011.

Winkle, Stefan: Geißeln der Menschheit. Kulturgeschichte der Seuchen, 3. erw. Ausg., Düsseldorf 2005.

Wright, Lawrence: Clean and Decent: The Fascinating History of the Bathroom and the Water-Closet, London 2000.

Nachweise

Alle angegebenen Linkadressen wurden im Mai 2015 noch einmal aufgerufen und überprüft.

1   Vgl. Reckwitz, Andreas: Praktiken und ihre Affekte, in: Mittelweg, H. 36, 1-2/2015, S. 17 – 45.

2   In: Bertolt Brecht: Die Dreigroschenoper. Der Erstdruck 1928. Mit einem Kommentar hrsg. von Joachim Lucchesi, Frankfurt/M. 2004, S. 67.

3   So etwa Hans-Joachim Behr: Alles Scheiße – oder was?, in: Grafetstätter, Andrea: Nahrung, Notdurft, Obszönität, Bamberg 2013, S. 20.

4   Hellge, Stefanie: Wie man im Wald sch … . 25.5.2008, www.stern.de/reise/sport_wellness-old/ratgeber-wie-man-im-wald-sch-592765.html

5   Kästner, Erich: Kurz und bündig. Epigramme, München 1989, S. 42.

6   Paruresis: Die Angst vor dem Pinkeln, in: Apotheken Umschau, 8.9.2014.

7   Bundesverband der deutschen Standesbeamten e. V. (Hg): Hausbuch für die deutsche Familie, Frankfurt/M. 1956, S. 139 ff.

8   Graudenz, Karlheinz/Pappritz, Erica: Etikette neu. München 1967, S. 62.

9   Vgl. dazu: Hesse, Anja u. a. (Hg.): Tabu. Über den gesellschaftlichen Umgang mit Ekel und Scham, Berlin 2009.

10   Möllring, Bettina: Toiletten und Urinale für Frauen und Männer. Die Gestaltung von Sanitärobjekten und ihre Verwendung in öffentlichen und privaten Bereichen (Diss.), Berlin 2003, S. 1.

11   Kürthy, Ildikó von: Mondscheintarif, Reinbek 1999, S. 17.

12   einszweidreieiei: Zu Hause kacken gehen? 18.1.2013, http://forum.gofeminin.de/forum/couple1/__f112240_couple1-Zu-Hause-kacken-gehen.html

13   O. A.: Transkript. Eine schrecklich nette Familie. 3x05. Der König der Klos, o. J., http://www.serienabc.de/content/transkript-eine-schrecklich-nette-familie-3x05-der-k%C3%B6nig-der-klos

14   Gospodinov, Georgi: Natürlicher Roman. Aus dem Bulgarischen von Alexander Sitzmann, Graz/Wien 2007, S. 29 ff.

15   Vgl. Tschirbs, Philipp Alexander: Das Klo im Kino, Münster 2006.

16   Ebda. S. 44.

17   Ebda., S. 65.

18   Roche, Charlotte: Feuchtgebiete, Köln 2009, S. 18 ff.

19   o. A.: Auf Sauberkeit und Hygiene achten WC-Knigge: Benimmregeln für das stille Örtchen, o. J., http://www.arcor.de/content/leben/
wohnen/oekotipps_haushaltsratgeber/2028428,1,Auf-Sauberkeit-und-
Hygiene-achten--WC-Knigge%3A-Benimmregeln-f%C3%BCr-das-stille-
%C3%96rtchen,content.html

20   O. A.: Erfolgreich im Job: Business-Knigge, http://www.ellviva.de/Job-
Finanzen/Business-Knigge-Regeln-Manieren-fuer-den-Beruf.html

21   Vgl. Ueber den Umgang mit Menschen. Von A. Freyherrn von Knigge. In
zwey Theilen, Hannover 1788.

22   Knigge, Moritz Freiherr/Schellberg, Michael: Eine Frage, Herr Knigge.
Benimmregeln auf der Herrentoilette, 26.12.2010, http://www.gq-magazin.
de/mode-stil/stilberater/eine-frage-herr-knigge-benimmregeln-auf-der-
herrentoilette

23   Kürthy, Ildikó von: Freizeichen, Reinbek 2003. Zit. a. der E-Book-Ausgabe
von 2009, Abschnitt 3: »Mit etwas Mühe ...«.

24   Enders, Julia: Darm mit Charme, Berlin 2014, S. 39.

25   Bruyn, Günter de: Neue Herrlichkeit, Frankfurt/M. 1986, S. 27.

26   Enders, Julia: Darm mit Charme, Berlin 2014, S. 20 ff.

27   Canetti, Elias: Masse und Macht. Erster Band, München 1976 (2.Aufl.), S.
232.

28   Ebda., S. 233.

29   Zit. n. Lücke, Theodor (Hg.): Leonardo da Vinci: Tagebücher und Aufzeichnungen, Leipzig 1953, S. 85.

30   Vgl. Ärzte Zeitung, 11.06.2008, http://www.aerztezeitung.de/medizin/
fachbereiche/sonstige_fachbereiche/ernaehrung/article/499492/wenn-urin-
nach-spargel-riecht.html

31   Gmeiner, Alois: Der stillste Ort. Eine Tour de Toilette durch Österreich,
Wien u. a. 2009, S. 30 ff.

32   Vgl. Raab, Jürgen: Soziologie des Geruchs. Über die soziale Konstruktion
olfaktorischer Wahrnehmung, Konstanz 2001.

33   Montaigne, Michel de: Essais. Erste moderne Gesamtübersetzung von Hans
Stilett, Frankfurt/M. 1998, S. 468.

34   Ticamoni: Leise furzen, o. J., http://de.wikihow.com/Leise-furzen

35 Ebda.

36 Vgl. Nesbø, Jo: Doktor Proktors Pupspulver, Würzburg 2008; Filmregie: Arild Fröhlich. Drehbuch: Johan Bogaeus / Jo Nesbø (Autor)

37 Emily Glaister in: Manchmal mussten wir wirklich pupsen, in: Weser-Kurier am Sonntag, 18.1.2015.

38 Hippokrates: Werke. Aus dem Griechischen übersetzt und mit Erläuterungen von Dr. Johann F. C. Grimm. Glogau 1837/38, Bd. 2, S. 192 f.

39 Vgl. Bläuliche Flamme, in: Der Spiegel, H. 44, 1994.

40 Grimmelshausen, H. J. Christoffel von: Der abenteuerliche Simplicissimus. Hg. v. Alfred Kelletat, München 1956, S. 81 ff.

41 Die deutsche Übertragung von W. Leonhardt ist zit. n. Englisch, Paul: Das skatologische Element in Literatur, Kunst und Volksleben, Stuttgart 1928, S. 44 f.

42 Bräuner, Rolf (Hg.): Heinrich Wittenwiler: Der Ring oder wie Bertschi Triefnas um sein Mätzli freite, Berlin 1983, S. 211 f.

43 Vgl. Drösser, Christoph: Anrüchiges Zitat, in: DIE ZEIT, Nr. 6/1.2.2001.

44 Zit. n. Ellwein, Eduard (Hg.): D. Martin Luthers Epistel-Auslegung. 3. Band. Die Briefe an die Epheser, Philipper und Kolosser, Göttingen 1973, S. 103.

45 Duerr, Hans Peter: Nacktheit und Scham. Der Mythos vom Zivilisationsprozeß, Bd. 1, Frankfurt/M. 1988, S. 235; zum Wissenschaftsstreit vgl. Hinz, Michael: Der Zivilisationsprozess: Mythos oder Realität? Wissenschaftssoziologische Untersuchungen zur Elias-Duerr-Kontoverse, Wiesbaden 2002.

46 Vgl. Duerr, Hans Peter: Nacktheit und Scham. Der Mythos vom Zivilisationsprozeß, Bd. 1, Frankfurt/M. 1988, S. 235 f.

47 Duerr, Hans Peter: Die Tatsachen des Lebens. Der Mythos vom Zivilisationsprozeß, Bd. 5, Frankfurt/M. 2005, S. 46.

48 Friedrich Dedekinds Grobianus. Verdeutscht von Kaspar Scheidt. Abdruck der ersten Ausg. von 1551, Halle 1882, S. 35 u. 38.

49 Berner Schützenordnung zit. n. Duerr, Hans Peter: Die Tatsachen des Lebens. Der Mythos vom Zivilisationsprozeß, Bd. 5, Frankfurt/M. 2005, S. 47.

50 Montanus' Wegkürtzer ist digitalisiert einsehbar unter : http://www. digitale-sammlungen.de/index.html?c=autoren_index&tab=Montanus%2C+ Martin&l=de

51 Von JGK bearbeitet nach Englisch, Paul: Das skatologische Element in Literatur, Kunst und Volksleben, Stuttgart 1928, S. 30 f.

52 Weber, Karl Julius: Demokritos oder hinterlassene Papiere eines Lachenden Philosophen, Bd. 12, Stuttgart 1858, S. 230 f.

53 Ebda., S. 226 f.

54 Vgl. Nohain, Jean/Caradec, François: Le Pétomane du Moulin-Rouge, Paris 2000.

55 So erinnerte sich die Bremer Osteopathin Ramona Noack auf mein Bitten; Brief vom 4.2.2015. Ich danke an dieser Stelle noch einmal herzlich dafür.

56 Beeindruckend ist die neu übersetzte, den Kulturbetrieb »vorführende« Furz-Erzählung eines begnadeten Schauspielers: Gainsbourg, Serge: Das heroische Leben des Evgenij Sokolov. Aus dem Französischen von Hartmut Zahn, Berlin 2010.

57 Weber, Karl Julius: Demokritos oder hinterlassene Papiere eines Lachenden Philosophen, Bd. 12, Stuttgart 1858, S. 220.

58 Neudruck: Donno, Elizabeth/Harrington, Sir John: A New Discourse of a Stale Subject, Called the Metamorphosis of Ajax, New York 1962.

59 Zit. n. der Übersetzung von Charles Glanzmann u. Rudolf Kulzer in: Palmer, Roy: Auch das WC hat seine Geschichte, München 1977, S. 27 f.

60 Ebda, S. 30.

61 Vgl. Stadtentwässerung Dresden (Hg.): Zur Geschichte der Stadtentwässerung Dredens, 3. neu bearbeitete und erweiterte Auflage, Dresden 2007, S. 50 ff.

62 Frey, Manuel: Der reinliche Bürger, Göttingen 1997, S. 306.

63 Möllring, Bettina: Toiletten und Urinale für Frauen und Männer. Die Gestaltung von Sanitärobjekten und ihre Verwendung in öffentlichen und privaten Bereichen, Berlin 2003, S. 1.

64 Handtke, Peter: Versuch über den Stillen Ort, Berlin 2012, S. 10 ff.

65 Vgl. die beeindruckende Vokabularsammlung von Werner Pieper, in ders.: Das Scheiss Buch. Der Grüne Zweig 123. Überarb. Ausg., Löhrbach 1988, S. 14–16.

66 O. A.: Abtritt, o. J., in: Johann Heinrich Zedlers Grosses vollständiges Universal-Lexicon aller Wissenschafften und Künste 1731–1754, http://www.zedler-lexikon.de/index.html?c=blaettern&id=1223&bandnummer=01 &seitenzahl=0146&supplement=0&dateiformat=1%27%29, S. 146, Sp. 213.

67 Deutsches Wörterbuch von Jacob Grimm und Wilhelm Grimm, http://woerterbuchnetz.de/DWB/?sigle=DWB&mode=Vernetzung&lemid=GA01628#X GA01628

68 Lenz, Siegfried: So zärtlich war Suleyken. Masurische Geschichten, Frankfurt/M. 1982, S. 78 ff.

69 Zit. n. Stadtentwässerung Dresden (Hg.): Zur Geschichte der Stadtentwässerung Dresdens, 3. neu bearbeitete und erweiterte Auflage, Dresden 2007, S. 34.

70 http://woerterbuchnetz.de/DWB/?sigle=DWB&mode=Vernetzung&lemid=G H05502#XGH05502

71 http://woerterbuchnetz.de/DWB/?sigle=DWB&mode=Vernetzung&lemid=G G06832#XGG06832

72 http://woerterbuchnetz.de/DWB/?sigle=DWB&mode=Vernetzung&hitlist=& patternlist=&lemid=GS36461#XGS36461

73 Martin Illi: Toilette, o. J., in: Historisches Lexikon der Schweiz, 1998–2015, http://www.hls-dhs-dss.ch/textes/d/D16236.php

74 Vgl. das Literaturverzeichnis; empfehlenswert: Wiese, Wolfgang/Schröck-Schmidt, Wolfgang: Das Stille Örtchen. Tabu und Reinlichkeit bei Hofe, Berlin/München 2011; übersichtlich: Furrer, Daniel: Wasserthron und Donnerbalken. Eine kleine Kulturgeschichte des stillen Örtchens, Darmstadt 2004.

75 Vgl. z. B. Brunn, Burkhard: Kleine Geschichte der Aborte, Toiletten und Bäder, http://www.heise.de/tp/artikel/39/39913/1.html

76 Vgl. Neudecker, Richard: Die Pracht der Latrine, München 1994.

77 Juvenal: Satiren. Übersetzung von Harry C. Schnur, Stuttgart 2007, S. 37.

78 Krahe, Friedrich-Wilhelm: Burgen und Wohntürme des deutschen Mittelalters, Köln 2014, S. 58.

79 Vgl. Seidl, Ernst (Hg.): Lexikon der Bautypen, Stuttgart 2006, S. 115 f.

80 Krahe, Friedrich-Wilhelm: Burgen und Wohntürme des deutschen Mittelalters, Köln 2014, S. 59.

81 Schmitz, Aloys: Medicinische Topographie des Schwalm- und Nette- und eines Teiles des Niers-Gebietes, insbesondere der Stadt und Gemeinde Viersen, Viersen 1871, S. 22.

82 Bender, Wolfgang: Salzuflen im Spiegel der amtsärztlichen Berichte (1893–1902) des Dr. Ulrich Volkhausen alias Korl Biegemann, in: Meyer, Franz/ Wiesekopsieker, Stefan (Hg.): Bad Salzuflen 2002. Jahrbuch für Geschichte und Zeitgeschehen, Bielefeld 2002, S. 47 ff.

83 Steppuhn, Peter: Neues von den Ausgrabungen im Lübecker Gründungsviertel, 8.2011, http://www.luebeck.de/tourismus/sightseeing/weltkulturer-
be/gruendungsviertel/abschnitt_03/index.html

84 Vgl. Urkunde vom 30.11.1334, in: o. A.: Abtritt, o. J., http://wiki-de.genea-
logy.net/Abtritt

85 Kohl, Stephan: Garniert, beschlagen, überzogen, in: Wiese, Wolfgang/
Schröck-Schmidt, Wolfgang: Das Stille Örtchen. Tabu und Reinlichkeit bei
Hofe, Berlin/München 2011, S. 42.

86 Oekonomische Encyklopädie von J. G. Krünitz, http://kruenitz1.uni-trier.de/
cgi-bin/getKRSearchText.tcl?sexp=Retirade+mode=0+start=0+loc=+from=+
til=+sa=0

87 Kohl, Stephan: Garniert, beschlagen, überzogen, in: Wiese, Wolfgang/
Schröck-Schmidt, Wolfgang: Das Stille Örtchen. Tabu und Reinlichkeit bei
Hofe, Berlin/München 2011, S. 46 f.

88 Meldung in: Lokomotive an der Oder, Oelsen, 14.01.1899.

89 Reincke, Annita: Klein-Paris in der Turmstraße, https://goettingensozial.
wordpress.com/category/allgemein/page/2/

90 Fischer, Ferdinand: Über die Verwertung städtischer Abfallstoffe, in: Poly-
technisches Journal, Bd. 210, 1873, S. 130f.

91 »Gedanken von Willi Untiet zum Welttoilettentag, in: Westfälische Nachrichten, 18.11.2013.

92 Zukunftsinstitut GmbH im Auftrag von Geberit Vertriebs GmbH: Körperbewusstsein und Hygiene im Wandel. Perspektiven für das Dusch-WC, März
2013, S. 5.

93 Ebda., S. 9.

94 Ebda, S. 51.

95 Seifert, Claudia: Wenn du lächelst, bist du schöner. Kindheit in den 50er
und 60er Jahren, München 2004, S. 120.

96 Ackerknecht, Erwin H.: Geschichte der Medizin, Stuttgart 1989, S. 162.

97 Vgl. Sistiaga A. u. a.: »The Neanderthal Meal: A New Perspective Using
Faecal Biomarkers, in: PLoS ONE 9, 6, 2014 http://journals.plos.org/ploso-
ne/article?id=10.1371/journal.pone.0101045

98 Vgl. König, Johann-Günther: Zu Fuß. Eine Geschichte des Gehens, Stuttgart 2013.

99 Junker, Thomas: Die Evolution des Menschen, München 2008 (2. Aufl.), S.
79.

100 Vgl. Darwin, Charles: Der Ausdruck der Gemütsbewegungen bei dem Menschen und den Tieren. Einleitung, Nachwort u. Kommentar v. Paul Ekman. Aus dem Englischen v. Julius Victor Carus u. Ulrich Enderwitz, Frankfurt/M. 2000.

101 Frazzetto, Giovanni: Der Gefühls-Code. Die Entschlüsselung unserer Emotionen. Aus d. Englischen v. Klaus Binder u. Bernd Leineweber, München 2014, S. 21 f.

102 Vgl. Reynolds, Vernon: The Chimpanzees of the Budongo Forest: Ecology, Behaviour, and Conservation, Oxford University Press 2005.

103 Grzimeks Tierleben, Bd. 10, Zürich 1977, S. 22.

104 Sommer, Volker: Bruder Affe, in: Neue Zürcher Zeitung, NZZ Folio, August 2003, S. 14–18.

105 Frazzetto, Giovanni: Der Gefühls-Code. Die Entschlüsselung unserer Emotionen. Aus d. Englischen v. Klaus Binder u. Bernd Leineweber, München 2014, S. 75.

106 Faktor, Jan: Georgs Sorgen um die Vergangenheit oder: Im Reich des heiligen Hodensack-Bimbams von Prag, Köln 2010, S. 160 f.

107 Freud, Sigmund: Geleitwort, in: Bourke, John G.: Der Unrat in Sitte, Brauch, Glauben und Gewohnheitsrecht der Völker, Leipzig 1913, S. 5.

108 Vgl. Junker, Thomas: Die Evolution des Menschen, 2. Aufl., München 2008, S. 90.

109 Fetchenhauer, Detlef: Psychologie, München 2012, S. 18.

110 Steinke, Ronen: Eine Idee mit Loch. Toilette, was ist das ..., in: SZ, 2.7.2014.

111 Ebda.

112 Grass, Günter: Der Butt. Werkausgabe in 10 Bänden, Bd. 5, Darmstadt u. Neuwied 1987, S. 276 ff.

113 Ebda., S. 278 f.

114 Ebda., S. 279.

115 Hörisch, Jochen: Theorie-Apotheke, Berlin 2010, S. 365.

116 Parzinger, Hermann: Die Kinder des Prometheus, München 2014, S. 232 f.

117 Küster, Hansjörg: Geschichte der Landschaft in Mitteleuropa, München 1995, S. 78.

118 Vgl. die Forschungsberichte über Hallstatt in: Das Naturhistorische, Nr. 3, September 2000, S. 6-13.

119 Hier zit. a. der bemerkenswerten, von der Hansgrohe AG herausgegebenen Schrift: Pfreimer, Udo/Bedürftig, Friedemann: Aus erster Quelle. Eine Sa-

nitärchronik vom Urspung bis zum Beginn des 20. Jahrhunderts, Schiltach 2001, S. 41.

120 Vgl. z. B. Brödner, Erika: Die römischen Thermen und das antike Badewesen. Eine kulturhistorische Betrachtung, Darmstadt 1983.

121 Vgl. König, Johann-Günther: Zu Fuß. Eine Geschichte des Gehens, Stuttgart 2013.

122 Vgl. die Ausführungen von Winkle, Stefan: Geißeln der Menschheit. Kulturgeschichte der Seuchen, 3. erw. Ausgabe, Düsseldorf 2005, S. 357.

123 Vgl. Ashenburg, Katherine: About The Dirt on Clean, Toronto 2007, S. 15-72.

124 Furrer, Daniel: Wasserthron und Donnerbalken. Eine kleine Kulturgeschichte des stillen Örtchens, Darmstadt 2004, S. 33.

125 Neudecker, Richard: Die Pracht der Latrine, München 1994, S. 141.

126 Brodt, H. R.: Geschichtliche und epidemiologische Aspekte, in: Caspary, Wolfgang F./Kist, Manfred/Stein, Jürgen (Hg.): Infektiologie des Gastrointestinaltraktes, Heidelberg 2006, S. 4.

127 Vgl. ebda.

128 Vgl. Berger, Wolfgang/Lorenz-Ladener (Hg.): Kompost-Toiletten. Sanitärtechnik ohne Wasser, Staufen 2008.

129 Ebda., S. 7.

130 Vgl. Hillmer, Angelika: Humus vom Hamburger Hauptbahnhofs-WC, Hamburger Abendblatt, 28.8.2012.

131 Sachsenspiegel, Landrecht, 2. Buch, Artikel 51,vgl. die übertragene Handschrift im Textarchiv des Deutschen Rechtswörterbuchs: http://drw-www. adw.uni-heidelberg.de/drw-cgi/zeige?index=tasiglen&term=SspLR.&seite= II+51

132 Vgl. Endres Tucher's Baumeisterbuch der Stadt Nürnberg (1464–1475). Mit einer Einleitung und fachlichen Anmerkungen von F. Weech, hrsg. durch M. Lexer, Stuttgart 1885.

133 Mitteilungen zur Geschichte der Medizin und der Naturwissenschaften, Bd. 18, Berlin 1919, S. 365; vgl. dazu auch Borst, Otto: Alltagsleben im Mittelalter, Frankfurt/M. 1983, S. 243 f.

134 Rambach, J.: Versuch einer physisch-medizinischen Beschreibung von Hamburg, Hamburg 1801, S. 48.

135 Winkle, Stefan: Die Verseuchung der mittelalterlichen Städte, in: Münchener Medizinische Wochenschrift, Nr. 47, 1974, S. 2081 ff.

136   Winkle, Stefan: Geißeln der Menschheit. Kulturgeschichte der Seuchen, 3. erw. Ausgabe, Düsseldorf 2005, S. 368.

137   Winkle, Stefan: Die Verseuchung der mittelalterlichen Städte, in: Münchener Medizinische Wochenschrift, Nr. 47, 1974, S. 2081 ff.

138   Winkle, Stefan: Geißeln der Menschheit. Kulturgeschichte der Seuchen, 3. erw. Ausgabe, Düsseldorf 2005, S. 339.

139   Johann Heinrich Zedler: Grosses vollständiges Universal-Lexicon Aller Wissenschafften und Künste. Band 1, Leipzig 1732, Sp. 213; zit. n. der Onlineausgabe: http://www.zedler-lexikon.de/index.html?c=blaettern&ti d=1223&bandnummer=01&seitenzahl=0146&supplement=0&dateiform at=1%27%29

140   Schwarzwälder, Herbert: Sitten und Unsitten, Bräuche und Missbräuche im alten Bremen, Bremen 1984, S. 23.

141   Winkle, Stefan: Geißeln der Menschheit. Kulturgeschichte der Seuchen, 3. erw. Ausgabe, Düsseldorf 2005, S. 209.

142   Werner, Florian: Dunkle Materie. Die Geschichte der Scheiße, München 2011, S. 50.

143   Vgl. Schneider-Ferber, Karin: Alles Mythos! 20 populäre Irrtümer über das Mittelalter, Stuttgart 2009.

144   Vgl. Schwarzwälder, Herbert (Hg.): Briefe und Berichte von Reisenden zu Bremen und Umgebung (1581–1847), Bremen 2007.

145   Vgl. z. B. Peters, Jan (Hg.): Ein Söldnerleben im Dreißigjährigen Krieg. Eine Quelle zur Sozialgeschichte, Berlin 1993; Springer, Otto: A German Conscript With Napoleon. Jakob Walter's Recollections, Kansas 1938.

146   Vgl. Neidhart-Lieder. Texte und Melodien sämtlicher Handschriften und Drucke. Hrsg. von Ulrich Müller u. a., 3 Bde., Berlin/New York 2007; Sachs, Hans: Sämtliche Fabeln und Schwänke. Hrsg. von Edmund Goetze u. Carl Drescher, Halle 1900.

147   Gabaude, Florent: Das verfemte Hinterteil, in: Grafetstätter, Andrea: Nahrung, Notdurft und Obszönität in Mittelalter und Früher Neuzeit, Bamberg 2013, S. 39.

148   Rosenkranz, Karl: Ästhetik des Häßlichen, Stuttgart 1990, S. 296.

149   Behr, Hans Joachim Behr: Alles Scheiße oder was?, in: Grafetstätter, Andrea: Nahrung, Notdurft und Obszönität in Mittelalter und Früher Neuzeit, Bamberg 2013, S. 15.

150   Ebda., S. 20; Übers. des Erasmus-Zitats aus dem Lat. durch H.-J. B.

151 Falk, Hjalmar: Abort, in: Hoops, Johannes: Reallexikon der Germanischen Altertumskunde, Band 1. 1918/1919, S. 14.

152 Vgl.: Das strophische Pilgerbüchlein von 1480/82. Nach der einzigen Handschrift transkribiert von Max Schiendorfer, Zürich 2008; unter: www.mediaevistik.uzh.ch/downloads/Fabri.pdf

153 Mergenthal, Hans von: Gründliche und warhafftige beschreibung der löblichen und ritterlichen Reise und Meerfart in das heilige Land nach Hierusalem des Durchlauchtigen und Hochgebornen Fürsten und Herrn Herrn Albrechten Hertzogen zu Sachssen Landgraffen in Düreingen Markgraffen zu Meissen etc., Leipzig 1584; pdf unter: http://resikom.adw-goettingen.gwdg.de/berichte/PDF/Mergenthal_1584_Reise.pdf, S. 56 f.

154 Sloterdijk, Peter: Kritik der zynischen Vernunft. Erster Band, Frankfurt/M. 1983, S. 282 f.

155 Ordnung der Mägde im Straßburger Hospital, in: Winckelmann, O.: Das Fürsorgewesen der Stadt Straßburg vor und nach der Reformation [...], Leipzig 1922, S. 16 ff., zit. n. Kuhn, Annette (Hg.): Frauen im Mittelalter. Von Peter Kesch, Bd. 1, Düsseldorf 1983, S. 300 f.

156 Rabelais, François: Gargantua und Pantagruel. Aus dem Französischen von Gottlob Regis, München 1960, Kap. 8, online unter: http://gutenberg.spiegel.de/buch/gargantua-und-pantagruel-668/11

157 Ebda.

158 Zit. a. und ins Hochdeutsche übertragen v.: Pauli, Johannes: Schimpf und Ernst. Hrsg. v. Hermann Österley, Stuttgart 1866, S. 192.

159 Duerr, Hans Peter: Nacktheit und Scham. Der Mythos vom Zivilisationsprozeß, Bd. 1, Frankfurt/M. 1988, S. 212 f.

160 Ebda., S. 55.

161 Ebda., S. 56.

162 Lichtenberg, Georg Christoph: Krokodile im Stadtgraben. Sudelsprüche und Schmierbuchnotizen ausgewählt von Robert Gernhardt, Frankfurt/M./Leipzig 2000, S. 48.

163 Pepys, Samuel: Die geheimen Tagebücher. Hrsg. Von Volker Kriegel und Roger Willemsen. Übersetzt und mit Anmerkungen versehen von Georg Deggerich. Mit einem Nachw. von Roger Willemsen und Ill. von Beck, Berlin 2004, S. 143 ff.

164 D. Martin Luthers Werke. Kritische Gesamtausgabe. Tischreden, 2. Bd., Weimar 1913, S. 214.

165   In: »»Luther 2017«, unter: http://www.luther2017.de/martin-luther/ge-
      schichte-geschichten/die-latrine-als-ort-reformatorischer-erkenntnis/

166   Ebda.

167   Vgl. Neumann, Hans Joachim: Luthers Leiden. Die Krankheitsgeschichte
      des Reformators, Berlin 1995.

168   Zit. n. Umbach, Helmut: Heilig – in Christus: Studie zu Raumaspekten der
      Christologie, Göttingen 2014, S. 64.

169   Brief an Melanchthon am 12.5.1521, nach der Übersetzung von Neumann,
      Hans Joachim: Luthers Leiden, Berlin 1995, S. 79.

170   Brief an Spalatin am 10.6.1521, nach der Übersetzung von Neumann, Hans
      Joachim, Kuthers Leiden, a.a. O., S. 80.

171   Nach der Übersetzung von Neumann, Hans-Joachim: Luthers Leiden,
      a.a.O., S. 81 f.

172   Ebda., S. 122 f.

173   Brief von Melanchthon am 15.3.1737, nach der Übersetzung von Neu-
      mann, Hans-Joachim, Luthers Leiden, a.a.O, S. 125.

174   Brief an Justus Jonas am 6.1.1530, nach der Übersetzung von Ebstein,
      Wilhelm: Dr. Martin Luthers Krankheiten und deren Einfluß auf seinen
      körperlichen Zustand, Stuttgart 1908, S. 15.

175   Roche, Charlotte: Feuchtgebiete, Köln 2009, S. 7 f.

176   Friedell, Egon: Kulturgeschichte der Neuzeit, München 1960, S. 504 f.

177   Kessler spielt auf Arthur Youngs Travels in France during the Years 1787,
      1788, 1789 an.

178   Kessler, Harry Graf: Das Tagebuch 1880–1937. 4. Bd., Stuttgart 2005, S.
      126.

179   Vgl. Le Guillou, Jean-Claude: Versailles: Histoire du château des rois, Paris
      1991.

180   So formuliert in der anonymen Schrift: Pockels, Carl Friedrich (Hg.):
      Bekenntnisse der Prinzessin Elisabeth Charlotte von Oleans. Aus den Origi-
      nalbriefen, Danzig 1791, S. 5.

181   Kiesel, Helmuth (Hg.): Briefe der Liselotte von der Pfalz, Frankfurt/M. 1981,
      S. 21.

182   Lieselotte von der Pfalz, zit. n. Bräuning-Oktavio, Hermann (Hg.): Briefe
      der Herzogin Elisabeth Charlotte von Orléans, gen. Liselotte. Mit einem
      Bildnis. Leipzig (1913); online: http://gutenberg.spiegel.de/buch/briefe-der-
      herzogin-von-orleans-691/2

183 Bologne, Jean-Claude: Nacktheit und Prüderie. Eine Geschichte des Schamgefühls, Weimar 2001, S. 201.

184 Düclow, Carl: Geheime Memoiren zur Geschichte der Regierungen Ludwigs des
Vierzehnten und Ludwigs des Fünfzehnten, 1. Theil, Berlin 1792, S. 199 f.

185 Montaigne, Michel de: Essais. Erste moderne Gesamtübersetzung von Hans
Stilett, Frankfurt/M. 1998, S. 14.

186 Zit. n. Bodemann, Eduard (Hg.): Aus den Briefen der Herzogin Elisabeth
Charlotte von Orléans an die Kurfürstin Sophie von Hannover. Ein Beitrag
zur Kulturgeschichte des 17. und 18. Jahrhunderts, Bd. 2, Hannover 1891,
S. 75.

187 Vgl.: Wiese, Wolfgang/Schröck-Schmidt, Wolfgang: Das Stille Örtchen.
Tabu und Reinlichkeit bey Hofe, Berlin/München 2011, S. 33 f.

188 Payer, Peter: Unentbehrliche Requisiten der Großstadt, Wien 2000, Fußnote
80, S. 38.

189 Bibliotheca scatologica ou Catalogue raisonné des livres traitant des vertus
faits et gestes de très noble et très ingénieux Messire Luc (A Rebours),
Seigneur de la chaise et autres lieux, mêmement de ses descendants et
autres personnages de lui issus : ouvrage très utile pour bien et proprement
s'entretenir ès-jours gras de carême-prenant ; disposé dans l'ordre des
lettres K, P, Q, Scatopolis, 1846, S. 18 ff; online: http://reader.digitale-
sammlungen.de/de/fs1/object/display/bsb10620833_00005.html

190 Eintrag vom 27.3.1982, in: Jünger, Ernst: Siebzig verweht III, Stuttgart
1993, S. 128 f.

191 Vgl. Van der Cruysse, Dirk: »»Madame sein ist ellendes Handwerck«. Liselotte von der Pfalz. Eine deutsche Prinzessin am Hof des Sonnenkönigs.
Aus d. Franz. v. Inge Leipold, München/Zürich 1990, S. 404.

192 Französischsprachiger Brief in: Helmolt, Hans F. (Hg.): Elisabeth Charlot-
tens Briefe an Karoline von Wales und Anton Ulrich von Braunschweig-
Wolfenbüttel. (Wortgetreuer Neudruck der 1789 durch Aug. Ferd. von
Veltheim zu Braunschweig veröffentlichten Bruchstücke), Annaberg 1909,
S. 399 f. Ins Deutsche übersetzt von Reinhilt Richter-Bergmeier.

193 Bologne, Jean-Claude: Nacktheit und Prüderie. Eine Geschichte des Schamgefühls, Weimar 2001, S. 188.

194 Französischsprachiger Brief in: Helmolt, Hans F. (Hg.): Elisabeth Charlot-
tens Briefe an Karoline von Wales und Anton Ulrich von Braunschweig-
Wolfenbüttel. (Wortgetreuer Neudruck der 1789 durch Aug. Ferd. von

Veltheim zu Braunschweig veröffentlichten Bruchstücke), Annaberg 1909, S. 400 ff. Ins Deutsche übersetzt von Reinhilt Richter-Bergmeier.

195 Vgl. z.B. Feuerstein-Praßer, Karin: Sophie von Hannover: »Wenn es die Frau Kurfürstin nicht gäbe ...«, Regensburg 2007.

196 Vgl. Newton, Ritchey: Hinter den Fassaden von Versailles. A. d. Franz. v. Lis Künzli. Berlin 2010, S. 88.

197 Brief an die Raugräfin Louise, in: Holland, Wilhelm Ludwig: Briefe der Herzogin Elisabeth Charlotte von Orléans aus den Jahren 1676 bis 1722, Stuttgart/Tübingen 1874, S. 356 f.

198 Mercier, Louis Sébastian: Mein Bild von Paris. Übertragen und herausgegeben von Jean Villain, Frankfurt/M. 1979, S. 41 f.

199 Brief an Sophie am 30.7.1705, in: Kiesel, Helmut (Hg.): Briefe der Liselotte von der Pfalz, Frankfurt/M. 1981, S. 154.

200 Feldhaus, Franz Maria: Ka-Pi-Fu und andere verschämte Dinge. Ein fröhlich Buch für stille Orte. Privatdruck, Berlin 1921, S. 180.

201 Vgl. Benne, Simone: Genie auf dem Örtchen Hannoversche Allgemeine Zeitung, 31.10.2014.

202 Vgl. Boswell, James: Boswells Große Reise. Deutschland und die Schweiz 1764, Stuttgart/Konstanz 1955.

203 Zimmermann, Johann Georg: Ueber die Einsamkeit. Zweiter Theil, Troppau 1785, S. 157.

204 Vgl. Kühn, Manfred: Kant. Eine Biographie, München 2003, S. 480 ff.

205 Kant's gesammelte Schriften. Hrsg. von der Akademie der Wissenschaften, Bd. XXVII, Vierte Abtlg., Vorlesungen, Vierter Bd., Erste Hälfte. Berlin 1974, S. 265.

206 Swift, Jonathan: Ausgewählte Werke. Bd. 3, herausgegeben, eingeleitet und kommentiert von Anselm Schlösser. Mit einem Essay von Martin Walser, Frankfurt/M. 1982, S. 155 f.

207 Jonathan Swift: Des Herrn Dr. Jonathan Swifts wo nicht unverbesserlicher doch wohlgemeynter Unterricht für alle Arten unerfahrner Bedienten, aus vieljähriger sorgfältiger Aufmerksamkeit und Erfahrung zusammengetragen Frankfurt u. a. 1748, S. 122 ff.

208 Swift, Jonathan. The Lady's Dressing Room. Das vollständige Gedicht ist nachzulesen unter: http://www.poetryfoundation.org/poem/180934

209 Swift, Jonathan: Das im Menschen-Koth gefundene Gold, Oder das grosse Geheimniß, Aus der Menschen Unflath und Urin, Desselben Temperament,

Gedancken, Thun und Lassen, Glück und Unglück zu erkennen [...]. Aus dem Englischen des sinnreichen D. Swifts übersetzet und mit einigen Zusätzen vermehret von J. R., Hamburg 1731. Das Originaldokument ist online einsehbar bei der Bayerischen Staatsbibliothek: http://reader. digitale-sammlungen.de/resolve/display/bsb10750433.html

210   Ebda., S. 2 f.

211   Paullini, Christian Franz: Heylsame Dreck-Apotheke / Wie nemlich mit Koth und Urin Fast alle / ja auch die schwerste/ gifftige Kranckheiten/ und bezauberte Schaden/ vom Haupt biß zun Füssen inn- und äusserlich glücklich curirt worden, Frankfurt/M. 1696, S. 57.

212   Ebda., S. 32.

213   Vgl. z. B. Thomas, Carmen: Ein ganz besonderer Saft – Urin, München 1999.

214   Vgl. Zur Sache, Schätzchen. Filmkomödie, BRD 1968; Regie: May Spils, Drehbuch: Werner Enke.

215   Swift, Jonathan: Das im Menschen-Koth gefundene Gold [...], a. a. O., S. 9 f.

216   Ebda., S. 21ff.

217   Böll, Heinrich: Gruppenbild mit Dame. Kölner Ausgabe, Bd. 17, Köln 2005, S. 42 f.

218   Ebda., S. 45.

219   Swift, Jonathan: Das im Menschen-Koth gefundene Gold [...], a.a.O., S. 26 ff.

220   Ebda., S. 31 ff.

221   Ebda., S. 35.

222   Mercier, Louis-Sébastian: Tableau de Paris. Bilder aus dem vorrevolutionären Paris, Zürich 1990, S. 83 ff.

223   Payer, Peter: Unentbehrliche Requisiten der Großstadt. Eine Kulturgeschichte der öffentlichen Bedürfnisanstalten von Wien, Wien 2000, S. 28.

224   Vgl. den ausgezeichneten Blog: http://catsmeatshop.blogspot.de/2013/10/the-first-design-for-underground-public.html

225   Schiedermair, Ludwig: Die Briefe W. A. Mozarts und seiner Familie, Bd. 2, München/Leipzig 1914, S. 3.

226   Zahrl, Jürgen/Foschum, Markus: Das gibt's doch nicht! Österreichs skurrilste Orte, Wien 2014, S. 48.

227 Billerbeck, Gero von: Sepia, Weiden und alte Steine: Chopins Leben in Bildern, 17.3.2010, http://www.nordbayerischer-kurier.de/nachrichten/sepia_weiden_und_alte_steine_chopins_leben_in_bildern_39185

228 Prosch, Peter: Leben und Ereignisse eines Tyrolers von Ried im Zillerthal, oder: Das wunderbare Schicksal. Geschrieben in den Zeiten der Aufklärung, München 1964, S. 105.

229 Vgl. Schaub, Stefan: Mozart und das Tourette-Syndrom, in: Mitteilungen der Deutschen Mozart-Gesellschaft e. V., Heft I/II, März 1994, online unter: http://www.tourette-syndrom.de/download/Mozart%20und%20das%20 Tourette-Syndrom.pdf

230 Vgl. zur Vertiefung: Gruber, Gernot/Brügge, Joachim (Hg.): Das Mozart-Lexikon, Laaber 2006.

231 Vgl. Hildesheimer, Wolfgang: Mozart, Frankfurt/M. 1977, S. 279.

232 Sämtlich zit. a. Bibliotheca Augustana; http://www.hs-augsburg. de/~harsch/germanica/Chronologie/18Jh/Mozart/moz_br03.html; siehe auch die Online-Edition der Originalbriefe durch die Salzburger Stiftung: http://dme.mozarteum.at/DME/briefe/doclist.php. Vgl. dazu: Mieder, Wolfgang: Nun sitze ich wie der Haaß im Pfeffer. Sprichwörtliches in den Briefen von Wolfgang Amadeus Mozart, in: Augsburger Volkskundliche Nachrichten, Universität Augsburg, 8. Jahrgang, Heft 2, No. 16, Dezember 2002.

233 Bibliotheca Augustana; http://www.hs-augsburg.de/~harsch/germanica/ Chronologie/18Jh/Mozart/moz_br03.html

234 Ebda.

235 Ebda.

236 Ebda.

237 Brief, 1777-09-26: Online-Edition der Originalbriefe durch die Salzburger Stiftung: http://dme.mozarteum.at/DME/briefe/letter.php?mid=896&cat

238 Brief, 1778-01-31: Online-Edition der Originalbriefe durch die Salzburger Stiftung: http://dme.mozarteum.at/DME/briefe/letter.php?mid=976&cat=

239 Brief vom 5.1.1787, in: Schillers Werke. Nationalausgabe. Hrsg. Oellers, N., Weimar 1943 ff., Bd. 24, S. 81.

240 Blumauer, Aloys: Sämtliche Gedichte, München 1830, S. 132 ff.

241 Goethe, Johann Wolfgang von: Berliner Ausgabe. Poetische Werke (16 Bde.), Bd. 2, Berlin 1960 ff., S. 259f.

242 Zimmermann, Johann Georg: Vom Nationalstolze, Zürich 1758, S. 122.

243 Stammler, Wolfgang (Hg.): Hanswursts Hochzeit oder Der Lauf der Welt : Ein mikrokosmisches Drama von Goethe, Hannover 1921.

244 Sachse, Johann Christoph: Der deutsche Gil Blas oder Leben, Wanderungen und Schicksale Johann Christoph Sachses, eines Thüringers. Von ihm selbst verfasst, Berlin 1977, S. 84. (Erstdruck: Stuttgart/Tübingen 1822.)

245 Ebda., S. 84 f.

246 Vgl. Dewald, Johann Eberhard: Aufzeichnungen und Briefe des Handwerksburschen Johann Eberhard Dewald 1836–1839; zit. n. Beutelspacher, Martin: Kultivierung bei lebendigem Leib, Weingarten 1986, S. 48.

247 Payer, Peter: Zur Entstehungsgeschichte öffentlicher Bedürfnisanstalten in Berlin, in: Berliner Zeitung, 20.07.2005.

248 Hebenstreit, E. B. Gottlieb: Lehrsätze der medicinischen Polizeywissenschaft, Leipzig 1791, S. 29.

249 Vgl. Payer, Peter: Unentbehrliche Requisiten der Großstadt. Eine Kulturgeschichte der öffentlichen Bedürfnisanstalten von Wien, Wien 2000; vgl. zu München: Kiechle-Klemt, Erika/Sünwoldt, Sabine: Anrüchig. Bedürfnis-Anstalten in der Großstadt, München 1990.

250 Für London siehe: www.lootours.com; für Berlin vgl. Cosima Schmitt: Schöner spülen ..., in: Die Zeit, 7.10.2010.

251 Vgl. Kiechle-Klemt, Erika/Sünwoldt, Sabine: Anrüchig. Bedürfnis-Anstalten in der Großstadt, München 1990, S. 27 ff.

252 Vgl. Klette, Reinhold: Abortsanlagen, Leipzig 1881, S. 36 f .

253 Klofrau packt aus, in: Die Welt, 1.12.2014.

254 Joyce, James: Ulysses. Übertragung von Hans Wollschläger, Frankfurt/M. 1981, 95 ff.

255 Brief vom 14.7.1887, in: Fontane, Theodor: Briefe I. Hrsg. von Kurt Schreinert, Berlin 1968, S. 327.

256 Schäfer, Renate (Dorfmuseum Schönwalde): Dies ist ein Ort, wo man zufrieden ist, dass drüber Sterne sind und unten Mist ..., in: Kirchenblick Nr. 60, 2013, S. 16.

257 Gleim, Bernhard/König, Johann-Günther: Goethe und die Heringe aus Bremen, Bremen 1989, S. 100 f.

258 So vermittelt es ein Ausstellungsbereich des Deutschen Auswandererhauses in Bremerhaven; Inos unter: http://dah-bremerhaven.de/

259 Hueppe, Ferdinand: Die Cholera in Hamburg, Prag 1894, S. 57.

260 Frank, Johann Peter: System einer vollständigen medicinischen Polizey, Bd.
3, Mannheim 1779, S. 972 ff.

261 Vgl. Reulecke, Jürgen/Castell Rüdenhausen, Adelheid Gräfin zu (Hg.): Stadt
und Gesundheit. Zum Wandel von »»Volksgesundheit« und kommunaler
Gesundheitspolitik im 19. und frühen 20. Jahrhundert, Stuttgart 1991.

262 Vgl. »»Mitteilungen des Statistischen Amts der Stadt Kiel«, Nr. 18, 1912, S.
27 f.

263 Kafka, Franz: Gesammelte Werke. Tagebücher 1910–1923, Frankfurt/M.
1983, S. 357.

264 Tucholsky, Kurt. Gesammelte Werke 1927in 10 Bde. Hrsg. von Mary
Gerold-Tucholsky u. Fritz J. Raddatz, Bd. 5, Reinbek 1975, S. 181.

265 Sethmann, Jens: Außenklo; http://www.berliner-mieterverein.de/magazin/
online/mm1012/101218.htm

266 Gmeiner, Alois: Der stillste Ort. Eine Tour de Toilette durch Österreich,
Wien/Graz/Klagenfurt 2009, S. 174.

267 Ostermeyer, Helmut: Sitz gerade! Kindheitsbilder, Frankfurt 1985, S. 5 ff.

268 Heller, Eva: Erst die Rache, dann das Vergnügen, München 1999, S. 67.

269 Dickens, Charles: Eine Geschichte aus zwei Städten, Wiesbaden 1959, S. 7.

270 Frank, Anne: Gesamtausgabe. Hrsg. vom Anne Frank Fonds, Basel. Aus
dem Niederländischen von Mirjam Pressler, Frankfurt/M. 2015, S. 49.

271 Ebda., S. 103 f.

272 Ebda., S. 209 f.

273 Habich, Kurt: Wir haben die Hölle empirisch erlebt! http://www.denkmal-
projekt.org/2012/st-roman_kirche-gedenktafel_wolfach-kinzigtal_ortenau-
kreis_wk1_bawue.html

274 Marcel Reich-Ranicki: Polanskis Todesfuge, in: FAZ, 23. Oktober 2002.

275 Eich, Günter: Abgelegene Gehöfte. Suhrkamp, Frankfurt am Main 1968, S.
41.

276 Plenzdorf, Ulrich: Die neuen Leiden des jungen W., Frankfurt/M. 1976, S.
19; 43 ff.

277 Vgl. Gleichmann, Peter R.: Die Verhäuslichung körperlicher Verrichtungen,
in: Gleichmann, Peter u. a. (Hg.): Materialien zu Norbert Elias Zivilisationstheorie, Frankfurt/M. 1979, S. 255 ff.

278 Zinnecker, Jürgen: Stadtkids. Kinderleben zwischen Straße und Schule.
Weinheim u. a. 2001, S. 27 ff.

279 Ebda, S. 27.

280 Vgl. Reckwitz, Andreas: Praktiken und ihre Affekte, in: Mittelweg 36, 1-2/2015, S. 27-45.

281 Vgl. Gleichmann, Peter R.: Wandel der Wohnverhältnisse, Verhäuslichung der Vitalfunktionen, Verstädterung und siedlungsräumliche Gestaltungsmacht, in: Zeitschrift für Soziologie, Jg. 5, H. 4, 1976, S. 319–329.

282 Vgl. z. B.: Payer, Peter: Unentbehrliche Requisiten der Großstadt. Eine Kulturgeschichte der öffentlichen Bedürfnisanstalten von Wien, Wien 2000, S. 24.

283 Vgl. z.B. : Bürgerzentrum Neue Vahr (Hg.): Die Neue Vahr: unser Zuhause, Bremen 1980.

284 Vgl. Die andere Visitenkarte der Ostseeküste. Die Ostsee-Zeitung macht den großen Test: Wie präsentieren sich die öffentlichen Toiletten von Nienhagen bis Rerik?, in: Ostsee-Zeitung, 27.6.2014.

285 St. Pauli pinkelt zurück, in: Weser-Kurier, 4.3.2015.

286 Handke, Peter: Versuch über den Stillen Ort, Berlin 2012, S. 75 f.

287 Website des Welttoilettentags: http://www.unwater.org/worldtoiletday/home/en/

288 Vgl. WHO-Bericht: 2,5 Milliarden Menschen haben keinen Zugang zu sauberen Toiletten, in: Der Spiegel, 8.5.2014.

289 Vgl. z. B.: http://www.gatesfoundation.org/de/What-We-Do/Global-Development/Water-Sanitation-and-Hygiene

290 Hundertwassers Manifest ist einsehbar unter: http://agrarinfo.ch/heilige_scheisse/

291 Repräsentative Studie des IMMF; vgl. O. A.: Wohnstudie: Gäste-WC ist gefragter als Balkon, 13.1.2015, http://www.haufe.de/immobilien/entwicklung-vermarktung/marktanalysen/wohnstudie-gaeste-wc-ist-gefragter-als-balkon_84324_288186.html

292 Vgl. www.intelligentpotty.com

293 Holzwarth, Werner/Erlbruch, Wolf (Illustrationen): Vom kleinen Maulwurf, der wissen wollte, wer ihm auf den Kopf gemacht hat, 44. Aufl., Wuppertal 2014.

294 Vgl. Büssing, Arndt u. a. (Hg.): Dem Gutes tun, der leidet. Hilfe kranker Menschen – interdisziplinär betrachtet, Wiesbaden 2015.

295 Vgl. die Meldung: Toiletten sind die neuen Telefonzellen vom 27.3.2013, http://www.sueddeutsche.de/digital/studie-zur-staendigen-erreichbarkeit-toiletten-sind-die-neuen-telefonzellen-1.1634550

296 Vgl. 1&1 Internet AG: Umfrage: Ein Fünftel der Deutschen hat das Handy schon einmal in die Toilette fallen lassen. http://www.presseportal.de/pm/28831/2865221/umfrage-ein-fuenftel-der-deutschen-hat-das-handy-schon-einmal-in-die-toilette-fallen-lassen

297 Frank, Felix: Perfekte Pinkelpause, in: Weser-Kurier, 7.5.2015.

298 Lemhöfer, Anne (Interview): Es geht ja nicht nur darum, sich zu erleichtern, in: Frankfurter Rundschau, 14.4.2014.

299 Bernhard, Thomas: Alte Meister, Frankfurt/M. 1985, S. 161 ff.

300 Zukunftsinstitut GmbH im Auftrag von Geberit Vertriebs GmbH (Hg.): Körperbewusstsein und Hygiene im Wandel, Kelkheim 2013, S. 26.

301 Reckwitz, Andreas: Praktiken und ihre Affekte, in: Mittelweg 36, 1-2/2015, S. 43.

302 Lodge, David: Saubere Arbeit, Zürich 1992, S. 13 f.

303 Möllring, Bettina: Toiletten und Urinale für Frauen und Männer, Berlin 2003, S. 113.

304 Vgl. z. B. Schwerma, Klaus: Stehpinkeln. Die letzte Bastion der Männlichkeit? Identität und Macht einer männlichen Alltagshandlung, Bielefeld 2000.

305 Schmidt, Walter: Warum Männer nicht nebeneinander pinkeln wollen und andere Rätsel der räumlichen Psychologie, Reinbek 2013, S. 188.

306 Siehe: Tim Moritz/Ticamoni/Bridget Conolly: Als Frau im Stehen urinieren, o. J. http://de.wikihow.com/Als-Frau-im-Stehen-urinieren

307 Vgl. Testversuch Urinale bei Frauen nicht hoch im Kurs, in: FAZ Rhein-Main, 2.8.2011; http://www.faz.net/aktuell/rhein-main/frankfurt/testversuch-urinale-bei-frauen-nicht-hoch-im-kurs-11106475.html

308 Mira, Brigitte: Die alte Clofrau + Mit dem Triebwagen nach Italien, Schallplatte, 1963.

Danksagung

Großen Dank schulde ich der Übersetzerin Reinhilt Richter-Berg-meier und der Frankreich-Wissenschaftlerin Maike Heitkamp-Mai. Reinhilt Richter-Bergmeier für ihre wunderbare (erstmals vollstän-dige) Übertragung der französisch verfassten Briefe der Herzogin Liselotte von der Pfalz und der Kurfürstin Sophie von Hannover ins Deutsche. Maike Heitkamp-Mai unterstützte mich vielfältig bei Recherchen in französischsprachigen Quellen.

Mein Freund Clemens Wlokas hat mein Manuskript kritisch ge-gengelesen. Er kennt als erfahrener Redakteur meine Schwächen und hat so fröhlich wie entschieden dazu beigetragen, das Buch zu stärken. Ich glaube, es ist ihm geglückt.

Erleichterung für alle? Schön wär's.
Barrierefreiheit signalisiert die moderne Orientierungshilfe nicht.